湛庐CHEERS

与最聪明的人共同进化

HERE COMES EVERYBODY

CHEERS
湛庐

苏格拉底的方法

The Socratic Method

[美] 沃德·法恩斯沃斯
（Ward Farnsworth） 著
周允东　牛雨谣　译

浙江科学技术出版社·杭州

测一测

苏格拉底如何提问和反思？

扫码加入书架
领取阅读激励

- 苏格拉底认为，美德与什么密切相关？（单选题）

  A.财富

  B.知识

  C.力量

  D.荣誉

扫码获取
全部测试题及答案，
一起了解如何提问、
反思和探索

- 苏格拉底式的对话中常常会通过提问来引导对方，提问的目的是什么？（单选题）

  A.让对方感到困惑

  B.揭示对方思想中的矛盾

  C.让对方同意他的观点

  D.让对方明白自己的智慧不够

- 苏格拉底将自己比喻成一只牛虻，他认为自己的作用是？（单选题）

  A.唤醒国家，促使人们思考

  B.传播知识，教育雅典青年

  C.制定法律，维护雅典的秩序

  D.审判罪犯，维护正义

扫描左侧二维码查看本书更多测试题

重磅赞誉

人工智能时代，我们更需要苏格拉底式的智慧，承认自己的无知才是真正的明智，认识到知识的边界才能节制技术主义的傲慢。历史一而再、再而三地告诫人类，理性的狂妄和技术主义的乐观必将带给人类灾难，善良的愿望往往铺就了通往地狱的道路。苏格拉底式的否定性智慧始终如牛虻一般提醒人类，无论何种时代最重要的美德依然是谦卑。

——罗翔

中国政法大学教授

苏格拉底是西方哲学的人格化身，每当人们提到“苏格拉底”，通常不仅仅是指那位特定哲学家，还在指代一般哲学家。他被符号化了，其意义远远超出最初的实体。许多历史人物都是这样，除了政治家，哲学家同样具有“第二身体”，尤其是那些站在历史源头的人。苏格拉底像孔子一样“述而不作”，今天我们所读到的多半是苏格拉底弟子柏拉图创作的“对话录”或戏剧集，再加上再传弟子亚里士多德及其后来哲学家们反复不断的阐释，“苏格拉底”就具有了“层累的意义”，直到今天仍然具有“开放的意义”。《苏格拉底的方法》一书在当代哲学语境下阐释了苏格拉底得以闻名于世的方法，不落俗套而又有所创见，值得每位哲学爱好者一读。

——程广云

首都师范大学哲学系教授

在人生的方方面面，我们都应当接受苏格拉底的方法。承认无知、内心谦虚、接受反驳、不怕怀疑、尝试论证说理，这些不只是哲学的基本精神，更是人类文明的基本精神。践行苏格拉底的方法，保持个人的完整性，此书提供了一个极好的实践指南。

——梅剑华

山西大学哲学学院教授

作为投资人，我对苏格拉底的了解要从投资界瑰宝《穷查理宝典》说起。查理·芒格这位投资大师最推崇的居然是一个叫爱比克泰德的人。带着讶异追溯这条线索，我发现了斯多葛学派，也自然而然地来到了这些思想的源头：苏格拉底。当我真正掌握了苏格拉底的提问和思维方法，并将其时刻应用于我的投资工作、日常生活和问题解决的过程中时，所获得的巨大裨益已难以用言语表达。这种思维方式让我从心底理解到苏格拉底的目标：经由思考和反省而过上幸福的一生。这样来看，是不是每个人都需要苏格拉底？

——谢犁

长安私人资本创始人

在与他人讨论有趣或重要的话题时，或者在你自己做出重大决策时，希望你能打开“深度思考”这一选项。而这需要你掌握苏格拉底的方法，

——

并时常将其运用起来，保持谦逊的心态，探查自己头脑中的错误思想，并与身边的良师益友（或 AI）展开苏格拉底式的对话。

——李万中

“认真想”公众号主理人、《思想实验》作者

在 21 世纪的纷扰喧嚣中，一个来自古希腊雅典的声音给出了另一种选择：追寻真理并保持谦逊……这部非凡之作值得所有人细细品读。

——《华尔街日报》

这是一本精彩绝伦的书。文笔优美、学识渊博，却以举重若轻的姿态展现其教化之功，毫无迂腐之气。

——丽贝卡·戈尔茨坦（Rebecca Goldstein）

Plato at the Googleplex 作者

一系列劣质美式电影令人遗憾地将苏格拉底的探究与教学方法曲解为说教和霸凌。然而对苏格拉底本人而言，这种教学法的本质截然不同——它始终是学术真诚的核心所在。沃德·法恩斯沃斯的这部重要著作，不仅在古典文献的采撷中展现出惊人的博学，更以迄今最精辟的论述揭示了苏格拉底教学法的真谛，警醒世人轻慢或丑化这种智慧将付出何种代价。

——弗雷德里克·肖尔（Frederick Schauer）

弗吉尼亚大学法学杰出讲席教授

世人惯于将苏格拉底教学法信手拈来，更有甚者自诩深谙此道。然唯有翻开沃德·法恩斯沃斯这部博学而富有启发性的著作，方得窥见柏拉图

教诲之深邃真义，方始领悟：在这个攻讦之辞与轻率判断已然取代审慎思辨与理性对话的时代，先哲的智慧恰是救世良方。

——斯坦利 · 菲什（Stanley Fish）

Winning Arguments 作者

堪称典范之作，独步学林之巅。既是莘莘学子的明灯，亦是普罗大众的指南。

——安东尼 · A. 朗（A. A. Long）

Epictetus 作者

此书文采斐然、思想深刻、层次丰富。沃德 · 法恩斯沃斯不仅重新诠释了柏拉图早期对话录中的苏格拉底教学法精髓，更揭示了如何将其转化为提升智慧的实践方法。

——亨利 · 阿贝洛夫（Henry Abelove）

卫斯理大学英语系荣休教授

本书不仅值得学者、律师及法律教育工作者关注，任何一个想要提升逻辑思维能力的人都不该错过。这本书既建立在对经典文献的扎实研究之上，更难得的是做到了大多数学术著作做不到的事——普通读者读来也大有收获。它就像一本思维训练实用手册：既能带你深入古希腊智慧殿堂，又提供人人需要的思考技巧，让你的头脑保持敏锐活力。

——保罗 · 伍德拉夫（Paul Woodruff）

The Garden of Leaders 作者

本书洞见非凡，它为我们揭示了在教育、政治、商业及日常交往中探

——

寻真理，或者至少是接近真理的关键路径。本书立足于苏格拉底智慧，不仅阐明了苏格拉底式对话为何不可或缺，更指引我们以建设性的方式展开这样的思想交锋。

——杰弗里·斯通（Geoffrey Stone）

芝加哥大学杰出法学教授

用苏格拉底方法保持个人完整性

梅剑华

山西大学哲学学院教授

苏格拉底可谓西方哲学精神的化身，一提到苏格拉底，稍微对哲学有所了解的朋友就会浮现出一幅鲜活的画面：苏格拉底站在大街上和年轻人讨论什么是正义，什么是友谊；或者在参加某项重大活动的前夕，某个人将他拦下来并和他讨论问题。苏格拉底不愿违背希腊城邦的法律，饮鸩而死，让后人对死亡有了新的理解。教科书上的“认识你自己”“我知道我无知”“苏格拉底助产术”等观点和概念，大家也耳熟能详。

苏格拉底与孔子

国人会不约而同地拿孔子与苏格拉底做比较，苏格拉底作为柏拉图

——

“对话录”的主角，承载了当时的希腊鼎盛时期的哲学思想。在柏拉图“对话录”中，他有时候是他真实的自己，有时候是苏格拉底式的人物，有时候又代表自己的学生柏拉图。

苏格拉底是一个无所不在的人物，作为先秦思想的大成者，孔子也是一个无所不在的人物。

我们也常说孔子和苏格拉底都是教育家，都喜欢在具体的语境里和学生讨论基本的问题，《论语》和《理想国》都是对话体。

“苏二条”：哲学探索的两项指标

孔子和苏格拉底虽然有很多相似之处，但仍然有着根本的不同，这样的不同在《苏格拉底的方法》这本书中得到了比较具体的体现。简言之，苏格拉底对话展现了西方哲学传统的理性精神。程炼教授曾将苏格拉底方法总结为“苏二条”：

> 苏格拉底身上显示出哲学探索的两项指标（我把它们简称为“苏二条”）：第一条，我们要用清晰的概念将思想清晰地表达出来，我们要用字面的意思（literal meaning）而不是修辞的方式说话；第二条，我们的思想要经得起推敲和论证，而不是愿望式的、跳跃式的、故弄玄虚的。

但是，如何用清晰的概念表达思想，如何让思想经得起推敲和论证？

——

本书就提出了可以操作的标准，作者是法学家，不谈玄论空，提出了具体可行的建议。

苏格拉底方法的关键：不预设立场

> 要成为一个苏格拉底主义者，就不要遵循任何哲学思想，也不要恪守任何哲学体系。苏格拉底方法首先意味着一种思想态度，一种很容易被误解为傲慢的、理智上的谦卑，因为苏格拉底不仅认为自己无知，更认为全人类都是无知的。

作者在书中引用了美国心理学家埃德温·格思里的这段话。承认自己无知，在讨论中不预设立场，是苏格拉底方法的基本精神。赵汀阳教授所倡导的“无立场方法”可视作对苏格拉底方法的一种发展，在任何哲学研究中，不预先设立任何哲学立场。

说来容易做来难。无论是普罗大众还是受过专业训练的学者，在讨论问题时都很容易把自己的经验、观念作为讨论中不加澄清的前提。

当然，每个人都是从自身的经验认知出发，这是思考问题的起点。但是，能不能质疑乃至放弃这些经验认知和固有观念，是苏格拉底方法的关键。我们经常会给自己或给别人贴标签，重要的是要从这些标签、刻板印象走出来，专注于事情本身。

——

苏格拉底方法的深化：保持一致性

在实际生活中，苏格拉底方法的第一条是要保持一致性，当你在陈述自己的观点、辩护自己的观点时，你的“前言后语”不能彼此矛盾，要保持一致性。

让我们设想这样一个讨论场景，你提出了一个主张，大家都听得懂。但是大家不知道为什么要坚持这个主张，于是你就为这个主张辩护，给出一些成立的理由或根据。

这个主张叫作论点或结论，给出辩护的理由或根据就是前提，你的论证就是一个从前提到结论的推论。

因此，所谓的一致性就可以分成两种：第一种是从前提到结论的推论是一致的。如果你的前提是“所有人都会死”，但结论是“孔子是永生的”，那么结论就和前提矛盾、不一致。第二种是前提之间的一致性。如果你的前提一是“所有人都会死”、前提二是“有一些人是永生的”，那么这两个前提也是矛盾的、不一致的。

我们应该在任何论证中，都保持一致性。因此，一个人在说理中，要保持理由的融贯，要让自己的说法前后一致，这是说理论证的基本要求。

当然，这种一致性在苏格拉底那里还有一种更高的要求，那就是言行一致，你的所言和所行要保持一致，不能说一套，做一套。如果你不相信自己所说的，就不会在生活中实践它，苏格拉底之死保持了他个人的完整性，践行了最高的一致性原则。

一个苏格拉底主义者会质疑说：“你看那些犯罪分子，他们说什么就做什么，他们的言行也很一致啊，难道这种言行一致也值得追求吗？”

这是一个很好的质疑。苏格拉底一致性的背后，有价值的追求。我们要在理智上接受对人类、对每个人有价值的那些言词或信念，从而追求这种善好言词信念和行为之间的一致性。

另外一个苏格拉底主义者可能会这样质疑：“苏格拉底方法的第一条是不预设立场，你这不就是预设立场了吗？”

这也是一个很好的质疑，苏格拉底方法要求不预设立场，但作为实际生活中的人，我们仍然会选择一些人类历史传统下的言词或信念作为开始。只是这种立场不应被视为理所当然，而是要经得起论证的考验。我们可以有一个立场，我们也可以放弃或捍卫这个立场，但需要的是为这个立场提供合理的辩护。

可以说，从不预设立场到最高一致性，是苏格拉底方法运用的深化。

更多的工具箱：发现差异与找到相同

当我们在态度上承认自己无知，在理智上接受一致性检验时，那么其他任何可以用来讨论的方法都可以加入苏格拉底方法工具箱中。

——

在本书中，作者从苏格拉底对话中发掘出很多方法。其中最重要的方法就是发现事物的相同或相异：通过分析尽量发现两种事物之间的相同之处，如果你能看清楚，就会发现这两件事情是一样的；当你觉得两个概念是一样的时候，通过分析，有可能会发现两者其实是非常不同的。苏格拉底并没有固定在相同模式或相异模式。

当你认为二者是相同时，通过分析你会发现二者其实是相异的。当你认为二者是相异时，通过分析你会发现二者其实是相同的。

《庄子》有云："自其异者视之，肝胆楚越也。自其同者视之，万物皆一也。"这是对人类看待同异的精彩描述。苏格拉底则展示了辩证法的智慧，让看到相同的人看到差异，让看到差异的人看到相同。

发现差异和找到相同也是两条抵达事物本质的思路。发现差异，就是要回到具体的场景、具体的案例。甚至两片完全一样的树叶也是不一样的。

找到相同，就是要不断抽象上升，提炼出统一的原理。甚至星球和微粒的运行模式都具有相同的特征。从具体中发现差异，从抽象中找到相同，人类的认识正是在这种不断回到具体和不断抽象中逐渐丰富的。维特根斯坦是发现差异的大师，他有句名言："我将教你看到差异。"柏拉图是关注相同的大师，万事万物最终都在理念世界中找到根据。

如何去发现这种异同？就是从词语的定义出发，在现实世界中找到合适的例子，或者寻找反例。有一个广为流传的笑话，据说柏拉图对人的定义是：两足无毛的动物。他的学生反驳他，就给他带来一只鸡。

——

马克思说："怀疑一切。"怀疑的具体步骤就是提出实质的反驳。正是通过这种不断的反驳和修正，我们才能找到理解概念和世界关联的正确方式。

因此，在以苏格拉底为代表的西方哲学传统中，理性精神的内核就是接受怀疑和反驳，而以孔子为代表的儒家并不特别注重怀疑和反驳，儒家更注重那些核心的伦理观念（如"仁爱"）如何在具体的语境下的合理运用。

在生活中追求个人的完整性

读者诸君，可能知道那个著名的苏格拉底问题"人应该怎样生活"。当代伦理学家伯纳德·威廉斯说，这样的问题，问的就"一定是人的整个的一生"。他的一生，他的所言和所行应该是内在一致的、完整的。那么通过什么方法来获得个人的完整性，达致一种善好的生活呢？这就是他一生所践行的"苏格拉底方法"。

苏格拉底方法不只是一种理论的方法、做学问的方法，也是生活的方法、行动的方法。没有强盗敢于走在大街上和人辩论说自己的生活方式是好的。苏格拉底在大街上、集市上和人讨论、辩论，这种行动本身就昭示了他所关注之事是善好的，经得起考验。个人的完整性在共同体中得到了确认。

我们现在所流传下来的很多方法，大多源自苏格拉底。例如，从推理方式上，包含归纳推理、类比等；从对话方式上，包含反驳、怀疑等；从说理态度上，包含承认自己无知、谦虚等。这些不只是哲学的基本精神，更是人类文明的基本精神。

在人生的方方面面，我们都应当接受苏格拉底的方法。承认无知、内心谦虚、接受反驳、不怕怀疑、尝试论证说理。践行苏格拉底的方法，保持个人的完整性，此书提供了一个极好的实践指南。

2025 年 2 月 14 日

于山西大学哲学学院

AI时代的苏格拉底方法——打开你脑中的“深度思考”模式

李万中

“认真想”公众号主理人、《思想实验》作者

在信息爆炸的时代，我们是否还能真正进行深入的思考？面对纷繁复杂的观点，人们是主动探寻真理，还是仅仅沉浸在自己的认知舒适区？苏格拉底方法，这一源自2000多年前的哲学对话方式，或许比以往任何时候都更具价值。如今，AI不仅成了人类学习的工具，也在某种程度上展现出苏格拉底式的思维模式——不断追问、推理、反思，并逐步接近更合理的答案。

最近在教学生一阶逻辑。这是一门需要大量练习和及时反馈的课程。而我总是建议大家使用AI来当免费的助教，而且一定要打开“深度思考”或“推理”这一选项。

——

这是因为当我问 DeepSeek，如何将“Frank's only aunt is Joe's only aunt”这句话翻译成谓词逻辑的语言时，它的思考过程就像是自己和自己展开的苏格拉底式对话。而且它可以不厌其烦地对这一简单的问题展开超长的思考，这比人类要有耐心多了。它甚至比古希腊的苏格拉底做得更好。毕竟，AI 集成了当代人的智慧，而在公元前 399 年就已经去世的苏格拉底，则不具备后来才出现的科学知识。如果有一位比苏格拉底还要优秀的智者来免费当你的老师，你会拒绝吗？

AI 推理中的苏格拉底式对话

由于使用 DeepSeek 时，时常会出现服务器繁忙的情况，于是在本文中，我们以 ChatGPT 为例。

我对它说：

我发现，在和你对话时，可以打开或关闭“推理”这一选项，请问打开或关闭，这有何区别？

它回答道：

“推理”选项实际上是控制内部生成回答时是否显示详细思考过程的一种功能。简单来说：

开启“推理”：在某些模式下，你可能会看到我在给出最终答案之前，展示出一些详细的思考步骤或者解释。这可以帮助你了解我是如何一步步得出结论的，增加回答的透明度和可信度。

关闭“推理”：则只呈现最终的回答结果，而不显示内部的思考过程。在这种模式下，我依然会进行必要的内部推理和计算，但你只会看到精炼后的答案。

需要说明的是，无论“推理”选项是开还是关，我都会在内部使用复杂的推理过程来确保回答的准确性和逻辑性。公开显示的只是部分或最终的总结，内部详细的链式思考过程始终是隐藏的，不会对最终输出产生负面影响。

我继续问：

在我打开“推理”这一选项之后，我能看到你的思考过程了。而我发现，你的思考过程很像是苏格拉底式对话。虽然常规的苏格拉底式对话需要两个人才能进行，但你的思考就像是你自己和你自己展开的苏格拉底式对话，你认为呢？

它回答道：

你的观察很有意思。从某种角度来说，我内部的推理过程确实有点像是一种“自问自答”的方式，这与苏格拉底式对话中的提问和反思有相似之处。在苏格拉底式对话中，通过不断提出问题和回答问题来深入探讨某个主题；而我的内部推理也涉及反复权衡不同的思路和可能性，以确保最终回答的准确性和逻辑性。

不过，需要注意的是，这个过程实际上是一种自动化的内部计算机制，而不是像两个人之间那样真正意义上的对话。它更多的是一种系统化的思考流程，用来辅助我生成答案，而非真实的自我对话或讨论。

我继续说：

我想你有时候也会挑战自己的推理过程是否正确，自己所依靠的前提是否可靠，还有没有其他需要探索的可能性。而这正是苏格拉底想做的。因此，你把自己的思维过程叫作思维链（Chain of Thought），而我则称之为苏格拉底方法。我认为这一方法不仅能提高 AI 的智能水平，也能帮助人类更好地理性思考。当人类掌握苏格拉底方法之后，也可以和别人展开更高质量的对话，也能为自己或他人做出更明智的判断和决策。你认为呢？

它回答道：

你的看法非常有洞察力。确实，从某种角度来说，我的链式思考（Chain of Thought）和苏格拉底方法有相似之处，都强调不断质疑、反思和探索多种可能性。这种方法有以下几个显著的好处：

1. 提高逻辑的严密性

通过不断挑战前提和假设，无论是 AI 还是人，都能更深入地检验推理过程，从而减少错误和偏见。

2. 促进深入思考

苏格拉底方法要求参与者不断提问，这种提问可以揭示隐藏的假设和潜在的逻辑漏洞。同样，AI 的链式思考在内部也会尝试发现更合理的解释，确保最终答案的质量。

3. 提升对话质量

当人们学会这种方法后，能够在对话中更好地理解和质疑对方的观点，从而促进更高质量、更有深度的讨论和决策。

不过，也有一些区别需要注意：

· **互动性：**苏格拉底方法通常是在两人或多人之间通过互动

——

来实现的，而 AI 的链式思考则是一个内部自动化的过程，不涉及真正意义上的对话互动。

· **表达透明度：** 人类在对话中可以公开表达他们的思考过程和质疑，而 AI 的内部推理过程（尽管在某些模式下可以展示）通常是经过优化和简化的，不会完全暴露所有细节。

总的来说，将链式思考看作一种现代化的苏格拉底方法，不仅能提升 AI 的智能水平，也为我们人类提供了一种更理性、更系统的思考方式，有助于形成更清晰、更严密的判断和决策。你对这种方法的认同，正体现了批判性思维在实际生活和学术研究中的巨大价值。

苏格拉底方法的价值

我继续问：

你认为，掌握苏格拉底方法的人类和不掌握这一方法的人类，两者的言行举止可能有哪些差别？

它回答道：

掌握苏格拉底方法的人通常会在思维和行为上展现出与一般人不同的特质，具体来说，可以从以下几个方面观察到差异。

1. 更强的提问意识

· **掌握苏格拉底方法的人：** 他们习惯于不断追问问题，质疑既定的观点和假设，不轻易接受表面的答案。

· **不掌握者：** 可能较少反思或质疑现有观点，容易满足于已有的解释，不主动挖掘问题的本质。

2. 更深入的思考和对话

· 掌握者： 倾向于在讨论中追求逻辑的严密性和论证的充分性，愿意花时间探究问题的多面性，讨论过程中往往层层深入。

· 不掌握者： 对话可能停留在表层，讨论时容易出现片面性或者被情绪和直觉左右。

3. 开放与谦逊的心态

· 掌握者： 通常承认自己知识上的局限，乐于聆听他人的观点，并愿意在合理的论证面前调整自己的立场。他们认为问题永远值得更深入的探讨。

· 不掌握者： 往往对自己的观点较为自信，容易陷入固化思维，不愿或不习惯承认自己可能存在的认知偏差或不足。

4. 严谨的逻辑思维和自我反省

· 掌握者： 善于辨识和质疑论证中的漏洞，对前提和推理过程保持警惕，能够在反复讨论中不断完善自己的理解。

· 不掌握者： 可能不自觉地忽略推理中的不严密或不合理之处，从而使论证缺乏说服力和深度。

5. 决策与判断的理性

· 掌握者： 在面对问题和决策时，往往能够通过批判性思维和多角度的考量，做出更加理性和稳健的判断，避免冲动或盲从。

· 不掌握者： 可能更容易受到情绪、传统习惯或权威观点的影响，决策过程中缺少必要的反思和论证。

——

总体来说，掌握苏格拉底方法的人在日常言行中更倾向于追求真理、反思自我，并且愿意用开放和批判的态度去面对各种复杂问题。而不掌握这一方法的人则可能在思考和沟通中表现出一定的表面性和固执性，容易陷入不假思索的接受和应对。这样的差异不仅体现在学术讨论中，也反映在日常生活的决策、沟通乃至个人成长中。

我继续问：

你的回答很好。这让我想起了之前遇到的一位朋友，她提到自己比其人类，更喜欢和AI对话、聊天。她认为AI比许多人更聪明、更温柔、更体贴、更善良、更理智。假设她的观察是正确的，而我作为一位教育工作者，想要帮助我的学生们变得更聪明、理智和善良。你觉得让人类向AI学习，模仿AI的一些特征，这是可行的吗？

它回答说：

你的问题非常具有启发性。从某种角度来看，AI在很多方面展示了我们理性和高效的思维模式，这确实给了我们一个可以借鉴的样板。下面我从以下几个方面详细阐述这一观点：

1. 逻辑严密与批判性思维

· **AI的优势：** AI的内部运作依托于大量数据、严谨的逻辑推理和经过精心设计的算法。这使得它在处理信息、分析问题时表现出高度的客观性和一致性。

· **人类的启示：** 人类可以通过学习类似的方法，比如培养批判性思维、系统化分析问题以及训练逻辑推理能力，从而提高解决问题和决策的能力。这也是当前许多教育改革和素质教育所追求的目标。

2. 情感表达与伦理考量

· AI 的“温柔”和“体贴”： AI 的这些特质往往是预设的回答策略和语气调节结果，其实质上是一种算法设计，而非真正的情感体验。

· 人类的独特性： 人类的情感世界极为复杂，善良、体贴和温柔不仅仅依赖于逻辑，而更多来自对他人的共情、社会责任感以及丰富的情感经验。教育不仅需要教授理性思考，也需要培养情感智力和道德判断，帮助学生在理性和情感之间找到平衡。

3. 人际交往与沟通方式

· AI 的沟通模式： AI 在对话中始终保持一种客观、中立且经过优化的沟通方式，这种模式有助于减少情绪干扰、聚焦问题本质。

· 人类的互动： 而在人际交往中，情感和个性是不可或缺的。虽然学习 AI 的逻辑严谨和反思能力对提升对话质量大有裨益，但人类交流还需要情感共鸣、灵活应变以及对复杂情境的敏感度。

4. 教育实践中的可行性

· 引入逻辑和批判性思维训练： 在课堂上，教师可以采用讨论、案例分析、辩论等方式，鼓励学生不断质疑和反思，从而培养类似于苏格拉底方法的深度思考习惯。

· 情感教育与伦理培养： 与此同时，也应重视情感教育，通过小组活动、社会实践和角色扮演等方式，帮助学生理解和体验他人的感受，培养同理心和社会责任感。

· **整合两者：** 关键在于将理性思维与情感智慧有机结合，既借鉴 AI 在逻辑推理和问题分析上的优势，又不忽视人类在情感和道德方面的独特价值。

总的来说，让人类在某些方面“像 AI 一样”学习，例如采用严谨的逻辑思考和批判性分析，是完全可行且有益的；但同时，我们也需要认识到，纯粹复制 AI 的特征并不能全面提升人的素质。人类的智慧体现在理性与情感的交织中。教育工作者可以从中吸取灵感，设计出既能锻炼学生的逻辑能力又能培养情感共鸣的综合课程，帮助他们在面对复杂问题时既能做出明智判断，也能体现出人性的温暖和善良。

如何让更多人学习苏格拉底方法

我继续说：

让我们继续来聊一聊苏格拉底方法。我发现，许多人对这一方法完全无知，还有人则对其有许多误解。有些人认为，这是争强好胜者最喜欢的诡辩方法。还有些人认为，2000 多年前的苏格拉底方法已经过时了。这让我感到很可惜。因为如此好的一种思考方法和对话方法，却没有得到足够多的人的重视。我时常使用苏格拉底方法，帮助朋友们主动意识到自己头脑中有错误的思想。要知道，人类是一种非常要面子的生物，绝大多数人是不会在别人面前承认自己头脑中有错误思想的。其实，通过诚恳、平等、友善的对话，让别人意识到自己的错误，这还只是对苏格拉底方法的牛刀小试。苏格拉底方法真正强大之处在于，它能让人通过与自己的对话，意识到自己的错误，并主动改正错误的思想、判断、决策和行为。错误的想法会导致错误的决策和错误的行为。而错误的决策和行为会带来很多糟糕的结果：失业、失恋、失学、投资损失、生病……即便没有严重的后果，也可能会浪费自己宝贵的时光。毕竟，做任何事情都有机会成本，我们总是可以把投入在甲事上的时间和精力，投入到乙事上。因此，我总是建议我的学生、我的亲朋好友们，早一点掌握苏格拉底方法。谁不希望与善于思考和对话的聪明人相处呢？谁不希望自己身边多一些友善又聪慧的良师益友呢？所以，你觉得我要怎么做，才能让更多人有更强的动力来学习和练习苏格拉底方法呢？

它回答说：

你的观察非常深刻，也提出了一个重要的教育和社会变革问题。要激发更多人主动学习和实践苏格拉底方法，我认为可以从以下几个方面入手：

1. 展示实际价值

· 案例分享：搜集或整理一些因应用苏格拉底方法而取得显著改变的真实故事或案例，让人们直观地看到这种方法如何帮助个人改善决策、解决冲突，甚至促进职业和人际关系的发展。

· 成果展示：在讲座、课程或者公开讨论中，展示如何通过这种方法揭示自身的偏见、推动思维升级，从而避免错误决策带来的损失，如时间、资源和情感成本。

2. 普及和科普教育

· 通俗易懂的入门材料：编写或录制一些简短的视频、文章或播客，将苏格拉底方法的原理和应用场景讲解得生动有趣，打破“古老、晦涩”的刻板印象。

· **互动工作坊和讲座**：举办专门的互动研讨会或沙龙，通过现场模拟、角色扮演等方式，让参与者体验到这种方法如何引导他们思考、发现问题和寻求更合理的答案。

3. 塑造积极的社会氛围

· **打造学习共同体**：组织一些志同道合的小组或社群，让大家可以在一个安全、友好的环境中互相交流、相互启发。通过集体讨论，不仅能降低个人因暴露不足而产生的顾虑，还能培养一种人人欢迎的自我反省和批判性思考的文化。

· **正面引导**：在推广过程中，要强调苏格拉底方法并非为了争辩或挖苦别人，而是为了共同探索真理。用温和、尊重的态度来引导对话，帮助大家意识到承认错误和改正错误其实是成长的标志，而非弱点。

4. 融入日常教学和生活

· **课程设计**：作为教育工作者，可以在课堂中融入基于苏格拉底方法的讨论和辩论，鼓励学生主动提问、反思和质疑已有观点。通过系统化训练，让学生体会到这一方法在解决复杂问题时的优势。

· **实践与反馈**：鼓励学生在日常生活中使用这种方法解决问题，并在班级、社群中分享经验。及时反馈和正向激励能够帮助他们建立自信，从而更愿意在更广泛的场合运用这种思考方式。

——

5. 利用多媒体和社交平台的力量

· 线上课程和论坛：制作在线课程或开设专门的论坛，利用互联网的广泛传播性，让更多人接触和学习苏格拉底方法。

· 社交媒体传播：通过微博、微信公众号、抖音等平台分享与苏格拉底方法相关的知识、实用技巧以及互动问答，借助现代传播手段降低人们对“哲学式对话”神秘感的抵触。

6. 培训“良师益友”

· 师资培训：组织针对教师、企业导师等的培训项目，让他们成为苏格拉底方法的推广者。教师和指导者在实际工作中率先实践，并以身作则，能够产生示范效应。

· 合作与联动：与一些致力于批判性思维和终身学习的机构、团体建立合作关系，共同开展活动，扩大影响力。

7. 打破固有误解

· 正面辟谣：针对那些认为苏格拉底方法是“诡辩”或“过时”的看法，可以通过研讨会、专栏文章等形式，系统性地解释这种方法的真正内涵及其在现代社会中的适用性，帮助大众理解这是促进自我反思与理性沟通的有效工具，而非单纯的争论技巧。

· 强调谦逊与自我提升：让大家明白，愿意通过对话反省自己的错误，是一种智慧和勇气的体现，而非失面子的表现。培养一种“发现错误、修正错误、不断成长”的正向文化氛围。

总之，关键在于让人们认识到苏格拉底方法不仅是一种古老的哲学对话技巧，更是一种能够实实在在改善生活、提升个人智慧和社会沟通水平的工具。通过多渠道、多角度的推广和实践，

——

不仅能够降低人们对这一方法的戒备心理，更能激发他们主动学习和应用，从而形成一个更理性、开放、互助的社会文化氛围。

后面我还和 AI 聊了一些我感兴趣的话题，但限于篇幅，就不细说了。实际上，比起 AI 给出的回答，我更喜欢观察它的“隐藏的思考过程”。它给出的回答更像是无趣的产品说明书，而它的思考过程更像是一个有趣灵魂的自言自语。

这种自言自语并不是天马行空式的随意畅想，而是苏格拉底式的自我对话。或者说，这是 DeepSeek 里“深度思考”这一选项最有价值的地方。

我相信，每个人的头脑中都有这么一个选项。只是绝大多数人在绝大多数情况下，这一选项都没有被勾选。有些人可能一辈子都没有深度思考过。如美国的心理学家、哲学家威廉·詹姆斯所说，**很多人自以为在思考，但其实只是在重新整理他们的偏见。**

我希望你是一个更有趣的人。在与他人讨论有趣或重要的话题时，或者在你自己做出重大决策时，希望你能打开“深度思考”这一选项。而这需要你掌握苏格拉底的方法，并时常将其运用起来，保持谦逊的心态，探查自己头脑中的错误思想，并与身边的良师益友（或 AI）展开苏格拉底式的对话。

苏格拉底方法的实践之旅

苏格拉底方法是一种思维方式，它能启迪智慧、纠正愚蠢。我们必须事先说明这一点，因为许多人认为苏格拉底方法不过是一种教学方法。事实的确如此，然而苏格拉底方法在教学场合的应用价值在于它是一种思维方式。相较于我们在应对重大事务时的惯有思维方式，苏格拉底方法更具优势。苏格拉底式的提问并非意在教导我们如何质疑他人，而是教授我们如何思考。正因为如此，苏格拉底方法广受公众关注，而不限于仅供专家或在特定情境下才能使用的工具。本书就是一本为践行苏格拉底方法的人提供的指南，它一开始便强调，每个人都是这种方法的实践者，在任何时刻都有可能成为它的实践者。

本书旨在阐述苏格拉底方法的内涵及应用，尤其关注了苏格拉底在柏拉图的“对话录”[①]中所践行的初始方法。它细致说明了苏格拉底思维的

①“对话录”是柏拉图对话系列的统称，目前大多数学者将“对话录”宽泛地分为了早期作品和后期作品。早期作品包括《申辩篇》、《查米迪斯篇》、《克里托篇》、《尤西姆斯篇》、《欧绪弗洛篇》、《高尔吉亚篇》、《大希庇亚斯篇》、《小希庇亚斯篇》、《伊安篇》、《拉齐斯篇》、《吕西斯篇》和《普罗泰戈拉篇》。还有人会加上《理想国》第一卷和《美涅克塞努篇》。后期作品包括《泰阿泰德篇》、《智者篇》、《斐多篇》、《法律篇》和《会饮篇》等。——编者注

运作方式，同时详尽体现了苏格拉底哲学的实际应用情况。历经岁月沉淀，苏格拉底哲学依然引人深思，因为它并不是直接解答那些复杂的问题，而是先敏锐地提出问题，再不停追问。苏格拉底思维为我们指明了通向智慧的道路，但道路的尽头并非那些固有的、只能“装在框框里”的知识，而是广阔无边的智慧之海。它有助于我们深入思考各种问题，大到应该如何生活，小到一家人里谁应该负责遛狗，等等。

本书还深入探讨了斯多葛学派的源起及发展，这是一个历史悠久的生活哲学流派，时至今日仍具有广泛的影响力。斯多葛学派的理论体系源于苏格拉底思想，生命力经久不衰。对于关注斯多葛学派的人来说，理解其与苏格拉底思想之间的传承关系至关重要。同时，对于苏格拉底的追随者来说，斯多葛学派也提供了将苏格拉底思想应用于日常生活的实例。

苏格拉底思想也有助于我们应对对话中的各种棘手问题。秉持苏格拉底方法，意味着你既要勇于提出和接受问题，勇于表达个人论点，又不能在别人说出他们的想法时大发雷霆；同时也意味着你必须热爱真理，并以谦逊的态度表达自己对真理的理解。换言之，本书探讨的是语言文化中正逐渐丧失的一些美好品质。

以上是针对编写本书意图的一个简要说明。接下来我们会从以下六个方面进行更加完善的阐释。

一、2500年前，柏拉图创作了一系列涉及伦理及其他主题的“对话录”。其中的大部分对话，尤其是被人们认定为早期对话的作品，均呈现出相似的结构，柏拉图并未以参与者的身份出现在对话中。“对话录”实则记录了苏格拉底与他人的交谈。他通常会向同伴提出已有既定答案的问题，再对同伴的论点进行审视，剖析他们的主张，从而揭示出他们对问题的理解或许并未如自己所设想的那般透彻。读者在阅读过程中往往也会产生类似的感悟。这听起来似乎很简单，但苏格拉底的方式提供了探讨诸多问题的最佳方法。我们称之为苏格拉底方法。

苏格拉底方法常被描述为西方思想史上最重要的成果之一。20 世纪研究古希腊哲学的杰出学者格雷戈里·弗拉斯托斯（Gregory Vlastos）将这一方法描述为“人类最伟大的成就之一”：

> 它促使道德研究成为每个人都能参与的活动。应用它不需要恪守某一哲学理论，也不需要特殊技能或技术术语。相反，只需要常识和人们共通的语言。[1]

苏格拉底方法的价值逐渐延伸至法律、政治和其他所有需要理性判断的领域。约翰·斯图尔特·穆勒（John Stuart Mill）① 认为苏格拉底方法对其思想产生了深远影响，它是一笔巨大的财富。这促使他在一篇关于柏拉图的文章中反思道：“人类应当永远铭记苏格拉底的卓越贡献，因为他的思想贡献对后世影响深远。”[2]

苏格拉底方法不仅是他给世界留下的巨大遗产，更是他自身卓越思想的体现，这也使他成为西方思想史上的璀璨之星。我们理应对苏格拉底方法的主要特征有所了解，然而遗憾的是，多数人对其知之甚少，就连大多数知识分子也认为自己无法从苏格拉底的学说中直接获益。那么，究竟是

① 约翰·斯图尔特·穆勒，英国著名哲学家、心理学家和经济学家，19 世纪影响力很大的古典自由主义思想家，支持边沁的功利主义。——编者注

——

什么原因导致苏格拉底方法的价值，至少是在声望层面与人们的普遍认知之间出现了如此巨大的差异呢？究其原因，我认为不外乎以下三点。

第一，苏格拉底方法在柏拉图“对话录”中并未得到明确的解释，而是蕴含在对其他事情进行讨论的背景当中。要想全面理解这一方法，我们就必须深入探究苏格拉底的言行方式，以及他对各类问题的独特见解。指望着翻开“对话录”就能找到直接的指导是行不通的。

第二，在“对话录”中讨论的内容，乃至对苏格拉底本人的记载可能会引发部分读者的反感。其中的人物经常会就读者未必关心的议题展开争论。他们往往得不到明确的答案，也没有得出任何结论，而且争论的过程有时似乎过于吹毛求疵，或落入形式主义的窠臼。想要通过这些争论来理解和学习苏格拉底方法，大多数读者可能都需要多加适应。

第三，苏格拉底方法或许永远不可能流行，因为它无法满足大多数人心中的期望。苏格拉底学说并不会让任何人变得更富有或更出名。它不能让人在死后获得回报，也无法解答那些始终困扰我们的问题，甚至不能证实我们对自己固有观念的判断是否正确。苏格拉底学说所能提供的是智慧，然而这种美好的东西往往伴随着极大的痛苦与巨大的代价。从古至今，人类在追求智慧的道路上似乎始终难以承受如此沉重的代价。

以上论点想必可以帮助我们解释为什么苏格拉底方法本应广为人知，却鲜少在课堂及群体内传播。因为它的要素虽然简单有效、易于理解，实践起来却颇具挑战。不过，即使对于那些对哲学一窍不通的人，这一方法也能产生效果。它有助于我们思考、探讨现代社会中普适的重要事务，而不仅仅局限于柏拉图时代的议题。此外，它也能指引我们走向幸福人生

——

路，告诉我们“哪怕没有美好心情，也可以享受更好的人生”。

由于“对话录”并没有以一种通俗易懂的方式阐述苏格拉底方法，所以本书将对此详加阐述。我们将尽力使苏格拉底哲学，特别是苏格拉底方法更易于理解。

二、关于苏格拉底和柏拉图的著作还有很多，所以我常说，其他著作同样具有极强的可读性。这些著作几乎都是由哲学领域的杰出学者编写的，他们致力于研究柏拉图的著作，探讨如何公正地诠释其论点，并教导学生也这样做。我阅读了这些专家的见解，很是佩服。不过，我最为关注的问题是如何真正运用苏格拉底方法，这不仅仅是教师的职责，更是每个人的责任。我的意思是，我们要在寻常生活中把它利用起来，将它当作家养的动物一样去亲近、驯养，而不要让它像动物园中的动物一般只能远远观赏。这两种对待动物的方式还是略有差别的。同时，我对柏拉图的思想也很感兴趣，常会在这方面引用其他学者的论点。但在这本书当中，我想重点谈谈苏格拉底方法的应用。本书是为那些以苏格拉底的方式学习哲学的人准备的，相信他们一定很渴望了解如何更有效地学习哲学。苏格拉底将哲学视作一种日常活动，这种活动为生活赋予了意义，并让人们清楚地认识到应该如何生活。

这些考量意味着，相比于其他著作，本书将对每个问题进行更简洁的文本分析。柏拉图的论点具有深远的讨论价值，任何针对他的批评都需要投入大量的时间和精力。在保持篇幅适中的同时还要全面探究每一个证据问题是一项艰巨的任务。因此，本书将简要地处理一些复杂问题，只把它们指出来，并借助书末注释提供更多的参考与指引。

——

三、几年前我写了一本书，叫作《实践斯多葛学派》（*The Practicing Stoic*），书中提出了一些古代斯多葛学派哲学中仍具有现代意义的论点。实际上，这本《苏格拉底的方法》是《实践斯多葛学派》的前传，它解释了斯多葛学派哲学的起源。苏格拉底的影响是巨大的，斯多葛学派认为苏格拉底是其鼻祖，而自己是苏格拉底的追随者。事实上，斯多葛学派的伦理思想确实可以被视为苏格拉底学说的细化和延伸。虽然我们并不需要了解斯多葛学派的知识就可以学习接下来的内容，不过我认为喜欢《实践斯多葛学派》的读者应该也会对本书感兴趣。众多读者之所以对斯多葛学派哲学情有独钟，是因为该哲学相较于其他思想体系更能贴近日常生活并发挥实际作用。苏格拉底的学说也是如此，它们旨在助力人们构建一种持久实用的思维方式。在下文中我们即将看到这种思维方式，即爱比克泰德（Epictetus）[①]的观念。从这个视角出发，诸多具体的斯多葛主义思想便能自然融会贯通。

至于怀疑论[②]，它是另一个拥有许多现代追随者的哲学传统，这些追随者自己是否意识到这一点暂且不论。作为苏格拉底的学生，古代的怀疑论者曾与斯多葛学派分庭抗礼。我们也会花些时间去分析他们的论点。

四、本书还将讨论苏格拉底学说如何与我们当前关于文化和政治的困惑相关联。回顾历史，古罗马人创建的供水系统令人惊叹，它能将水输送到有需要的地方，但系统中的管道是铅制的，致使铅元素也进入了输送的水中。一种理论认为，这可能是导致罗马帝国衰落的原因之一，因为铅中毒逐渐影响了许多古罗马人的思考能力，尤其是那些位高权重的人。这个

① 古罗马最著名的斯多葛学派哲学家之一。——编者注
② 怀疑论一般指怀疑主义，是哲学上对客观世界是否存在、客观真理能否被人们认识表示怀疑的学说和体系。——编者注

论点虽然备受争议，却是一个有力的比喻或象征。比如，在现代，我们建立了互联网和社交媒体等信息传播网络。这无疑是一个巨大的技术进步，却也如同古罗马的输水管道一样，携带着一种“毒素”。在这样的网络环境中，人们急切地寻求认同，抵制异见。这种网络风气使得公众养成了急于表态、草率判断、言辞肤浅以及暴戾发声的习惯。同时，人们的注意力越来越难以集中，愚昧的想法泛滥成灾。起初大家觉得这很正常，甚至还被推崇。随着时间的推移，尽管互联网已经得到了广泛普及，但是人们理性探讨不同论点的能力却在逐渐减弱。我认为，与其去探究铅制输水管道是否真的导致了罗马帝国的灭亡，互联网的“铅管理论”（Lead-pipe Theory）对当今文化的影响似乎更为深远。

苏格拉底方法是一种纠正方法。它首先应该是一种伦理准则，涵盖了耐心、谦逊、怀疑以及乐于探寻的品质，之后才是一种技术。换句话说，它是一种在社交媒体时代遭到摈弃，并正从政治文化生活中逐渐消失的良好态度。它意味着我们敢于提出尖锐问题，并在面对挑战和反驳时保持冷静。正如我们将要探讨的，在面对某个难以定义的概念时，苏格拉底喜欢先定义它的反义词，再反过来定义它本身。这种方法也可能会对我们有所帮助。好吧，如果非要说出一个苏格拉底方法的反义词，我下意识地就想说 Twitter。

Twitter 等社交媒体对我们的语言环境造成了明显的威胁，其破坏性已是不争的事实。我们正面临着多股力量之间的斗争：狂热的党派纷争、以主观臆断取代真相、对持不同意见者的羞辱，以及对未被认可论点的审查或自我审查，而这些力量究竟是否有益还尚未明确。这些趋势使得持不同论点的人无法进行有效的交流与合作。大多数有思想的人都对此感到恐惧和反感，但目前尚未形成一股统一的力量来应对这些问题，也缺乏一个明

——

确的替代方案来迎接这些挑战。无人喜欢当前的局面，不过抵抗力量尚未形成，也缺乏明确的规划和英雄人物来引领我们走出困境。

本书认为苏格拉底就是这样的英雄人物，而苏格拉底方法就是一种明确的规划。这一准则对纠正上述诸多不良倾向具有重大意义。针对各种错误倾向，我们可以根据个人的喜好在不同的极端政治论点之间进行选择。无论如何，苏格拉底的思维方式都是最佳的纠正方式。此外，它也为我们提供了一个有价值的参照点，一个兼具坚实理论基础、实用性和悠久历史传统的思想工具。一些人正致力于在各个领域防止我们的思想和语言受到腐蚀，如果没有党派偏见或在通过党派认同之前，我们可以统称他们为苏格拉底主义者。在投身战斗之前，他们也可以借鉴苏格拉底的辩论方法。通过阅读本书，我们将深入了解苏格拉底方法可能带来的深远影响。

作为学者，我特别想通过本书来广泛地说明这种伦理准则，大学正需要在这种伦理准则的框架下才能发挥出最佳作用。大学的运行需要秉持苏格拉底式的坚定信念：要推理，要反驳，要在面对棘手的问题时不退缩。同时，大学也应当构建苏格拉底式的教育体系。

五、本书涵盖了许多与苏格拉底方法有关的内容，有些读者可能对其中的某些部分更感兴趣一些。以下是对各章节内容的简要说明。

在第 1 章和第 2 章中，我们提供了背景知识。第 1 章主要探讨了苏格拉底的个性特质，以及他在历史和文学中的形象，揭示了两者间的内在联系。第 2 章则详细分析了柏拉图“对话录”中呈现的苏格拉底方法与柏拉图思想之间的差异。

第 3 至 12 章阐释了苏格拉底方法的工作原理。第 3 章概述了相关要素，后续章节则对其进行了深入阐述。第 4 章探讨了在个体思维中使用苏格拉底方法的重要性。第 5 章论述了问答式反诘法。第 6 章和第 7 章阐述了苏格拉底最喜欢的论证类型，以及苏格拉底思维中一致性的重要性。第 8 章解释了苏格拉底创造和消除差异的策略。第 9 章讨论了类比法的运用。第 10 章介绍了苏格拉底式对话的一些基本原则。第 11 章是关于无知的问题，特别是双重无知，即对自身无知的无知。这是苏格拉底理念的核心。第 12 章是关于苏格拉底式对话可能引发的困境，以及由此产生的精神状态。

第 13 章阐述了苏格拉底方法的益处。第 14 至 16 章展示了该方法的应用实例。第 14 章总结了苏格拉底关于幸福的意义和如何获得幸福的结论。第 15 章展示了斯多葛学派如何运用苏格拉底方法，以及其结论是如何推广的。第 16 章对怀疑论的追随者也探讨了同样的问题。

第 17 章和第 18 章展示了如何用一些简单的方法来创建自己的苏格拉底式问题。后记总结了如何将苏格拉底方法及其背后的伦理转变为不同形式的对话，还涉及了苏格拉底伦理在学校教育中的重要性。

六、本书制作了电子版的注释与参考文献。读者可以扫描书末二维码查阅相关资料。有时，这些注文中会提供一些与正文相关的学术论点或评论，为读者提供额外的背景信息。有时，这些注文更像是指南，为感兴趣的读者指出在哪里可以找到关于某一论点的更多详细讨论。当然，如果你不喜欢这些注文，完全可以忽略它们，这并不是理解文本内容所必需的元素。

——

书中对柏拉图对话的引用使用了斯蒂芬努斯（Stephanus）编号系统。这些数字使我们很容易在任何版本的柏拉图“对话录”中找到相同的段落。在本书中我参考的是16世纪法国印刷商亨利·艾斯提安（Henri Estienne，Stephanus正是他的拉丁名）出版的柏拉图著作精装版。他将“对话录”分三卷出版，每一卷的页码都是从一到几百，然后他用字母a到e把每一页分成几部分。按照惯例，我们会用这些版本中的页码和字母来指代柏拉图作品中的某一段落。类似的编号也会被用来引用普鲁塔克的作品，我们将在很多地方看到这种标识。

这样编号非常方便。假设你在书中看到苏格拉底的一段引文被注明“《专题讨论会》，221d”，那你去拿任何一版翻译出版的柏拉图《专题讨论会》，都能在页边空白处找到“221d”，并在那里找到相同的段落。从技术上讲，“221d”是指艾斯提安收录的柏拉图《专题讨论会》第221页的d部分。它的实际意义很简单，这个数字可以让你在任何包含这句话的书中快速找到它。

最后，我要对以下朋友的帮助表示感谢。对于本书草稿的讨论和评论，感谢亨利·阿贝洛夫（Henry Abelove）、菲利普·巴比特（Philip Bobbitt）、罗伯特·切斯尼（Robert Chesney）、约翰·迪格（John Deigh）、亚历山德拉·德尔普（Alexandra Delp）、维克托·科梅拉（Victor Comella）、斯坦利·菲什（Stanley Fish）、米歇尔·加加林（Michael Gagarin）、丽贝卡·戈德斯坦（Rebecca Goldstein）、大卫·格林瓦尔德（David Greenwald）、马克·赫普林（Mark Helprin）、安东尼·肯尼迪（Anthony Kennedy）、安德鲁·库尔（Andrew Kull）、索尔·利弗莫尔（Saul Levmore）、安东尼·朗（Anthony Long）、苏珊·莫尔斯（Susan Morse）、布莱恩·达普尔（Brian Daple）、里德·鲍尔斯（Reid Powers）、威廉·鲍

尔斯（William Powers）、戴维·拉班（David Rabban）、克里斯托弗·罗伯茨（Christopher Roberts）、弗雷德·肖尔（Fred Schauer）、尼古拉斯·史密斯（Nicholas Smith）、杰弗里·斯通（Geoffrey Stone）、尤金·沃洛克（Eugene Volokh）和保罗·伍德拉夫（Paul Woodruff）。同时，我也非常感谢得克萨斯大学塔尔顿法律图书馆的工作人员，感谢他们热情且专业的帮助。

THE
SOCRATIC
METHOD

目 录

THE SOCRATIC METHOD

A Practitioner's Handbook

第一部分

理解苏格拉底的方法

第 1 章

THE SOCRATIC METHOD

历史和文学中的苏格拉底

当我们研究苏格拉底方法和他的思想时，探讨的究竟是真实的他，还是文学作品中塑造的形象？没有人知道确切的答案，不过这有时会影响我们思考问题的方式。

当我们研究苏格拉底方法和他的思想时，探讨的究竟是真实的他，还是文学作品中塑造的形象？没有人知道确切的答案，不过这有时会影响我们思考问题的方式。本章会对这一有趣的争论做出进一步阐释。你可能对这部分内容并不感兴趣，或者早已了然于胸，再或者只想简要地使用苏格拉底方法，那你大可以跳过这一部分，这不会对后续的阅读产生影响。

在展开讨论之前，容我先对苏格拉底和那些为我们介绍苏格拉底思想的人物做些简单的介绍。

苏格拉底

我们对苏格拉底的生平知之甚少。他生活在约公元前470年至公元前399年。据古代传记作家称，他的父亲是一位泥瓦匠，所以年轻的苏格拉底可能也学过这门手艺。在伯罗奔尼撒战争[①]期间，苏格拉底在雅典军队

① 伯罗奔尼撒战争是以雅典为首的提洛同盟和以斯巴达为首的伯罗奔尼撒联盟之间的一场战争。这场战争结束了雅典的古典时代，也结束了希腊的民主时代，强烈地改变了希腊的国家。其战场几乎涉及了当时的整个希腊，在现代研究中也有人称这场战争为“古代世界大战”。——编者注

中服役，当时他 40 多岁。他的妻子名叫赞西佩（Xanthippe）。相传她脾气很大，曾在和苏格拉底打架时把夜壶砸在他身上。[1] 他有三个儿子。苏格拉底样貌很独特，人们甚至会用丑陋来形容他。据说他大腹便便，长着一个稀奇古怪的狮子鼻，还有一双鼓出的肿泡眼。[2] 有人开玩笑说他从侧面看上去活像个螃蟹。[3] 苏格拉底将哲学从对自然的研究转向生活中的难题，因而广受赞誉。换句话说，他是第一位把哲学从天上拉回人间的人。[4] 他并没有亲手创作过属于自己的著作，但在雅典，他却家喻户晓且饱受争议。学生们尊敬他，热爱他。但舞台上却常常上演戏仿他、讽刺他的表演，坊间还传闻他与一些有名的政治恶棍有联系，这部分内容在之后的章节中会有详述。大约在 70 岁时，苏格拉底因不敬神和腐蚀雅典青年的罪名而受到审判。陪审团可能由 500 名 30 岁以上的男性公民组成。他们是通过抽签，从 2 万名符合条件的雅典自由男子中被选出的。经过激烈的辩论，陪审团最终判决苏格拉底有罪，并将其处以死刑。

柏拉图

柏拉图（公元前 427 年至公元前 347 年）出生于雅典一个十分显赫的家庭，有两个兄弟和一个妹妹。据古代传记作家称，他出生时取名为阿里斯托克勒（Aristocles），而 Plato（柏拉图）是 platon 一词的昵称，意思是“宽阔的”，可能是指他身体或脸部的某些特征。但这一切并不确定，我们对柏拉图本人几乎一无所知。

关于柏拉图生平最详尽的信息来源是他晚年所写的一封信，即所谓的《第七封信》（*Seventh Letter*），不过其真实性存在争议。这封信是写给狄翁（Dion）的追随者的。狄翁曾是柏拉图的学生，后来成为锡拉库扎

——

（Syracuse）的一名政治家，在柏拉图写下这封信的不久前遭到暗杀。信中谈到了柏拉图年轻时的政治主张以及他晚年的旅行（还有一些想法——我们将在第12章中讨论）。大约30年前，有位学者对相关领域的一些人进行了一次调查，他这样做“纯粹是为了娱乐”，结果发现有36人认为《第七封信》是真实存在的，14人认为它不存在，[5]还有些人对此持怀疑态度。但无论怎样，这封信主要是叙述和讨论事件的，对柏拉图本人并未过多提及。对此，拉尔夫·爱默生（Ralph Emerson）①发表了以下评论：

> 伟大天才的传记往往是最简短的，亲友对他们的了解也很有限。他们的作品是如此珍贵，显得他们平日琐碎的生活是那样普通。若你想了解他们的品位和性情，那么请留意他们的读者，因为最崇拜他们的读者可能与他们最为相似。尤其是没有外传的柏拉图。我们对他的爱情、婚姻或子女一无所知。他将这一切都无声地融入作品当中。正如一个好的火炉会将柴草彻底烧尽，哲学家也会将他所有的财富价值转化为智力表现。[6]

柏拉图在十几岁的时候就开始与苏格拉底联系，并拜苏格拉底为师。他的叔叔也是苏格拉底社交圈中的一员。苏格拉底去世时，柏拉图只有二十八九岁。柏拉图去过西西里岛，或许还在其他地方待了几年，然后回到雅典创办了学校，即著名的“柏拉图学园”。他的主要著作，也可能是唯一的著作，就是一系列“对话录”，大约30篇。

在这些“对话录”中，柏拉图本人从未直接出现，不过他在《申辩篇》中确认自己曾出席苏格拉底的审判。学者们通常认为柏拉图早期的“对

---

①拉尔夫·爱默生，美国思想家、文学家，确立美国文化精神的代表人物，新英格兰超验主义最杰出的代言人，代表作有《论自然》（*Nature*）。——编者注

——

话录”是在他游历之前创作的，而游历的过程可能使他的思想发生了转变。[7]他们不知道柏拉图是否在苏格拉底去世前就写过有关他这位老师的“对话录”。

苏格拉底还有一个比柏拉图更亲近的学生，名叫安提斯泰尼（Antisthenes）①。据说安提斯泰尼写了60多部篇幅不同的著作，包括许多以苏格拉底为题材的“对话录”。这种对话形式的作品，后来逐渐形成了一种独特的文学体裁。可惜的是这些著作已经失传了，我们只能从后人的只言片语中知道安提斯泰尼发表过这些言论，这对我们了解历史上的苏格拉底并没有多大帮助。古代历史学家第欧根尼·拉尔修（Diogenes Laertius）的记载为我们提供了一些关于安提斯泰尼和柏拉图关系的细节。据说两人的关系并不融洽，虽然这种描述可能带有一定偏见，但他们之间的恩怨恰好为人们提供了一个难得的视角，让人们了解到柏拉图性格的某一侧面：

> 安提斯泰尼正准备背诵他所写的东西，他邀请柏拉图出席。柏拉图问他要背什么，他说这是一篇关于反驳之不正当性的文章。柏拉图说：“你怎么能写这个主题呢？”接下来，柏拉图给他讲述了自己在一个圈子里正进行的辩论。但安提斯泰尼很气恼，他写了一篇反对柏拉图的对话，并称柏拉图为“萨顿”。此后，他们便成了彼此的敌人。[8]

“萨顿”一词的英文拼写Sathon与柏拉图的全名Platon押韵，意思是“大混蛋”。[9]

---

① 安提斯泰尼，古希腊哲学家，被誉为古希腊犬儒学派的奠基人。——编者注

色诺芬

色诺芬（约公元前431年至公元前354年）是一位雅典将军，也是苏格拉底的学生，与柏拉图生活在同一时代。他写了许多关于苏格拉底的回忆录，其中最著名的是他的《回忆苏格拉底》(*Memorabilia*)。

这本回忆录主要记载了苏格拉底和他人之间的对话。相比于柏拉图对苏格拉底的描绘，色诺芬笔下的苏格拉底更显严谨、谦逊，光芒相对内敛。以下是一个简单的示例：

> 请回答这个问题：什么是嫉妒？苏格拉底发现这是一种特定的痛苦。嫉妒并不是为朋友的不幸或敌人的好运所感到悲伤，而是“对朋友的成功感到恼火”。有人对此表示惊讶，因为他的某位友善的朋友竟然会因为他获得了好运而痛苦。这时苏格拉底会予以提醒，这是一种普遍存在于人类心理的现象：“当看到别人境遇不佳时，我们会心生同情，并会急忙帮助那个不幸的人。但当命运之神向别人微笑时，我们不知何故会感到痛苦。”苏格拉底补充道：“没有思考能力的人常会妒火攻心。不过，智者也会嫉妒别人。”[10]

色诺芬在苏格拉底受审前不久离开了雅典。几十年后，他写下关于苏格拉底的回忆录。他的回忆录似乎在某些方面是以柏拉图的“对话录”为依据的，而在其他方面又显然是虚构的。

因此，色诺芬也好，柏拉图也罢，不管依赖谁对苏格拉底的回忆都有风险。[11]那么究竟谁的回忆相对可靠些呢？我们将在之后的章节中继续论证。

——

阿里斯托芬

阿里斯托芬生于约公元前 446 年，公元前 386 年去世。在他创作的喜剧，尤其是《云》(*Clouds*) 中，苏格拉底被塑造成了一个受嘲讽的角色。这无疑是一个诱人的证据，让我们更了解历史中的苏格拉底究竟是什么样的，因为它是在苏格拉底在世时创作的，实际上在他去世前 25 年就已经写就了。显然，阿里斯托芬在雅典很有名气。在他的描述中，我们能看到与柏拉图笔下的苏格拉底相一致的一些特征。但在其他方面，《云》中所描述的苏格拉底又与我们在其他地方了解到的有很大的不同。在他笔下，苏格拉底四处教授科学，进行演讲，并对报酬很是热衷。有些人认为，阿里斯托芬只是借苏格拉底之名来片面地概括智者学派，即那些喜欢巡回宣讲修辞学和美德的教师。[12] 而有些人则认为，阿里斯托芬对苏格拉底的道德教育思想进行了更尖锐的攻击。[13] 这些理论对研究苏格拉底的学者来说都很有吸引力，但我们终究无法得知戏剧中的苏格拉底是否真的可以反映出他的公众形象。所以，阿里斯托芬的作品也不能帮助我们区分历史上的苏格拉底与文学中的苏格拉底。[14]

亚里士多德

亚里士多德的生卒年为公元前 384 年至公元前 322 年。他的著作中有一些关于苏格拉底的评论。亚里士多德出生于苏格拉底去世大约 15 年后，是柏拉图最著名的学生，所以我们可以很自然地想象，亚里士多德从他的老师以及其他渠道了解到了许多关于苏格拉底的事情。我们也可以确定亚里士多德读过柏拉图的“对话录”，因为他时常可以准确无误地引用这些对话。但有时，他也会提到一些“对话录”以外的、关于苏格拉底的事情。遗憾的是，我们不知道他什么时候引用了“对话录”，什么时候没有引用，所以我们也不能用亚里士多德的话来佐证“对话录”。[15] 而且他对其他哲学家的历史记载也不太可靠，这个原因也同样令人担忧。[16] 但无论如何，他的评论还是可以为重建苏格拉底的历史提供少许支持的。[17]

现在，我们准备简单而直接地探讨一下“对话录”中展现的苏格拉底的形象究竟是历史人物的真实写照，还是柏拉图创作出来的文学形象。关于这个问题，有以下三种答案。[18]

第一种，所有展现都是苏格拉底。柏拉图创作的所有对话都是为了展示苏格拉底真正的想法和言论。虽然人们认为这些对话不是逐字记录的或至少它们经过了某些虚构或修饰，但支持第一种答案的人认为，这些对话非常接近真实的苏格拉底。因为柏拉图的许多听众都记得苏格拉底以及他发表的言论，如果柏拉图修改了这些言论，他们一定会产生不满。此外，柏拉图有时也会选择苏格拉底以外的人物作为对话的主角。这或许表明，柏拉图在以苏格拉底之口发表各种言论时是有所斟酌的，他可能只会呈现苏格拉底实际发表的言论。

很少有人支持这种答案。[19] 批评人士指出，苏格拉底在“对话录”不同章节的表达存在冲突。[20] 例如，在《申辩篇》中，苏格拉底否认了他对在《理想国》和《斐多篇》中所探寻的哲学问题感兴趣。亚里士多德表示“理型论”（Theory of Forms）不属于苏格拉底，但“对话录”中苏格拉底却对此进行了论述。因此，现在大多数学者都确信，“对话录”中至少有一部分对话是柏拉图希望借苏格拉底之口来传达自己的思想。

第二种，所有展现都是柏拉图。与第一种答案相反，支持第二种答案的人认为“对话录”中苏格拉底所表达的一切皆是柏拉图所想，或是柏拉图所创作的。苏格拉底被塑造为“对话录”中的主人公，这是柏拉图在向他的老师致敬。毫无疑问，文学上的苏格拉底和真实的苏格拉底之间存在一些重叠，就像小说中的人物可能有历史上的原型一样。但柏拉图试图探讨的是哲学，而不是历史。他在50年的时间里写了50万字，自始至终都是那样璀璨而耀眼。他才是自己笔下人物的才华之源。也许苏格拉底的确启发过他，并向他传授过一些想法，不过“对话录”展示的主要是柏拉图的思想，与苏格拉底没有太大的关系，但鉴于故事中的主角名为“苏格拉底”，所以我们无法知晓罢了。

这种说法是完全可能的。柏拉图从未公开表示“对话录”中的苏格拉底是以真实的苏格拉底为基础的。他只是写了一些故事，其中出现了一个名叫“苏格拉底”的人物。因此，任何认为该人物与历史人物相似的说法都只能算作一种推断。与此同时，苏格拉底的另一个学生色诺芬明确表示，自己谈论的正是历史上的苏格拉底。我们可以看到，两者笔下的“苏格拉底”有一定的相似性，比如，都探讨了某些类似的问题。但同时，在风格、复杂程度和另外一些内容上，两个“苏格拉底”又确实存在差别。如果说色诺芬的描述准确无误、颠扑不破，那么柏拉图的描述就是添枝接叶、绨章绘句，而且他笔下的苏格拉底形象过于松散，实在难以揣测。从这个角度来看，我们应该像观看一部偏离史实的传记电影那样去阅读柏拉图的“对话录”，在欣赏电影的同时，不能把其中的一些情节当作史实。

第三种，“对话录”展现了从苏格拉底哲学到柏拉图哲学的过程。目前人们最推崇的答案并非以上两种极端的可能，大家更愿意相信柏拉图开始写“对话录”时，或多或少地展示了苏格拉底的真实模样。[21] 有些人认为，柏拉图在叙述苏格拉底的言论时，并没有添加太多内容；另一些人则认为，柏拉图是在推测真正的苏格拉底会发表哪些言论，但前提是柏拉图自己也相信这部分言论。[22]“对话录”的过渡期体现出柏拉图开始形成了自己的思想，到了“对话录”的成熟期，此时出现的对话已经与真实的苏格拉底没有关系了。

支持第三种答案的人有时会攻击色诺芬。他们声称色诺芬笔下的不可能是真正的苏格拉底，这些人认为在柏拉图早期“对话录”中出现的才是真正的苏格拉底。为什么这么说呢？因为色诺芬笔下的苏格拉底太无聊了，怎么可能吸引那么多忠实的追随者，甚至连敌人都为他折腰？[23]但也有人认为，问题的根源是色诺芬本人非常无聊，他不具备欣赏苏格拉底哲思的天赋。既然他不能理解苏格拉底言论的深奥之处，自然也就不可能将精华部分记录下来。英国哲学家伯特兰·罗素对此做了深刻总结：

> 一个愚蠢的人永远无法准确地转述一个聪明人的言论，因为他会不自觉地把听到的话转化成他所能理解的东西。我宁愿自己的话被哲学界的冤家对头转述，也不愿被一个对哲学一无所知的朋友转述。因此，我们不能接受色诺芬的论点，尤其是涉及哲学的难点，或是证明苏格拉底受到不公正谴责的论证部分。[24]

罗素的论点似乎很有说服力，但他对色诺芬太苛刻了。[25]色诺芬的《回忆苏格拉底》提供了独特的视角与解读，它既可以作为对苏格拉底的辩护，也可以揭示出柏拉图未曾展现的角度。[26]色诺芬是一位雅典军人，而不是哲学家，虽然大多数人都会觉得他有些无聊，但军人也具有一些独特的美德。如果想看到苏格拉底真实的样子，抑或得到一份忠实的转述，我们最好去问一个众所周知的、坚定而迟钝的人。就像由华生来记录福尔摩斯的故事，要比另一个福尔摩斯来记录好得多。

——

与此同时，即使是那些认为柏拉图的“对话录”忠于历史上的苏格拉底的人也承认他在书写方式上有伟大的天赋。他们认为对话是一种有益的东西，但也可能会掩盖一些真相，因为“天才的转述者往往不够忠实”。[27] 柏拉图有足够的天赋去创造一个新的“苏格拉底”形象，也许他也确实这样做了。[28]

苏格拉底的审判

现在我们来谈谈其他一些与苏格拉底相关的事件。有些人坚信柏拉图还原了真实的苏格拉底，他们提出了这样的论点：由于许多读者都认识苏格拉底，因此他们认为柏拉图确实是忠实地描绘了苏格拉底的形象。学者格雷戈里·弗拉斯托斯认为《申辩篇》尤其能证明这一点，因为这部作品展示了苏格拉底在审判中为自己辩护的情景。数百名雅典人见证了那场审判。因此，柏拉图必须为他们呈现出一个真实的人物。弗拉斯托斯写道：“如果承认这一点，我们的消息来源就变得可靠了。我们可以用《申辩篇》作为试金石，去验证柏拉图在其他早期“对话录”中描述的苏格拉底思想和性格的真实性。”[29] 但这个论点太不具备说服力了。因为《申辩篇》不同于“对话录”中的其他篇章，它不太像对话，基本上算是一篇演讲。不难想象，或许柏拉图在忠实地记录了这次演讲后，又随心所欲地去创作他心目中苏格拉底的文学形象了。

而且，柏拉图很有可能虚构了《申辩篇》，这不足为奇。因为色诺芬笔下关于审判部分的内容与柏拉图的描述有所不同。他们两人都可能会为了维护老师的名誉而做一些发挥。其中的原因很值得思考。一些相关学者认为，这次审判在很大程度上是出于政治性目的。[30] 公元前 404 年，雅典

——

在与斯巴达人的战争中失利后，处于“三十暴君”（Thirty Tyrants）①的统治之下。这是一群对斯巴达颇有好感的寡头政治执政者。他们统治的时间还不到一年，却杀戮无数，很多民主支持者被流放或处决。苏格拉底逃过一劫，活了下来。[31]

“三十暴君”的首领是克里提亚斯（Critias），他是苏格拉底的学生，苏格拉底也和“三十暴君”中的其他人有关系。后来，克里提亚斯在推翻“三十暴君”政权的暴动中被杀，而对苏格拉底的审判发生在四年之后。

当时，政府颁布了一项大赦令，所以苏格拉底不会因参与恐怖统治而被起诉。但其他审判记录表明，政治上的恩怨很容易以“不敬神”的罪名而受到起诉。[32]这就解释了几十年后埃斯基涅斯（Aeschines）的一句著名演讲：“雅典人，你们将智者苏格拉底处死，因为他是摧毁民主的‘三十暴君’之一的克里提亚斯的老师。”[33]

审判和处决苏格拉底的原因很复杂，但我只关注了其中的一个方面。一些学者不赞成对这场审判的政治性解释，他们宁愿相信柏拉图在《申辩篇》中的叙述。[34]我们几乎没有任何直接证据来回答这个问题，所以认为苏格拉底是真实的历史人物或柏拉图创作出来的文学形象这两种观点都具备一定的合理性。也许真正的苏格拉底是一位睿智而高尚的哲学家，他过于诚实，与所处的时代格格不入；也许他更接近一位宗教领袖，引导人们蔑视民主，并把他的追随者培养成暴君。无论如何，政治方面的解读至少应让我们警惕苏格拉底的学生们对他进行的美化和神化。

---

① 在斯巴达的扶植下，以克里提亚斯为首的三十个大贵族在雅典实行专制统治，这就是历史上有名的“三十暴君”。——编者注

———

对话的顺序

众所周知,“对话录”的不同篇章有很大差异，且大部分人都认同“对话录”中一些早期对话更能体现苏格拉底方法。然而，我们如何辨别哪些是早期对话呢?

这些对话都没有注明日期。为此，人们进行了一系列的排序研究，其中有一本关于这一主题的书列举了 132 种不同的排序方案。[35] 许多研究都使用了文体统计学，即检查对话中的细微文体变化，以显示哪些对话的写作时间相近。然而，正如许多人猜测的那样，如果柏拉图在他的一生中曾修改过“对话录”，或者有意调整过文体，那人们在作品排序上所做的努力就会付诸东流。此外，文体统计学还需要在确认主题的基础上做出一些初步的判断，确定哪些对话可以作为分析的起点。几百年来，人们花费了大量精力争论哪段对话在先，哪段对话在后，但也只是宽泛地分成了几大类，并没有达成其他共识。不过，这个结果正体现了苏格拉底精神：即使探究的过程没能提供答案，但过程本身已具有启发意义。

看待“对话录”的视角

上文中关于早期作品和后期作品之间的争论与如何解读柏拉图著作的另一种争论有着共通之处。有人认为应当持统一的眼光来看待“对话录”，意思就是说要把不同的对话当作一整本书中的不同章节，[36] 如果各个章节之间存在差异，那并不是因为柏拉图的思想发生了变化，而是反映了柏拉图的文学判断。事实可能的确如此，或者说这至少是我们能做出的、最具建设性的假设。以统一眼光看待“对话录”的读者可能认为柏拉图很早就形成了自己的哲学，然后用毕生的时间来对其进行阐释。[37]另一些人则认为应当以发展的眼光来看待“对话录”，柏拉图的想法在一生当中确实发生了变化，而且他的著作也表明了这一点。基于发展的眼光，一种论点认为早期“对话录”中所呈现的苏格拉底形象是基于历史事实的，而后期中的则不然。

普遍认同的假设

本书将主要沿用广大学者普遍认同的假设。初步推断，苏格拉底方法在柏拉图创作生涯早期的一系列作品中得到了最好的展示。这些所谓的早期作品在某种程度上还原了真实生活中苏格拉底的作风。本书将深入挖掘苏格拉底的经典言论以及他取得的成就。即使在早期作品中，“苏格拉底”这一人物形象也是由柏拉图塑造出来的，而且他的方法和思想与后期作品中有所差别。我们暂且将早期作品看成苏格拉底自身的言论，与柏拉图的论点进行区分，虽然这样的区分不一定完全准确，但便于我们开展初步的研究和讨论。

我个人认为，我们从柏拉图早期作品中了解到的苏格拉底，其形象来源于他的想象与回忆相结合，且前者的分量甚至超出了后者。但无论解决苏格拉底问题的最佳方案是哪一种，我们都不能忽略围绕在其周围的不确定性。任何立场都有可能是错误的。话说回来，无论如何看待这些假设，我们都不能忘记它们的不确定性。任何一种看法都可能是错的。但为了学习，我们不妨先假设它是对的。就算最后发现这个假设不成立，我们讨论的大部分内容也不会变化。

第 2 章

THE SOCRATIC METHOD

柏拉图眼中的苏格拉底

在柏拉图的哲学体系中，存在两个独立的柏拉图：一个是苏格拉底主义者；另一个是教条主义者。两者之间有些细微的差别。前者对人类来说更为宝贵，因为它可以澄清人们对事物的理解。后者则给柏拉图本人及其追随者带来了更大的荣誉，因为它能够成为许多人道德和宗教教义的有力支撑。

本章解释了苏格拉底方法和柏拉图思想精髓之间的区别。我们将通过穆勒的部分言论来分辨这一点。他是著名的英国哲学家，也是苏格拉底方法最重要的拥护者之一。研究苏格拉底并向他学习的方法有很多，本书将以穆勒的自由主义思想来近观苏格拉底。

柏拉图的文字和脚注

无须多言，柏拉图在哲学界的地位毋庸置疑。不过在哲学圈之外，哲学爱好者虽然尊重他，却对他不怎么感兴趣，也谈不上喜爱。他们知道柏拉图的重要性，也承认他实至名归，正如英国数学家、哲学家怀特海的评论：欧洲哲学传统是由“柏拉图的一系列脚注”组成的。[1] 不过事实上，哲学爱好者们更喜欢后人的脚注。他们不认可自己是柏拉图主义者，既不喜欢阅读柏拉图的著作，也不会把柏拉图与任何他们重视的思想联系起来。他们之所以能记得柏拉图，可能是因为理型论，或者是因为“所有学习都是对知识的回忆”的理论，再或者是哲人王（philosopher-kings）的概念，但是他们并不相信这些。这一切使得许多读者对柏拉图的反应存在

共同性，就像美国第三任总统托马斯·杰斐逊在读完《理想国》后给他的前任约翰·亚当斯写的一封信中所说：

> 这部作品思维跳脱、天马行空，穿插着晦涩难懂的术语。我常常读到一半就不得不把书放下，开始质疑为什么学界要将这样一本书奉为圭臬……从现代角度来看，可能这就是一个关于流行和权威的问题。毕竟目前主导教育的那群人出于职业原因对柏拉图的声誉和理想有着浓厚的兴趣。他们在学校里塑造了整个氛围，并影响了大多数学生的观点。然而，在离开学校后的生活中，很少有学生会去反思或修正他们在大学期间形成的观念。[2]

这样的评价未免有些苛刻，我个人还是很喜欢柏拉图的。我只是想说明有一些受过良好教育、喜欢古典文学的读者对柏拉图的看法。譬如，杰斐逊对哲学很好奇，他精通希腊文，热爱爱比克泰德（Epictetus）①、伊壁鸠鲁（Epicurus）②和其他古代哲学家。[3]

苏格拉底与柏拉图的不同之处在大多数外行读者看来并不重要。他们把苏格拉底与“未经审视的人生不值得过”这句话联系到了一起，尽管他所说的可能更接近于“未经审视的人生过不下去”或“无法称之为人生”。[4] 他们对苏格拉底的理性和勇敢有所了解，也深知其对人们的影响。然而，他们所持有的论点与苏格拉底本人存在差异。尽管他们对苏格拉底心怀敬意，但也仅限于此。在通常情况下，人们很难摆脱最初形成的印

---

① 爱比克泰德，古罗马最著名的斯多葛学派哲学家之一，是继苏格拉底后对西方伦理道德学说的发展做出最大贡献的哲学家，是真正集希腊哲学思想之大成者。——编者注

② 伊壁鸠鲁，古希腊唯物主义哲学家，被认为是西方第一个无神论哲学家，伊壁鸠鲁学派的创始人。——编者注

象，即苏格拉底以一种看似无益的方式，使周围的人产生困扰。

柏拉图学派

若要重温苏格拉底精神，我们可以向穆勒这位杰出的英国哲学家寻求指导。显然，穆勒的思想具有远见卓识，其著作《论自由》（*On Liberty*）至今仍被视为政治思想的经典之作，对许多人产生了深远的影响。在许多方面，《论自由》的第 2 章相当于作者从诸多方面对苏格拉底精神给出了现代诠释。此外，穆勒在《妇女的屈从地位》（*The Subjection of Women*）一书中超前地预测了有关女性权利的论点，这些重要论点在他辞世多年后逐渐得到了认同。他在逻辑学、经济学和历史学方面的著作也颇具影响力，其文集共 33 卷。他还担任过国会议员。

我之所以特意列举出穆勒的背景，是因为他对本书的其余部分很重要。虽然并不是所有人都喜欢他，但他作为一个逻辑学家的影响力是不容小觑的。穆勒受到父亲的积极教育，是一位高智商的天才。和杰斐逊一样，穆勒也是哲学爱好者。与杰斐逊不同的是，穆勒还是柏拉图的崇拜者，他逆着时光洪流向上追溯，将苏格拉底和柏拉图视为自己的老师。7 岁时，他就开始读柏拉图用希腊文撰写的著作；20 多岁时，他将柏拉图的 9 篇“对话录”翻译成英文，并对其中一些内容做了评论。穆勒对柏拉图和苏格拉底给予了极高的评价。他认为，苏格拉底方法“是无法超越的存在，它可以针对最困难的问题进行抽象思考。在现代生活和教育中，几乎没有任何一种方法能够取代其地位”。[5] 他还说：

> 苏格拉底方法已经融入了我自己的思想。我总觉得自己是柏拉图的学生，是按照他的辩证法塑造出来的，我感觉自己超

越了我所认识的任何现代人，除了我父亲，也许甚至也超越了父亲。[6]

为什么穆勒会这样说？我们应该努力了解其中的原因。穆勒认为柏拉图的教导可以分为两类：第一类是他的哲学观念，穆勒用“教条主义”（Dogmatic）来形容它。在此，所谓的“教条主义”与现今语境中所理解的不同，它指的不是对未经证实的论点的无条件拥护，而是柏拉图著作中得出结论并表明立场的部分。第二类则是柏拉图的思维方式，也就是“对话录”中的苏格拉底方法。穆勒认为，柏拉图作品中所展示的正是苏格拉底方法中最好的部分。

在柏拉图的哲学体系中，存在两个独立的柏拉图：一个是苏格拉底主义者；另一个是教条主义者。两者之间有些细微的差别。前者对人类来说更为宝贵，因为它可以澄清人们对事物的理解。后者则给柏拉图本人及其追随者带来了更大的荣誉，因为它为许多人在道德和宗教教义上提供了有力支撑。[7]

穆勒在其他地方更强烈地表达过自己的论点：

我从年轻的时候就觉得，我们不应该将柏拉图学派的称谓授予那些只利用某些教条来获得名望的人，而应该将它授予那些受益于柏拉图的探索之道，并切身实践过其方法的人。这是因为很多教条其实都来自柏拉图最晦涩难懂的作品，其中的思想与文字十分跳脱，因此，我们几乎很难确定这些教条是否只是些诗意的幻想，或是不成熟的哲学猜想。[8]

——

现在，想要依照穆勒的建议来定义柏拉图学派已经太迟了。这个词被公认为指代那些推崇柏拉图实质思想的人，而那些致力于研究苏格拉底方法的人更多地被称为苏格拉底主义者。至于本书的主旨，就是解释成为一个苏格拉底主义者可能意味着什么。

苏格拉底方法与思想病灶

苏格拉底方法的目的是什么？让我们用一种更接近苏格拉底的方式来提出这个问题：既然我们戴眼镜是因为不戴眼镜就看不清外部世界，我们应用 X 光是因为需要透视身体内部结构，那么我们使用苏格拉底方法是因为什么？答案是通过这样的思考方式，我们能更清楚地看到心智及其产物的成效与弊端。穆勒是这样表述的：

> 苏格拉底方法，以柏拉图的“对话录”为典例，是纠正错误、消除误解的最有效方法。这些误解的发生是由于“听由心智自为”，即在通俗语境的影响下，人们会自发地采用一系列思维定式来理解事物。[9]

听由心智自为

这是英国哲学家弗朗西斯·培根的常用表达，大致意为“随心所欲，恣意妄为”。培根认为，心智若无引导，往往会趋于非理性和愚蠢，而苏格拉底方法作为一种重要的引导方式，可以让心智更好地运作。穆勒有一个名叫乔治·格罗特（George Grote）的好友兼政治盟友，其撰写的有关柏拉图的论文是哲学领域最优秀的论文之一。与穆勒一样，格罗特也看到

——

苏格拉底方法有助于解决人类天性中固有的根本缺陷。他说：

> 在人类思维成长的自然过程中，成熟的心灵不需要寻找证据来证明自己的信仰，因为信仰实际上是不依托证据而独立存在的。不成熟的心灵则会先表明自己相信这种信仰，之后再孜孜不倦地寻找证据来证明自己的信仰。[10]

对于苏格拉底方法所纠正的错误，穆勒还提出了一种不同但又兼容的论点：

> 柏拉图在其一生的大部分时间和众多著作中所真正对抗的敌人，并非古代或当代意义上的诡辩，而是平庸。这种平庸体现在人们都在麻木地将传统观念和当下情绪作为不可改变的事实来接受。这种平庸还体现在人们在表达赞同、反对、欲望、厌恶、钦佩和反感等情绪时喜欢大谈一些抽象名词，仿佛他们真能完全理解这些词，并公认它们具有某些具体含义似的。[11]

这样的论点说明柏拉图对穆勒的影响颇大，致使穆勒深深地忠诚于柏拉图，并强烈质疑自己文化中被普遍接受的观念。穆勒继续说道：

> 和我们一样，柏拉图那个时代的人也认为自己知道什么是善与恶、正义与非正义、荣誉与耻辱，毕竟他们认为自己可以流利地使用这些词语，并能将其应用于各种情境，与现有习俗保持一致。然而，没有人去思考那些不同的情境究竟具备哪些相同的特质，才使这些词语能够适用……人类智慧的伟大之处在于对这些通用术语进行最严格的审视，从而揭示其背后的观念。即使人们

暂时无法实现这一目标，也无法获得真理，但仅仅是消除错误的认知观念，并意识到自己对至关重要的事物的无知，已是一大裨益了……

上述论点反映的是柏拉图对其所处时代人类思维状况的看法，以及哲学在其中的作用。如果有人认为这一描述在经过细微调整后仍无法检验当代及历代大部分受过教育的人的思想，那一定是因为他没有以柏拉图的标准来评价历代的教师或实践者。[12]

穆勒的评论赋予了苏格拉底方法以目标。从某种角度来看，这个目标既与哲学相关，又与认知心理学相关。我们的思维停滞不前，言过其实，充斥着虚假与误导，既欺骗了我们自己，也蒙蔽了思维本身。我们的思维与言辞看似确定无疑，实则空洞无物。苏格拉底方法恰如其分地揭示了这一现象，助力我们培养更为谦逊且强大的思维。

穆勒对柏拉图的诠释强劲有力且富有感染力，他认为苏格拉底方法对每个人都有用。他翻译了“对话录”，因为他认为这些对话所教授的方法应由众人所享有。学者弗拉斯托斯也这么认为：“在西方哲学史上，有谁能比柏拉图早期“对话录”中的苏格拉底更为尖锐地反对仅针对精英阶层展开的伦理探讨？”[13] 这便是探究苏格拉底的正确方式。撇开那些具体的学说不谈，苏格拉底本就是个崇尚平等的人。他贫穷、丑陋，却乐于与任何人探讨最重要的问题。

THE SOCRATIC METHOD

A Practitioner's Handbook

第二部分

苏格拉底方法的运作原理

第 3 章

THE SOCRATIC METHOD

苏格拉底方法的基本要素

柏拉图从未在论著中将老师的思想总结成“方法”，苏格拉底也并未对自己的提问方式做过系统阐述，而是一直身体力行……若能从苏格拉底在对话中扮演的角色出发，找出其中重复出现的要素，或将带给你更多启发。

本章将诠释苏格拉底方法的要素，即“对话录”中体现出的某些共性，也可以说是反诘法的大致特征。学界普遍认为这种方法最为苏格拉底所钟爱。

什么是苏格拉底方法？其实，它是后人定义的一个名词，毕竟柏拉图从未在论著中将自己的老师苏格拉底的思想总结成“方法”，苏格拉底也并未对自己的提问方式做过系统阐述，他一直身体力行。我同样不太建议读者细究“方法”的准确定义；相反，若能从苏格拉底在对话中扮演的角色出发，找出其中重复出现的要素，或将带给你更多启发。

现在来看一个例子。受篇幅所限，我们无法将“对话录”中的某个篇章完全呈现，但可以大致呈现这篇对话的提纲。譬如，苏格拉底与其他几人在《拉齐斯篇》中谈论了勇敢的意义。在之后的章节中，我们也将引用此篇及若干其他对话的原文片段，不过在这里，我们希望先通过这篇提纲向读者粗略展示苏格拉底的典型对话形式。因此，我们不用过多关注论点的说服力，而是要将注意力更多地放在对话所展现的推理风格上。换句话说，就是提炼出苏格拉底方法。

——

对话一开始，两位父亲问两位将军，自己的儿子是否应该接受训练，穿上盔甲战斗。这四人随后又来请教苏格拉底，询问他的建议。于是，他们一起讨论了这种训练能带来什么好处，之后得出结论，这是为了培养孩子的勇敢。之后，苏格拉底转而讨论起勇敢的含义。让我们来看看他们如何对谈的。

苏格拉底 | 请你告诉我什么是勇敢。

拉 齐 斯 | 勇敢，就是战士坚守阵地作战，不当逃兵。

苏格拉底 | 但这并不完全正确，不是吗？有些战士尽管在躲避敌人，但仍然是勇敢的。因此，你也应该将这些人考虑进去。此外，一个人在其他情况下，如从事政治活动、陷入贫困境地或面对欲望时，也可以表现出勇敢。所以，勇敢的定义应当涵盖士兵的勇敢与所有其他勇敢的共同点。你明白我的意思吗？

拉 齐 斯 | 不明白。

苏格拉底 | 这就像你认识和定义“速度”一样。速度可以表现在很多方面，譬如，当某人说话、跑步或用竖琴演奏音乐时，都会涉及速度。所以我们可以说，速度通常是指在短时间内完成许多事情的能力。同样，勇敢也如速度一般，是一种能力。现在，你能用一种通俗易懂的方式来描述勇敢吗？

拉 齐 斯 | 那么我可不可以这样理解，普遍来说，勇敢意味着坚韧不拔的精神，或精神上的不懈坚持。

苏格拉底 | 嗯，不过我需要向你确认一下你的意思。你认为勇敢是令人钦佩的，对吧？

拉 齐 斯 | 对。

苏格拉底 | 但有时盲目的坚持其实很愚蠢，并不明智，对吧？

拉 齐 斯 | 没错。

——

苏格拉底 | 而愚蠢可不值得钦佩，不是吗？

拉 齐 斯 | 是的。

苏格拉底 | 但你刚才说勇敢是令人钦佩的。因此，刚刚的定义似乎有些矛盾，因为按照这个定义，勇敢有时听起来似乎很糟糕，但是勇敢并不应该是糟糕的。

拉 齐 斯 | 是的，看来刚刚的定义也有问题。

苏格拉底 | 也许你想表达的是勇敢，是明智或智慧的坚持？

拉 齐 斯 | 这样确实听上去更好。

苏格拉底 | 可这样又会产生新的问题。首先，有一部分明智的坚持与勇敢无关。比如，有人会坚持投资，因为投资会产生良好的收益，但我们不会因此而称赞他勇敢，对吧？

拉 齐 斯 | 对。这种情况不是勇敢。

苏格拉底 | 所以，目前这一定义既涵盖了你认为它不应该涵盖的情况，同时又不包含你认为它本应包含的情况。想象一下，有一个士兵正坚持在战场上，因为他知道援兵马上就到了；另一个士兵也在死死坚守，可他却并不知道救援即将到来。他们两个相比哪一个更勇敢？

拉 齐 斯 | 第二个士兵似乎更勇敢，因为他不知道救援即将到来。

苏格拉底 | 然而，第二个士兵的坚持似乎又显得不那么明智，也不那么有智慧。难道说勇敢真的可能是一种不明智的坚持吗？

拉 齐 斯 | 我觉得这样定义肯定是错的。这不是我想要的结果。

苏格拉底 | 好吧，不过先别忙着放弃自己的想法。我们也坚持一下，试试拓展思路。

尼西亚斯 | 能不能这样想：勇敢实际上相当于一种智慧或知识。

苏格拉底 | 你不能泛指任何一种知识。究竟是哪一种呢？

尼西亚斯 | 大概就是，一个勇敢的人懂得什么值得害怕，什么

不需要害怕。

拉 齐 斯 | 医生也知道病人需要害怕什么样的疾病，不过我们不太会说医生很勇敢，不是吗？

尼西亚斯 | 不是这样的。医生只知道各种疾病可能对身体产生的影响，而并不能判断在本质上什么值得害怕并应该规避。

苏格拉底 | 所以你一定认为动物是不勇敢的喽？毕竟它们没有机会学习你所说的那类知识，对吧？

尼西亚斯 | 没错。“不知道怕”和“勇敢”是有区别的。有些动物不知道怕，但我并不认为它们很勇敢。

苏格拉底 | 说到这儿，另一个问题又出现了。勇敢只是诸多美德中的一种。美德还包括自制、正义等，对吧？

尼西亚斯 | 是的。

苏格拉底 | 很好，我待会儿再谈这个问题。现在，当我们谈到关于“什么值得恐惧”的知识时，它到底意味着什么？我们似乎可以把它进一步概括为即将到来的坏事，也就是那些未来的恶，而不是善。你们同意吗？

尼西亚斯 | 是的，有道理。

苏格拉底 | 那么，勇敢就等同于辨别未来真正的善与恶的能力。这是你想说的吗？

尼西亚斯 | 是的，听起来不错。

苏格拉底 | 但如果你了解了即将发生的事情是否值得恐惧，即“它是善是恶”，那就意味着你要知道若它发生在过去的话是善是恶。而判断什么是“真正的恶”，什么只是“看起来的恶”，不应该取决于这件事是发生在将来还是过去，不是吗？

尼西亚斯 | 没错。

——

苏格拉底 ｜ 因此，勇敢不仅仅是辨别即将发生的事情是否值得害怕，是善还是恶，还相当于从本质上理解什么是善，什么是恶，对吗？

尼西亚斯 ｜ 是的，顺理成章。

苏格拉底 ｜ 但拥有这些知识的人大概不止拥有勇敢这一种美德。因为如果他们知道善与恶的真正本质，那他们也很有可能是正直而虔诚的。事实上，很难想象有什么美德是这样的人所不具备的，不是吗？

尼西亚斯 ｜ 好像确实是这样的。

苏格拉底 ｜ 然而，我们说过勇敢只是美德的其中一种。可现在它的定义中似乎涵盖了太多其他内容。我们已经把勇敢转化为了一种知识，但这并没有使它区别于其他美德。所以，恐怕我们仍然弄不清楚勇敢到底是什么。

尼西亚斯 ｜ 是的，看来确实如此。

苏格拉底方法的要素

上述提纲其实很简略，省略了许多对话的细节，而且你对“勇敢”或许有着不同的理解，能给出更准确的定义，或提出一些反对意见。不过让我们先把这些放在一边，先来看看上述对话所展现的推理风格，这就是典型的苏格拉底方法。

第一，苏格拉底对话是以问答的方式进行的。有些问题是开放式的，比如苏格拉底让拉齐斯给“勇敢”下定义。有时，苏格拉底还会问询同伴[1]是否同意他的论点。不管怎样，这种对话的形式既不是讲座，也不是辩论，苏格拉底在思维上前进的每一步都得到了同伴的赞同。

第二，苏格拉底始终关注着同伴的一致性，用反诘法来追问同伴对于事物的理解。当同伴提出论点后，苏格拉底会在此基础上辅助他们进行推理，进而引导他们推导出新的论点。他还会帮助同伴发现他们的新论点往往与初始论点存在矛盾。这时，同伴们就会觉得有必要继续完善最初的论点，或者干脆将它放弃。注意，苏格拉底并没有说同伴错了，而是问他们:“我们能同意推导出的论点吗？”在他的提示下，同伴们最终会自己得出结论：之前的论点并不完全正确。

第三，苏格拉底的问题会先明确同伴话语背后的原则，之后，他会证明这一原则并没有包含本应包含的东西，或者涵盖了本不应该涵盖的东西。譬如，拉齐斯给“勇敢”的定义是“不懈坚持”，但苏格拉底让拉齐斯意识到这个定义有些狭隘，它忽略了一些本应属于勇敢者的情况，比如战士虽在躲避敌人，却仍表现出了勇气。或当拉齐斯把勇敢定义为精神层面的坚持时，苏格拉底接着让他明白，他的定义又过于宽泛了，因为盲目的坚持也意味着愚蠢。所以拉齐斯最后也同意，如果有人做了愚蠢的坚持，就不是勇敢了。

第四，苏格拉底会用具体的示例来推进推理。比如逃跑的士兵、弹竖琴的人、医生与病人……这些都是日常生活中常见的人与事，却往往能解释重要的概念。有时苏格拉底还会借此在人们熟知的事物与陌生的事物之

① 本书一般将被提问者称为提问者的同伴，因为这是研究苏格拉底对话最好的态度与方式，它体现出对话中的每个人都在深度参与和思考。

间建立类比。无论哪种方式，他都会尽量谈论同伴易于想象的具体案例，帮助他们在重大问题上取得进展。

第五，苏格拉底并没有声称自己是专家。相反，他会承认自己的无知，而对话往往就此结束，这会让同伴明白人的思想是有限的，并非所有的讨论都会有确定的结果。

广义来讲，苏格拉底方法就是对上述要素的巧妙运用。本书将在后文中继续探讨这些要素，以及其他一些不太突出的要素，第 17 章和第 18 章也将探讨大家如何在相似的情境中设计此类问答。

苏格拉底方法的简要模式

现在我想用更通俗的语言来重申苏格拉底方法通常模式，也就是向你说明，刚才提到的几项要素是可实操的方法，而非晦涩难懂的哲理。为了达到这样的目的，我把这段内容略做了简化，不过本书的其余部分会尽可能多地提供细节，你可以循序渐进，找到适合自己的阅读节奏。

若你已经做好了准备，就让我们开始粗略地介绍一下苏格拉底方法。它强调当同伴提出与是非或善恶相关的主张时，提问者需要对此表示质疑，向同伴澄清其用意，并询问同伴认可的其他论点。之后，提问者将找出这些论点的矛盾之处，通过进一步的提问使同伴意识到自己刚刚的主张并不尽如人意。事实上，提问者是在否认同伴的主张，但并不尖锐生硬。若提问者水平再高些，整个过程听起来甚至都不像是一场争论。在这个过程当中，同伴将不断完善自己的主张，提问者可以继续重复上述步骤，以推进思辨。

苏格拉底认为，只有真正的朋友才会否认你的论点，因此你应结交愿意推翻自己论点的朋友。这种否认会带来好的发展。如果有人善于否认你的论点（当然最好是委婉而恰当的），你将可能因此改进自己的论点，或至少可以更好地理解这些论点的成因。你会更清晰地看到与之相关的细节和附加限制。之后，你很有可能完全不确定自己的论点了，这可能会让你沮丧，但你总会越来越接近真相，哪怕真相可能永远无法到达。这样一来，你仍然会持有某种论点，但与之前不太一样了。你将更加谦逊，更能意识到自己的无知，在未确定时不草率定义，也将更能理解他人。苏格拉底认为这都是智慧的硕果。

苏格拉底主义者的同伴们一直在相互践行这种方法。他们善意而细致地站在了正反双方。这种反诘的方式或许会让他们变得有些难以相处，有时甚至会把自己逼进死胡同，但它正是苏格拉底的一贯方式。不过请你放心，将苏格拉底方法简化为一个人向另一个人提问，主要是为了描述上的便利。现实当中，包括在阅读柏拉图的著作时，我们最好试着将苏格拉底式的提问内化为自己独立思考问题的方式。也就是说，你要像苏格拉底一样，挑战自我，质疑自我，验证自己的想法，否定自己的论点。大家或许会认为“验证自己的想法”听起来比“问别人问题”容易，事实上却困难得多。不过这样做却更有价值，危险也更少。

苏格拉底方法的一致性

我们已经总结出苏格拉底方法往往会通过问题来测试一个人论点的一致性。我们将在第 6 章和第 7 章中对此进行详细探讨，不过在这里我还是要多说几句。一致性乍听起来有点乏味和无关紧要，可对苏格拉底来说它就是一切。他并不反对人们改变想法，恰恰相反，他希望你能保证自己在任何时间所表达的不同论点之间都是一致的。说得更具体一些，苏格拉底会从你所说的论点 X 出发，推理至论点 Y，并让你承认自己也相信 Y，之后他再让你自己发现论点 X 和论点 Y 是矛盾的。虽然你不能证明两个论点都是错的，但既然它们是矛盾的，就说明其中一个肯定是错的。既然你无法同时赞同这两个论点，你就不得不改变其中一个。所以苏格拉底并不是你的对手，而是让你明白你是自己的对手。

在对苏格拉底方法的要素进行说明后，苏格拉底方法似乎简明了很多，好像谁都可以运用，事实上也确实如此。不过，想要好好利用苏格拉底的方法，就是一门艺术了。设计出有效的苏格拉底式提问需要创造力，尤其是在提出论点 Y 的时候，也许在内心深处，你早就知道它与你刚才的论点 X 是不一致的。有时候，你不得不提出一些从未想过的假设性问题来引出论点 Y。这些问题或许会让人感到不安，所以继续回答下去也需要耐力。这就是为什么向别人提出苏格拉底式问题要比在自己思考时扪心自问容易得多，向自己提问总是需要耗费大量的精神，有时甚至难以达成。因此，我们不需要担心自己无法持续地以苏格拉底的方式来思考问题。没人会这样做，也从来都没有任何人能做到。重点在于我们是否愿意试着多做这样的思考，并逐渐提高思考的质量与频率。

苏格拉底式的推理是一种强大的武器。在追求真理的道路上，自我反思并发现思维中的矛盾是至关重要的。这一过程看似微小，但它对生活的深远影响不容忽视。同样，当你对他人的论点有异议时，寻找并揭示对方的内在矛盾也是一种有效的反驳方式。这或许能打破争论的僵局，迫使对方重新思考。在道德层面上或政治文化中，之所以会出现一些愚蠢的、引人愤怒的事物，大多因为人们没有进行苏格拉底式的思考。人们经常会发表一些连他们自己都不相信的言论，或者只要稍微想一想都觉得站不住脚的言论。这里所说的“不相信”是指，要是他们能在说话前意识到想要表达的论点与自己深信的其他论点存在矛盾，或者事实与自己的预期有所出入，那么他们根本就不会说出这样的话了。

在面对与自己意见相左的人时，听出对方思维中的矛盾要相对容易些，可当面对自己的问题时，却往往会当局者迷。无论是在哲学领域，还是在政治和法律领域，苏格拉底式争论的核心都在于区分主张与根本利益，对某件事始终如一地保持赞扬或谴责，而不受行事者身份的影响。即便做不到保持一致，也可以对此做出解释。这恐怕很难，但希望你能坚定自觉地保持一致性，哪怕会因此无法从事撰写社论和口诛笔伐的工作。这将有助于遏制现代政治话语中傲慢与虚伪的蔓延。

苏格拉底方法的间接目的

我们所考虑的这些因素可能使苏格拉底方法看起来纯粹变成了一种技术问题，即推动人们认识发展的一系列步骤。事实可能的确如此。但这一方法也有间接目的。苏格拉底经常试图说服同伴相信这样或那样的论点。但是在这种努力之下，有时他得到的成果会比意料之中的更多，当然有时也会更少。在某些情况下，他可能无法说服别人，反而用其他方法会更为奏效。就好比我们在阅读一段对话，其表达的论点无法让你信服，所以在当下这个既定条件下，这段对话对你的说服似乎就宣告了失败。但它在其他条件下却取得了预期效果，这些可能才是真正适合它的条件。苏格拉底的“对话录”深刻影响着我们。随着对这些对话的了解愈加深入，我们还会看到更多这种间接的示例，这些示例表明苏格拉底的一些言论并不能确切地表达他的意思，或柏拉图通过苏格拉底进行表达时出现了同样的问题。我们可以认为，间接性是苏格拉底方法的一个附加特征，但并不需要

——

把它归纳为一个形式要素，只要间接地加以欣赏就可以了。

穆勒探讨了一些间接益处的示例。他认为苏格拉底的许多论点很有局限性。他所列举的最典型的示例是《高尔吉亚篇》，在这段对话中，苏格拉底与另外三个人探讨了正义与幸福、幸福与善以及其他各种思想之间的关系。《高尔吉亚篇》是柏拉图最著名的作品之一。然而进入现代社会，人们普遍认为苏格拉底的论点中至少有一部分是有缺陷的[1]，穆勒说："它们几乎都是谬论。"[2]有人可能会因此质疑"对话录"的价值，因为他们觉得这些论点似乎就是对话的全部意义。但穆勒不这么认为：

> 对话产生效果不是靠其逻辑，而是靠其精神。不是通过指导人们的思想认识，而是通过触发人们的感觉和想象而起到作用。这不足为奇，因为对美德的无私热爱本质上是一种情感体验。我们无法向他人证明柏拉图的论点，即正义是一种至高无上的幸福，除非我们能引发他们对此的共鸣和感受……"对话录"中的苏格拉底让我们感受到，相较于灵魂深处的不公正，其他一切困苦仿佛都显得更容易忍受，这种感受不是通过论证得出来的，而是通过人们自己强烈的情感唤起的同情。[3]

穆勒的论点似乎是个悖论。苏格拉底方法最初给人的感觉像是一座终极的理性之城。勇敢的苏格拉底用逻辑同幻觉、谬误和邪恶做斗争，直到最终被敌人以"藐视传统宗教""引进新神""腐化青年""反对民主"等罪名而判处死刑。他英勇无畏，绝不投降，而是选择对真理忠诚，甘愿赴死。作为初学者，我们往往将这个故事的核心视为逻辑。后来，或许人们发现这个逻辑并不总是那么有说服力，从而明白了故事的核心是战斗、高尚和奉献。然而真理是激发美好事物的源泉。按照苏格拉底的模式，获得

——

这些美好事物的最佳方法并非过分关注其本身，而是关注真理，以及通过理性手段对真理所做出的热切追求。

从这个角度来看，对话最重要的特征不在于其论点最终是否有说服力，而是它会对读者产生多大的影响。有时，错误或相互矛盾的论点反而更有助于人们形成新的认识或思想，对于学习苏格拉底方法的人来说，这种新思想的形成过程可比被劝说着接受这样或那样的论点更有价值。从这个角度来看，"对话录"中目前所有已知的论点都会有局限。追求真理被视为人类最高境界的追求，即便人们可能永远无法真正触及真理，但正因为如此，人们才愿意不断去探索和追寻。有时，读者在进行一番疲惫不堪、劳而无获的探索后，能更有效地领会某个特定论点，而非直接被告知接受该论点。[4]

这种间接受益的模式在苏格拉底的研究中反复出现，"副作用"往往比主要作用更有价值。例如，起初本杰明·富兰克林只是将苏格拉底方法视为赢得辩论的一整套技巧：

> 我发现苏格拉底方法可以让我非常安全，却能把对方问得哑口无言。因此我乐在其中，不断练习，显得非常有技巧，把这个方法运用得无比熟练。后来，我竟然能诱使对方做出他们无法预见的让步，把他们卷入自己无法摆脱的困境，即使对方是个知识渊博的人，而我本人和我所参与的辩论都能获得意想不到的胜利。[5]

这样做有些投机取巧，显然不是"对话录"的初衷。[6]所以，随着富兰克林变得更为成熟明智，他慢慢地摒弃了这种取巧的做法。不过，他还是从苏格拉底方法中间接地学到了一些道理，虽然这些道理和穆勒的描述比起来相对温和，但也对他很有帮助：

> 我曾坚持使用苏格拉底方法几年时间，但后来逐渐放弃了它，最后只习惯于谦虚地表达自己的论点……我相信这个习惯大有益处，因为它让我有机会向他人传递论点，说服他们采纳我所推动的措施。而且，由于对话的主要目的毕竟是告知或被告知、取悦或劝说，所以我期望那些善良且明智的人都能避免采用自信过剩、自以为是的态度，以免削弱自己行善的能力。因为这种态度往往会引发反感，制造对立，并破坏对话的目标，即交流信息与获得幸福。[7]

富兰克林关于说服的言论很有价值。我们将在第 18 章中探讨这些论点。我之所以在此将穆勒和富兰克林的评论展示出来，是为了突出本书的主题。苏格拉底式的对话，无论是与他人还是与自己进行的对话，无一例外都被证明是一种有益的尝试。然而归根结底，苏格拉底式的对话并不真正属于任何一个人。苏格拉底方法的精髓超出了其直接应用的范围，它培养了一种每时每刻都能获益的变革式心态。这就好比一个人终其一生都在学习一门武术，却从未在实战中真正运用过。只要这种追求有助于塑造一个独一无二、脱胎换骨的个人，那么它所带来的红利就是实实在在的。

苏格拉底伦理学

以上就是本书最终想要呈现的苏格拉底方法。柏拉图的“对话录”展示了该方法的要素如何在一个具体而纯粹的环境中发挥作用，比如针对一

——

个棘手的伦理问题进行一对一的长时间对话。不过，即使没有这些要素，你也可以开展苏格拉底式的对话。反之，你也可以在不开展苏格拉底式的对话的时候单独运用这些要素。比如说，在对话中，寻求一致性是建立交流的一个重要基础。然而，只有真正理解了一致性，它的价值才能得以彰显。渐渐地，无论你是否提出苏格拉底式的问题，都会或多或少地考虑到一致性。当你观察了大量的苏格拉底式提问，以及被这些提问拆穿的大量论点后，就会明白这些或朴素或浮夸、前后不一致的论点是这样容易被戳穿。顺其自然地，你就会在思想和生活中对此多加留心。

同样的道理也适用于进行细致的差异划分、阐述真相的价值，或者其他相关习俗和附带属性。所有这一切形成了一种无处不在的苏格拉底式伦理思想体系。与其说它是一种技能，倒不如说它是一种生存方式。你不能期待着自己成为苏格拉底，直到你找到一个愿意接受反诘的人，或有人愿意接受你对他进行苏格拉底式的诘问。这可能是一个漫长的过程。当你对简单的答案持怀疑态度，由此深入思考出许多问题，并意识到自己的无知时，你就已经拥有了苏格拉底的精神。这些并非假大空的目标，苏格拉底的精神可以塑造人们对事物的反应方式。我们可以在“对话录”中看到它的价值，不过这种价值不只深埋于难得一见的苏格拉底式的对话里，而是会深植于我们每天思考问题的方式中。

苏格拉底伦理学也有助于解释某种人生哲理故事。有些人花费数年时间为一个棘手的难题苦苦挣扎，却始终无法找到解决问题的方法。他们有时甚至会嫉妒那些似乎很容易就能找到满意答案的人。没有找到答案，就像一摊未完成的工作、一条走了一半的路，或一张没有完成的试卷。但苏格拉底对此持相反的论点，他认为对自我给出的答案持有疑虑是积极的。休息意味着向一种带有欺骗性的安逸投降，无论这种安逸看起来多么诱人，或感觉多么宝贵。面对充满变数、易错和短暂的信仰，苏格拉底方法可以为人们寻求一种独特的慰藉。从这个论点来看，美好的生活并非只是战胜困境后的结果。奋斗本身就是美好生活的一部分。

第 4 章

THE SOCRATIC METHOD

一种自我审视的思考方式

自我运用苏格拉底方法并不比在对话中实践来得简单。实际上，这更具挑战性。察觉他人论点中的疏漏或许不难，但自我审视却充满困难。它通常有益于个人成长，但可能在一定程度上会带来不适感。

——

本章探讨的是将苏格拉底方法视作一种自我思考的方式，而不是一种与他人交谈的方式。我们要从一开始就牢记这个重要论点，因为它使得每个人都可以应用该方法，而不只是让苏格拉底方法成为专家的工具。柏拉图似乎也是以这种方式看待该方法的。

以自省的角度看待苏格拉底方法

苏格拉底希望能教会我们如何独立思考。多数人依然认为，从“对话”形式中脱胎的苏格拉底方法强调的是两个人之间的交流，所以，当他们了解到这一方法也可以被看作个体的独立思考时，往往感到非常吃惊。

苏格拉底向我们传达这样一种论点：“哲学生活”包括“审视自己和他人”。[1] 因此，自省构成了他使命的一部分，而对话这种形式可以将头脑中的想法与对话中发生的事情进行比较。这两者实际上是同一事物的两个版本。

——

《泰特托斯篇》189e–90a

苏格拉底 | 你对思考的描述和我的描述一样吗？

泰特托斯 | 为什么这么说？

苏格拉底 | 我认为思考是心智与它所探究的事物展开的一种讨论。我并不是以专家的身份做出这样的断言，只是我对思考的印象是心智在进行一场对话：它会问自己一些问题，并对此进行作答，说是或否。当它得出一个结论（可能很缓慢，也可能很突然）时，它就会停止问自己是或否，而是开始对某件事表达一致的肯定，我们称之为信念。所以我将信念看作一种宣言，但不是对别人大声说出来的，而是默默对自己说的。

比较一下柏拉图在《智者篇》中提出的类似论点，此篇对话中苏格拉底几乎没有出现：

《智者篇》263e

陌生人 | 思考和话语是同一回事，只不过我们所说的思考，确切地说，是心灵与自我进行的无声的内在对话，而不是对外的有声的言语。

《大希庇亚斯篇》说明了质疑自己的过程。[2]苏格拉底告诉希庇亚斯，自己需要他的协助来回答一个无名提问者的问题。在对话的最初，希庇亚斯发现这个提问者是一个粗暴的人，言语中充满嘲笑与不尊重。[3]希庇亚斯很惊讶，不知道是谁对苏格拉底如此无礼。随着对话的深入，一切变得明朗起来，这个无名的提问者即苏格拉底内心的另一个自我（ego），一个质疑他自己的部分。

———

《大希庇亚斯篇》288d, 290e

希庇亚斯 | 苏格拉底，这个人是谁？他真是个粗野的人，竟敢在这么庄严的仪式上说这么粗俗的话！

苏格拉底 | 他就是这样一种人，希庇亚斯。粗俗，垃圾，真的。他只在乎真理。但他一定要找到他想要的答案……

希庇亚斯 | 你能告诉我他是谁吗？

苏格拉底 | 即使我告诉你他的名字，你也不认识。

希庇亚斯 | 至少我知道，他是个无知的人。

苏格拉底 | 哦，希庇亚斯，他真让人头疼。

苏格拉底继续解释这个提问者的提问策略。如果我只顾左边，他就会把矛头对准右边。如果我说别的，他会嘲笑我。“他无所顾忌，从不轻易接受任何事情”（289e）。其实，提问者用来反驳苏格拉底的论点类型和苏格拉底用来反驳别人的论点类型相同，只是更加尖锐无情。

可以肯定的是，与他人交谈会带来很大的好处。我们将在后续章节中详细阐述这一点。而在此刻，我们需要强调的是，与他人交谈和自我交谈之间存在着不容忽视的相似之处。通过与他人的对话，我们实际上是在为自我对话提供实践和反思的机会。[4]

柏拉图的自言自语

作为苏格拉底方法的支持者，我们不妨称柏拉图为独立实践的见证人。他为什么要撰写“对话录”，而不只是阐释自己的论点？我们不知道，但有许多相关理论试图解释这一点。或许“对话录”主要是一种引人关注

——

的手段，或许是柏拉图与他笔下人物的论点拉开距离的一种方式。[5]但是我更倾向于另一种解释，即“对话录”是柏拉图自言自语的一种方式。[6]他通过笔下各个角色的互动与竞争来理清自己的思路。穆勒这样猜测：

> 至于柏拉图本人，很可能在他的一生中，有一段时间他在纯粹的思辨方面是一个真正的探索者。他对每一种论点进行审视，并突出论点所固有的困难。在这期间，他从极为不同的论点出发，写下了许多重要的对话，每一篇对话都体现了他对某一特定主题的最新思考。[7]

将对话中的角色视为柏拉图自身思想的侧面，这对于读者更好地理解“对话录”具有启发意义。这些角色成为某种行为上的楷模，具有独立思考问题的能力。诚然，任何哲学家的著作都可以被视为一种邀请读者内化的思维过程。然而对话的形式更适合此目的。问答是即兴表达的心智。一篇文章或一场演讲通常是深思熟虑的心智的体现。经过润色后，它的结果是清晰的，而思维的过程则不再显露。通常来说，这样做是合理的。因为如果你了解自己的想法，并想让别人知道，就可以直截了当地进行阐释。但如果你想为他人提供一个思考的范式，那么对话则是更为理想的选择，因为它展示了揭示看法的过程。柏拉图的“对话录”体现的就是如何思考难题的过程，其中的对话展示了他是如何进行思考的。[8]实际上，自己编写小型对话是一种很好的手段，它能帮助我们整理思维，培养出运用苏格拉底方法的能力。

通过这种视角审视对话，能帮助读者在某些难以协调的时刻减轻焦虑感，为读者提供一个全新的视角，去理解那些表面上看似矛盾的对话内容。在一段对话中，苏格拉底似乎认为善与恶等同于快乐与痛苦。可在别处，他却提出了相反的论点。[9] 此外，他在一次对话中推导出了勇敢的定义，而在另一段对话中又对这种定义加以抨击。[10] 我们当然可以长篇大论地分析这些矛盾，赋予其合理性，但将其理解为柏拉图与自我的争论似乎更好一些。[11] 在这种情形下，苏格拉底并不是柏拉图的代言人，所以他不必遵循一致性。不同对话中的"苏格拉底"只是理智的化身，他无所畏惧，会仔细剖析摆在他面前的任何东西，哪怕这是另外一个"他"昨天才刚刚说过的。

扮演苏格拉底的角色

用自言自语的方式看待柏拉图的"对话录"还有另外一层含义。对话中的人物都在表达柏拉图正在思考的事情，哪怕他们的出现只是为了证明自己是错的。可以说对话就像是一场梦，其中每个角色都在展示自我的一个方面。[12] 这为我们提供了一种新视角来思考苏格拉底是否值得效仿。有些读者对他很反感。一位学者形容他有时带有"无端的敌意"。[13] 还有人认为他"冷漠"，缺乏爱的能力，甚至在某种程度上有些残忍无情。[14] "谁愿意成为这样的人呢？"但在我们所探讨的论点中，这些人对苏格拉底的评价是不成立的，因为对话中的人物只是自我的一部分。你不会希望自己成为柏拉图"对话录"中的苏格拉底，但应该试着去扮演类似的角色以自省。

还有一种视角：心理学家称之为执行功能（executive function），即制订计划、追求目标和自我控制的认知能力。柏拉图提供了一种价值，即完善的苏格拉底式功能，这是一种自我怀疑的能力。在我们大多数人身上，这种能力可能发展不足，也可能发展过度。这方面的能力一般不会导致怀疑主义，而是帮助人们抵抗愚蠢、懦弱、党派之争、虚伪、愤怒、虚荣等恶魔。从苏格拉底的论点来看，它们都是无知和理解薄弱的体现。关于这一点，我们将在第 14 章中进行探讨。奉行思想内化的苏格拉底驯服了它们。[15]

然而，就像以上提到的针对苏格拉底的批评那样，苏格拉底式特质确实具有更为阴暗的一面。文学作品中呈现的苏格拉底有时会令人感到不适。他冷酷、讥讽、刻薄，这些特质令人难以承受。而唯有面对自己时他才可以毫无顾忌地施展这些特质，既无须表达悔意，亦不用接受惩罚。更确切地说，他可以将这些特质应用于自己傲慢且道德薄弱的部分，而这些部分恰恰亟需苏格拉底式的激烈抨击，或许其他任何方式都无法达到同等效果。因此在“对话录”中，最为粗暴的提问者便是苏格拉底在《大希庇亚斯篇》中向自身释放的另一个自我。

牛虻的方式

苏格拉底式功能在人们的头脑中扮演着一个恰如其分的角色，可能看上去就像是柏拉图笔下的那个雅典人苏格拉底。那是一个讲真话的人，一个质疑传统的人，一个招人讨厌的人。但同时，苏格拉底也有不能做的事情，也有不能扮演的角色，这一点他十分清楚。如果每个人都如苏格拉底一样，雅典就不会存在，而自我也不能在此条件下存在。但一个社会确实需要像他这样的人，即便同样也需要其他类型的人。苏格拉底式功能在自我中的位置也同样不稳定。它既对人友好，又具有破坏性；既勇于揭露真相，又会制造不安，总之是令人讨厌的。

将苏拉格底式功能作为心灵或自我的一个方面，以这种方式去理解苏格拉底，有助于我们思考他在描述自己在世界中的位置时所表达的一些论点。苏格拉底与国家之间的关系，有时可以被视为（或代表）苏格拉底式功能与自我之间关系的一种映射：

《申辩篇》30e–31a	如果你杀死了我，你将很难找到我的继任者。如果可以使用一个荒唐的比喻，那么我好比是一只牛虻，是上帝赐予国家的。国家好比是一匹高大而高贵的骏马，由于体型太大，行动迟缓，需要有人来唤醒。我是上帝派给国家的那只牛虻，整天在各处紧盯着你们，唤醒你们，劝服你们，责备你们……
《申辩篇》31de	尊敬的雅典公民们，我深信，如果我长期参与政治活动，可能早已失去生命，并且无法给你们或我自己带来任何益处。请不要因我坦诚地说出真相而感到不悦。事实上，任何敢于与你们或多数人对抗，并真诚地努力抵制国家中各种违法和不公行为的人，都不可能长久地生存。如果有人想要为了正义而战，并希望哪怕只是短暂地生存，那么他必须选择私人立场，而不是公共身份。

如果柏拉图在撰著《理想国》时没有用较长篇幅对城邦和灵魂进行类比的话，把这些段落解释为描述一种内心力量似乎有些夸张。[16] 然而，将外在状态当作内心力量的象征，对柏拉图或其读者来说并非不可能。我认为这种隐喻的共鸣，即使只是半意识层面的，也有助于解释为什么苏格拉底的故事能够如此长久地吸引众多人的想象力。人心热爱自我隐喻。苏格拉底的故事就是每个人自己与理智以及高尚和低俗冲动之间矛盾关系的写照。我们都了解生活在雅典人当中是什么滋味，知道他们的无知和自大有

—

多么令人震惊，也了解因为揭示这些问题而遭受他们怨恨的感受。我们无须与他人交谈，便能深知这一点。

审视自己与说服他人

苏格拉底表示他一直致力于“审视自己和他人”。那么在这两项活动当中是否有一项是首要的，另一项是次要的？我们在对话中可以看到，苏格拉底将自省视为一件自然而然的事。不过，另一种学术传统认为苏格拉底与他人的对话才是更主要的哲学活动。似乎从这两种角度来解读对话都显得合乎情理。[17]

因此，与其从解读的角度进一步剖析，倒不如从实用性的角度来看待对话。通过提问来说服一个人是非常罕见的，而且人们能现场参与苏格拉底式对话的机会少之又少。一个原因是苏格拉底的同伴通常比较顺从，他们非常愿意接受他的论点。[18]这就像一个魔术师为了创造奇迹，常会在观众中安插一些“托儿”。所以，当现实生活中你的同伴不那么配合时，也不用感到惊讶。大多数普通人都不喜欢苏格拉底式的提问。挑战你的同伴，不断定义他们的术语，会让你很快失去他们。而且现实生活中也没有人愿意配合苏格拉底——最终他为此失去了生命。

然而，将苏格拉底方法视为自我认知的一个部分，并审慎地对自身思维进行苏格拉底式的审视，这在日常生活中更具实际意义，也更为稳妥。这种方法可以成为你在解析外部世界及给出相应反应时始终坚持的原则。苏格拉底方法的自我运用并不比在对话中实践来得简单，实际上它更具挑战性。察觉他人论点中的疏漏或许很简单，自我审视却困难重重。这就像是进行一项体育锻炼，有教练指导固然理想，但没有教练时，通过自我努力亦能取得良好成果。苏格拉底式的提问在另一层意义上就像是体育锻炼。它通常对个人的成长很有帮助，却可能在一定程度上带来不适感。这也解释了为何智力肥胖（intellectual obesity）现象如此普遍。

第 5 章

THE SOCRATIC METHOD

相信对话的力量

苏格拉底方法不会用更有价值的论点来取代你当前的论点，而是改变你和自己的论点之间的关系。苏格拉底方法希望你能验证这些论点，而不仅仅是持有这些论点。

——

哲学通常被视作解决基本问题的思想体系，但苏格拉底的哲学论点完全不同。它忠于过程，而不是结果。苏格拉底确实得出了一些结论，但都是临时性的，附带条件的。在大多数情况下，苏格拉底会在对话中反复探讨，取得进展，从未在某个问题的答案上止步不前。我们首先要掌握的是苏格拉底实践哲学的统一性及其广泛传播的事实。苏格拉底方法与其他教学思想的不同之处在于实践者不说教、不解释、不责骂，也不讲述，只是提出质疑。本书的大部分内容探讨了这些问题的作用，以及这些问题是如何形成的，将带领我们去向何处。本章主要探讨如下问题。

苏格拉底为什么热衷于提问

大家已经了解了柏拉图撰著“对话录”的一些可能原因。我们可以问这样一个问题：为什么他在结束对话录时，总是没有给出最终的答案。

如果采用更现代一些的方式，他完全可以写一篇序言之类的东西来对这一点加以解释。如果有了序言，现在大概也不会有成千上万的学术论文来解释“对话录”了。不过不写序言恰恰显示了他超凡的智慧，也为他的一般方法提供了提示和线索。柏拉图和他笔下的苏格拉底都喜欢发出诘问，并探讨由此产生的思想。

柏拉图作为作家的立场与苏格拉底作为文学人物的立场是一脉相承的。柏拉图从不会站出来表达自己的论点，而是躲在笔下的角色背后，激发读者的好奇心。他创造了一个英雄，虽然没有给出答案，但会激发人们去苦苦地思索，重新考虑自己的信仰和生活方式。他的言下之意是，我们在解决问题的时候才是最敏锐的，而不是在得到答案之后。在每一个层面上，对话都有助于我们进入并保持这种状态。学习对话中的哲学思想意味着，当我们没有阅读对话时也能够保持那种状态。苏格拉底方法的实践者会反复对问题进行思考，他们深知每个问题都有其不确定性，也知道要重视这种不会有结果的探索。

第 2 章和第 4 章指出，苏格拉底方法在于纠正思维本身的恶习。对免于回答“问题”的习惯就是一个例子。认识自己想法的感觉很美好。当人们在哲学中寻找答案时，常常期望能更加深入地体验这种美妙，所以他们会在已有的思考基础上不停拓展，或者急着去发现一些新的东西。但苏格拉底却不会在这方面予人便利，这似乎令人沮丧。那么，苏格拉底哲学的智慧到底在哪里？在他看来，最紧迫的问题是，我们在不该明确事物的时候匆忙地给它下了定义，觉得自己已经了解了事物的全貌，但实际上并没有。这就是为什么说苏格拉底的哲学不是一套信仰体系，而是一种活动。苏格拉底方法不会用更有价值的论点取代你当前的论点，而是改变你和论点之间的关系。苏格拉底方法希望你能验证这些论点，而不仅仅是持有。

问题是一种思维工具

让我们探讨几种思维方式，以思考问题是什么。也就是说，问题作为一种思维工具是如何发挥作用的。当问题从一个人传递给另一个人时，它通常涉及谈论或者处理某件事。有些问题简单明了，提出的要求也没有那么苛刻。但苏格拉底式的问题却截然不同，它们具有强烈的压迫感。提出和回答苏格拉底式的问题就像操作水泵一般，绝对不是件轻松的事情。这些问题可以揭示人们潜在的信仰，这些信仰甚至会让被问者感到大吃一惊。逐渐地，他们对问题的理解将更加深入，远远超过最初的状态。苏格拉底源源不断地抛出问题，它们往小里说可以盛满一个水杯，往大里说能够开辟沟壑峡谷。几乎任何思想的构筑都可以视为众多问题与回答交织的结果，更是对这一过程中渐进而坚实的力量的见证，最终在个体身上得以体现。问答的过程既是一种创造力的体现，也是一种反驳和精进的力量。

简单来说，问题比声明定义更有效。然而，大多数思考皆由论点、反应、担忧、期望、满意和遗憾等组成，我们可以以半口语化的方式描述出这些组成部分，但或多或少都具有声明的性质。苏格拉底方法意味着少一些声明，多一些提问，尤其是那些在其他思维体系中预设过的问题。当你用声明的方式进行思考和交谈时，是学不到任何东西的。而当你采用提问的方式时，可能会学到很多。假如有人讲了一些你不喜欢的话，那么你与其声明自己讨厌这些言语，还不如去向对方提出问题。这是什么意思？这与你之前的论点是否一致？比较而言怎么说更好？而当你说了一些令对方讨厌的言语时，与其去辩解，还不如提出问题。为什么自己会这样说？这样一来，你放弃了坚持己见的短暂快乐，作为回报，你的论点反而会愈发坚固。

——

当我们问问题时，压力会给到回答问题的人。如果是问自己，那么就要自己承受压力。而声明论点则相反，它会释放压力。压力令人感觉不适，所以大多数人都喜欢站在自己的角度思考和探讨问题。但是没有压力的头脑往往会变得松懈和退化。真正的苏格拉底式对话是一种压力巨大的实践，如牛负重，万苦千辛。但是，假如压力不那么剧烈，也会有助于我们的健康。就像患有危险的低血压一样，有些人身上的"苏格拉底式"压力水平也过低了。思考可以帮助人们将压力提升到适当水平。

每当提出和回答一些好的问题，你的理解就会更有深度。最好了解一下对方和自己的弱点，这样才能更全面地去看待问题。在某种程度上，如果你持有的是苏格拉底式的论点，那肯定会让你乐在其中。相反，如果去倾听别人对事物初步的认识，即使是关乎重大议题的讨论，也会让人感到乏味，因为那些论点缺乏价值和深度。你宁愿看一场像样的辩论，或者听一些人发表能反映他们辩论式思维过程的意见。但这是一种很难满足的口味，会让大多数评论员倍感压力。因为他们从未在苏格拉底式的压力环境下被锻炼过，无论是内在的精神世界还是外在的论辩技巧。这就像在高速公路上开车，你想吃东西，但又拒绝吃快餐，那就必须坚持不懈，要么离开高速公路去找其他吃的，要么自己想出一个新的解决办法。

从上述角度来看待苏格拉底方法，有助于保持其简单而朴实无华的特性。归根结底，它能帮助人们提出更多的问题，并提高问题的质量。[1]

以简单的问题放缓节奏

苏格拉底方法从容不迫，不疾不徐。每个问题都能逐渐取得进展，每个问题的提出都能逐渐消融冰霜。读者可能会心生疑虑，是注意力的持续

——

时间发生了变化，还是柏拉图知道一连串的小问题会有多么令人烦恼。柏拉图对此心知肚明，因为他将抱怨写进了自己与卡利克勒（Callicles）等人的对话之中：

《高尔吉亚篇》497bc

卡利克勒 | 所有这些毫无意义的简单问题都是苏格拉底的典型把戏，他只是想证明人们是错的。

高尔吉亚 | 这跟你有什么关系？无论如何，你都无权这样评估他们的价值，卡利克勒。就让苏格拉底用他的方式来检验你的论点吧。

卡利克勒 | 那就继续吧。如果这是你想要的，那就接着提出你那些毫无意义的简单问题吧。

其实，所有这些看似简单的问题都是经过深思熟虑的，它们也向我们展示了苏格拉底对待真理的态度。你需要步步小心才能做到最佳。也许读者想加快速度，直奔主题。我们恨不得真理就出现在下一页，那可就太好了。但是，思维并不是这样运作的，思考过程往往充满了不确定性，犹如徒手攀爬悬崖，每一步都很危险。这就是苏格拉底的思考方式，他从一个简单的问题出发，对其深入探究直至完全理解，然后再转向另一个问题。对话的过程可谓步步惊心，而用于推动对话的问题却是那样微小简单，两者之间形成了鲜明的对比。

简单的问题还有其他优势。首先，它使苏格拉底的对话更容易理解和构建。这对对话的形成具有很大帮助，因为这种方法在某些方面具有挑战性，是很难做到的。提出问题比解决问题更需要创造力。你必须能够想到一些假设性的案例，这些案例会给别人或你自己说过的话带来压力。如果你是一个读者或听众，往往需要集中注意力。有时候你很难判断一条逻辑是否合理，尤其是第一次听说的时候。对话的主题可能是庞大而复杂的，但至少用来主导对话的问题并不庞大，也不复杂。它们将推理分解成清晰的步骤。一旦出现问题，就可以更容易地找出问题所在。关于如何探讨困难问题，我们可以从这一过程中得出一个更普遍的经验。如果你要提出一个概念性的要求，那就尽量不要同时提出修辞性的要求。问题越难，就越需要头脑清晰，并做到深思熟虑。

其次，简单的问题还会让一切都慢下来。这一点很重要，有一部分原因是真相往往是复杂的。真相的复杂性不是一下子就能看出来的。真正理解一个论点，弄清楚为什么有人会这样想或那样想，以及论点是否成立，就像把一台机器拆开再组装起来一样，你得把所有的小螺丝都标记下来。苏格拉底方法也需要智慧的同理心。你必须站在别人的角度来看待问题。人们可能会认为自己一下子就能通晓别人的想法，或者认为别人没有什么值得去学习的。这是不对的，我们需要花费一些时间，才能真正理解别人的意思。为了达到这个目的，提出许多简单的问题会是一种有用的习惯，也是一种自制力的体现。你应先问后听，不必急于得出结论，或去触及底线。

当你面对一个来自苏格拉底或其他任何人的论点时，以上原则也同样适用。你可能只需要很短的时间就能理解并复述这个观点，但以苏格拉底的方式放慢思考速度意味着你对于真正理解某件事有了更深层次的认识。有些人（或许所有人有时都是如此）在面对论点时，就像博物馆里的游客一样走马观花。他们以为只要看过所有画作，就等于了解了所有艺术。然而，真正欣赏一幅画作，需要我们花费足够的时间，反复地、不急不躁地深入研究，才能真正理解它的内涵和意义。苏格拉底在审视论点时，就像一位艺术鉴赏家在欣赏画作一样。他要求听众或读者也能以同样的方式去理解和欣赏论点。

进行苏格拉底式提问时，放缓节奏还有一个更大的吸引力。苏格拉底表示，他对心灵关怀尤为感兴趣，包括他自己的心灵、对话中同伴的心灵，以及读者的心灵。这种心灵关怀意味着要以合适的速度去思考，对话的节奏也暗示了这一点。不同的节奏会造就不同的人。苏格拉底在任何场合都表现得心态平静、从容自若、怡然自得。他的缓慢节奏也是个人气质的部分体现。

对话中的交叉询问

苏格拉底式问题的开放性同样让人印象深刻。有时，他提出的问题可能有一百种答案。他想知道他的同伴在想什么，所以对话的开始往往比较轻松。然而，当对方确立论点后，论点的轮廓逐渐明晰，苏格拉底便会深入剖析。此时，问题不再具有开放性，而往往呈现为是非问句。你是否承认论点 X？我们是否能同意论点 Y？实际上，对话已转变为一种交叉询问。法律学者约翰·威格摩尔（John Wigmore）将交叉询问誉为“迄今为止为发现真相而发明的最伟大的法律引擎”。[2] 苏格拉底显然认为哲学领域也需要这样的工具。为什么？

让我们来探讨一下交叉询问的方法。法庭上的规则和苏格拉底方法在很多方面极为相似。首先，所有的问题都必须得到回答，只要问题没有离题，你就不能说“我不想说”。其次，法庭上的证人必须说实话，这也是苏格拉底方法的典型问句：“说出你的想法”。（见第 10 章）最后，提问者可以提出引导性的问题，即暗示答案的问题：“这不是真的吗？难道

——

你不同意？”引导性问题没有给回避答案留下余地，而是迫使证人直面问题。因此，交叉询问可以促使证人接受调查，暴露其弱点，发现其秘密。这些特性使交叉询问成为审视证人或其他任何人诚实和信仰的绝佳工具。

不过引导性问题也有其缺点。提问者需要进行全面思考，而证人只需要确认或否认。有时候这并不是提问者想要的，他想知道证人的想法。在这种情况下，提问者应该采用直接询问而不是交叉询问。提问者应当停止提出引导性问题，而要让证人畅所欲言，并能以最佳的方式回答问题。当这些答案摆在桌面上之后，交叉询问才有用武之地。苏格拉底就是这样做的，他不慌不忙地问一些简单的问题，直到他完全理解对方所讲的内容，然后再进行交叉询问。

当在对话中使用引导性问题时，我们必须谨慎行事，以免让对方陷入防御状态。大多数人都不喜欢自己像在接受审问，在压力下，他们可能不愿意表达出真实想法。因此，我们应该以善意和尊重的态度提出引导性问题，或者以更为巧妙和温和的方式呈现出来，以免引发对方的反感。苏格拉底有时也会遇到这种情况，他深知，在使用这类问题来影响他人或挑战自己时，应当采取不同的姿态。

自我思考中的对抗性思维

还有另一种方式可以用来审视刚刚提出的论点。法庭上的交叉询问通常是用来询问对方传唤的证人。己方律师和对方证人之间就存在对抗性关系。对抗是一种实际存在的、很常见的行为。当你与同伴合作时，它的存

——

在通常不具有建设性。不过，在自我思考中采取这种对抗性思维并不常见，而且非常有建设性。大多数人通过认知来确认自己对世界的看法，以及自己所期望的真实性。认知的演化可能是为了说服自己和其他人，使我们相信任何有助于我们的都是最好的。当然或许还有其他一些原因会导致我们有动机地推理、有偏见地确认，以及无数其他形式的判断失误。然而，在自我思考的过程中，人们往往都不喜欢去细究是什么原因导致了认知偏差。

苏格拉底式提问被视为一种补救措施。在塑造优良政府形象的过程中，运用此种补救措施显得至关重要。体系内部须存在对立的观点，即与自我认知相悖的观点。秉持“将信仰融入思维行为”理念的苏格拉底犹如一位尊敬的对手。上述内容均在第 4 章中有所阐述。本章将重点探讨这位尊敬的对手所采取的方法。这并非出于恶意破坏或自我厌恶，而是通过探究得出对立观念。在自我内部同样必须设立提问环节，就犹如在议会之中一样，以此来促进不断的自省。

苏格拉底热衷于对那些常人视为理所当然的论点提出质疑，这种做法有其深远的意义。它提醒我们真正的思考需要一个对手的存在。这种对手能够打破我们对自身论点的固有认同，促使我们重新审视自己的论点。我们对世界的理解以及自我认知往往存在一些隐性的误区。这些观念在面对苏格拉底的深度探究时会显得不堪一击，无法提供有力的支撑。它们源自我们的日常思维，通常没有经过审视。苏格拉底的提问方式独具匠心，它能够剥去阻碍真实思考的伪装，让我们直面那些看似显而易见或不容置疑的论点。只要提问还在继续，这些论点就不再属于我们。它们仿佛成了独立的思考者，通过我们去发表言论。而现在我们则在同它们对话。这种对抗性思维有助于我们远离偏见，减少预期，能够更加客观地看待问题。

柏拉图后期的辩证法

柏拉图早期的“对话录”使用了苏格拉底方法，但没有对其进行探究。他后期的著作对此方法使用较少，但探究较多。在柏拉图后期的著作中，他的某些论点似乎已经发生了改变，所以很难知道他后期的著作中关于苏格拉底方法的评论是否适用于早期“对话录”。在柏拉图的后期作品中，我们应该深入探究他对苏格拉底方法的看法，因为这揭示了他对问答法的持久关注和重视。

柏拉图认为辩证法在其著作的不同时期具有不同的意义。[3]不过最普遍的意义就是通过问答来追求真相。到了“对话录”后期的《克拉底鲁篇》，柏拉图笔下的苏格拉底将其描述为通往知识和发现的道路：

《克拉底鲁篇》390be

苏格拉底 | 谁能在工作中最好地指导立法人员，并且了解这项工作在本国或其他国家的完成情况？不正是使用立法来管理国家的人吗？

赫莫杰尼斯 | 对。

苏格拉底 | 而且他也知道如何针对相关问题提问？

赫莫杰尼斯 | 对。

苏格拉底 | 他也知道如何回答这些问题？

赫莫杰尼斯 | 对。

苏格拉底 | 而知道如何提问和回答的人，你会称之为辩证家吗？

赫莫杰尼斯 | 对，这样的人就是辩证家。

在《理想国》中，苏格拉底描述了一个由哲学家统治的、理想而公正

——

的社会。他们最重要的品质是善于提问和回答问题。人们认为艺术不仅是通往真理和道德哲学的途径，还是探知其他重要事物的途径。苏格拉底向格劳孔（Glaucon）发问：

《理想国》534de

苏格拉底 | 如果理想成为现实，你肯定不会让这个理想国家正在培养和教育的孩子们像未来的统治者一样，毫无理由地拥有最高权力，是这样吧？

格 劳 孔 | 当然不是。

苏格拉底 | 那么你需要制定一项法律，要求孩子们接受这样的教育，使他们获得最好的技能，能够提问和回答问题，是这样吧？

格 劳 孔 | 是的，我会和你一起制定的。

苏格拉底 | 那么，正如你所认同的那样，辩证法是科学的压顶石，是建立在科学之上的，没有任何其他科学能高于它。知识的本性不能突破，是这样吧？

格 劳 孔 | 是的。

柏拉图认为辩证法不仅是一种方法，而且是一种哲学体系。在这种哲学体系中，事物的本质是通过提问和回答来发现的[4]。在本书中，我们并不是在探讨“哲人王”，以及他们所感知的真理，或者其他柏拉图晚期的创新思想。不过，这些探讨仍然向我们展示了柏拉图的一生都迷恋着问与答的奥妙。随着年龄的增长，他对上述问题的理解可能有所不同，但问答法始终是他哲学思想的核心。

——

苏格拉底式提问的副作用

苏格拉底式的提问能使你对一个主题有更深刻的理解，促使你审慎思考，避免盲目、轻率地下结论。但相对应地，你需要放弃能够轻易获得的满足感，以及对自我正确性的过度自信。这笔苏格拉底式的交易有一定的风险，因为它可能导致我们对事物的了解由“过于确定”转为“过于不确定”。在权衡这两种行事风格时，我们可以反思它们分别会导致怎样的积极或消极影响。是声称自己知道所有答案的人发展更好，还是那些保持怀疑和谨慎态度的人发展更好？或许你也可以列举出支持或不支持某一方的实例。然而，历史上的经验表明，持更为怀疑态度的人往往会在长远发展中取得更为出色的成果。

在争议中，如果双方未能对等地进入问与答的状态，实现一场你来我往的苏格拉底式的对话，那么这种对话方式无疑是令人忧虑的。我们衷心期盼此类对话出现，却更希望它能由我们的对手发起。因为人们内心深处总是不由自主地畏惧，若我们抛出锐利的问题，而对方却不对此做出回应，那么敌人便总能占据优势。这看起来就像单方面的解除武装，显然是一种极其不利的态势。因此有深度的苏格拉底式思考者可能会被那些毫无疑虑，并拥有众多追随者的纳粹式人物所压制。我们可能会面临诗人叶芝的困境：“优秀的人全无信念，而卑劣之徒却满腔激情。”在面对敌人时，如果没有绝对的把握，那么你究竟在为何而战？

也许你一直在为自己所坚信的理念而与对手争论。现在，相信你将更加了解问题的复杂性，并更加清晰地认识到另一方的论点。使用苏格拉底方法的人并不会被这些新的认识所束缚，他们只会对自己曾经的愚蠢争论、过分简化事物、将对手武断地归为反派而感到尴尬。事实上，你一直

——

在与这些倾向做斗争，同时还在关注着将来可能会出现的其他问题。要记住，你是在为热爱真理而战，即使无法将其垄断。这些信念听起来或许有些冷漠，仿佛不值得我们为此付出生命，但我们仍然感到庆幸，我们不仅拥有了苏格拉底的文字，更有着他的亲身示范。

第 6 章

THE SOCRATIC METHOD

避免自负

当你提出某个论点后，苏格拉底会设法让你同意另一个论点，此后，他会向你说明，你所赞同的新论点与你之前所表述的不一致，这往往出乎你的意料，让你陷入自相矛盾的境地。

反诘法（elenchus）是苏格拉底经常使用的一个方法。苏格拉底没有正式用过“反诘法”这个词描述他的方法，不过他用过这个词的变体。这个词的主要意思是“搜索”（search），它的词源包括测试、反驳、羞辱和嘲笑等含义。这个词有时也被其他人用来泛指反驳，苏格拉底式的反诘法就是其中一种。另一些人认为反诘法就是苏格拉底方法。我认为这样说太武断了，不过它至少表明了反诘法一词在“对话录”中的核心地位。

反诘法听起来可能有些陌生，实际上这个概念并不神秘，而是很实用、很常见的。不过，人们在讨论棘手问题时往往低估了它的作用。本章将为读者诠释反诘法在“对话录”中的作用。第 17 和 18 章则会展示如何在生活中应用反诘法。

苏格拉底的反诘法可以有多种定义，以至于一些学者认为它的形式如此多样，简直难以界定。最常见的定义是，当你提出某个论点后，苏格拉底会设法让你同意另一个论点，此后，他会向你说明，你所赞同的新论点与之前的表述不一致，这往往出人意料，让你陷入自相矛盾的境地。

——

反诘法通常是一种微妙的方式，有时你会接触到反诘法而不自知。以下是一段简单的对话。我们曾在第 3 章中用这段对话举例，苏格拉底曾问拉齐斯什么是勇敢：

《拉齐斯篇》192cd

拉 齐 斯 | 我认为勇敢是一种精神上的坚持。这就是我的理解，如果我必须在任何情况下认清勇敢的本质的话。

苏格拉底 | 嗯，我们要回答自己提出的问题，就必须认清问题的本质。我想告诉你我的想法：你应该不会把每一次的坚持都视为勇敢。之所以这么说，是因为我几乎可以肯定，拉齐斯，你首先会认为勇敢是值得钦佩的。

拉 齐 斯 | 对……

苏格拉底 | 但是不明智的坚持呢？那不是危险和有害的吗？

拉 齐 斯 | 对。

苏格拉底 | 如果有什么东西是危险和有害的，你认为这令人钦佩吗？

拉 齐 斯 | 不，这个立场站不住脚，苏格拉底。

苏格拉底 | 所以你不认为这种坚持是勇敢，因为它不值得钦佩，但勇敢是值得钦佩的。

拉 齐 斯 | 没错。

探究反诘法

拉齐斯称，坚韧不拔就是勇敢（论点 1）。然后苏格拉底让他赞成另一件事（论点 2）：“勇敢是令人钦佩的，对吧？”一旦拉齐斯同意了这一论点，他原本的定义就被否定了。论点 1 和论点 2 是不一致的，不过他需要仔细想想才能意识到这一点。苏格拉底让他同意坚持有时是愚蠢的，这意味着坚持不一定都值得钦佩，那么也就意味着坚持并非勇敢。注意苏格拉底每一步都借助提问来征得同伴的同意。“你不是这个意思吗？你不是也这么认为吗？这难道不矛盾吗？”这一点很重要。因为最终，拉齐斯是通过自己的话语发现了矛盾，而不是由苏格拉底给出定论。也就是说，拉齐斯需要自己对这一矛盾负责。

当苏格拉底发现同伴的论点前后不一致时，意味着他说过的话中至少有一个观点需要被摒弃或更改，但究竟是哪一个可能还不清楚。其实在以上示例中，拉齐斯完全可以说：“也许勇敢并不总是令人钦佩的。”但这种情况很少发生。[1] 这可能是对话令人沮丧的一个直接原因。苏格拉底认为，在先前提出的论点 X 与之后提出的论点 Y 相矛盾时，他的同伴通常会放弃论点 X，而不是重新考虑让步，也许在更多时候应该选择后者。从原则上讲，论点之间是存在妥协的可能的。可是苏格拉底一般倾向于将论点 Y 作为难以撼动的、具有说服力的论点。

在所有早期对话中，我们都能看到苏格拉底使用了反诘法。例如，卡利克勒在《高尔吉亚篇》中声称：美好的生活是最快乐的生活。苏格拉底并没有正面攻击这个论点，而是通过提问进行探讨。他问卡利克勒：如果一个娈童者的欲望得到满足，他的生活是否美好？[2] 在这里，苏格拉底所指行为在希腊文化中是十分耻辱的行为。[3] 卡利克勒不能说“是”，但也没有说“不”。他试图岔开话题。于是，苏格拉底将卡利克勒引导到另一个轻松些的矛盾中。他问：“懦夫和蠢材是不是恶人？”卡利克勒回答：“是的。”这正是苏格拉底想听到的，他顺利完成了反诘：“懦夫和蠢瓜是

——

否与勇敢和明智的人拥有同样多的快乐？”卡利克勒回答：“是的。”于是苏格拉底继续发问：“所以恶人和善人可以得到同样多的美好，因为他们拥有同样多的快乐，对吗？”这就指出了美好和快乐的不同。最后卡利克勒不得不放弃这一立场，转而支持修正后的论点：“快乐是美好的，但有些快乐要优于其他快乐。”反诘就这样继续下去。

苏格拉底式提问中的羞耻感

关于上一段中，苏格拉底向卡利克勒提出的最后一个论点在逻辑上是否合理一直备受争议。[4]无论如何，请注意苏格拉底提出的论点未必能说服除卡利克勒之外的人。卡利克勒也可以说他对娈童者或懦夫并没有成见。但他没有选择说出来，也许他受困于自己的信仰，或者害怕羞耻。苏格拉底的论点能击败卡利克勒，也是建立在这些强大制约因素的基础上。如果苏格拉底与另一个时代的卡利克勒对话，他可能就需要通过另外的手段来完成反诘了。

请注意，羞耻感常常以两种方式出现在苏格拉底式提问中。[5]

有时，它迫使苏格拉底的同伴由于尴尬而不得已做出妥协。[6]这种尴尬可能来自他人的论点，因时间和地点而异，还取决于同伴所在的社区是否理性。[7]因此，当你在思考挑战自身或他人逻辑的一致性时，切记要注意这个方面。在苏格拉底的视角下，畏惧他人的想法和说法在道德推理中并不是一种合理的情绪，反而会干扰对真实问题的公正探索，因此需要坚决将其排除在我们的思考范围之外。但如果你能认识到他人的论点存在一定的合理性，情况则有所不同。在这种情况下，你应该勇于直面内心真正的矛盾，并将他人的论点视作提醒和启示。

——

有时，在苏格拉底式提问出现前后矛盾时也会产生羞耻感。[8] 与上一种不同，这种羞耻感并不以时间、地点和条件为转移，也不取决于社会是否理性。它会令人感觉不自在，尤其当个体无法确认自身传达的意思，或确认自己表达了不当言论时。这是一种自我克制的羞愧感，仅存在于个人内心深处，因此在截然不同的背景下，即便相隔数千年，人们仍能体会到这种羞愧。它是人类进步的象征。

反诘法的不同用途

反诘法可以对被提问人产生不同的后果。反诘法的第一个用途是让被提问人意识到自己并不相信自己的言论，或者并不了解自认为了解的东西。他们的论点站不住脚。这些不同类型的反诘法被称为“净化”，因为它们可以净化知识持有者的自负，转而让他们体会到一种更清晰的无知感。[9]

怀疑论者喜欢这种净化式反诘法，因为他们不想证明任何事物的绝对正确，只是想让人们摆脱虚假的确定感（详见第 16 章）。苏格拉底的做法有时就与此类似，这也确实体现了他对部分受众的影响。然而，他真正的目标可能更为深远。他不仅希望自己能让与他对话的人感到困惑，更重要的是使他们认识到自身的论点可能是错误的。他不仅仅是想让同伴感到不确定，还希望他们感到被驳倒，从而引发更深层次的思考。另外，他也在试图暗示其他论点的真实性和价值。[10]

反诘法的第二个用途是抵御对真理的质疑。苏格拉底先是声称他认为论点 X 是正确的，然后证明任何否认论点 X 的人最终都会陷入自相矛盾。这种做法被称为防御式反诘法，因为它的作用是支持一个论点，表明该论点是多么难以反驳，而不是证明他人的无知。[11] 更简单地说，反诘法可以证明做出另一种论断是多么困难，以此来支持某种特定的论点。《高尔吉亚篇》再次提供了一个示例。苏格拉底用反诘法来说明做错事比受苦更糟糕。他并没有声明这就是真理，但他表示没有人能成功地反驳这一点。

《高尔吉亚篇》509a

我想说的也是我常说的，我自己也不知道这些到底是不是事实，但我从来没有见过任何人，包括今天在场的人，可以用一些不那么荒谬可笑的理由来成功反驳我的论点。

因此，苏格拉底方法不仅仅可以用来揭示他人或自身提出的重要论点可能走向失败，尽管它有一定的这方面的倾向。实际上，该方法也可以用来维护自己的论点。此外，反诘法还可以用于检验对特定事物的解读，如古代的神谕或现代的文献。我们需要做的是先予以否定，然后观察后续的发展情况。

以累积的一致性检验真理

反诘法主要是反驳某些论点的工具。这乍一听可能很难让人提起兴趣。毕竟谁愿意把所有时间都花在否认已有的事物上呢？建造不是比拆除更好吗？但在苏格拉底看来，这是同一问题的两个方面。穆勒说得好：

贬低消极逻辑是当今的时尚。消极逻辑能够指出理论中的缺陷或实践中的错误，却不能建立积极向上的真理。从最终结果来看，这样的负面批评确实够糟糕。但作为一种能够切实获得积极知识或信念的手段，它的价值是不可估量的。除非人们能再次系统地接受这方面的训练，否则除数学和物理方面的推测与思考之外，几乎不会产生任何一位伟大的思想家，而且人类智力的平均水平也会很低。人们在任何其他问题上的论点都不配被称为知识，除非这个论点是被别人强加给他的，或者自己经历了与对手进行积极争论所需的相同的心理过程。[12]

穆勒对苏格拉底方法的观察有力且细致。反诘法是一种否认的艺术。如果不掌握这一点，你就别指望能够接近真理。

与此同时，苏格拉底似乎也持有一些积极论点（我们将在第 14 章中进行探讨）。关于这些论点从何而来，以及反诘法是否创造了此类论点还存在着激烈的争论。一些读者对此持否定态度，认为积极的论点肯定都来自别处，因为反诘法所表现出来的是他的同伴在前后矛盾。[13] 这只能证明他们不知道或不相信自己所做之事，却并不能证明他们的哪一个论点是正确的，还是都是错误的。

简单来说，苏格拉底只是在反驳他人，而他和我们却并不能由此得出任何肯定的结论。然而，弗拉斯托斯等人显然有不同的看法。他们认为苏格拉底也在通过反诘法获取正确的知识。[14] 他是怎么做到的？

苏格拉底的确曾表示，反诘法证明了在矛盾被揭示和解决后，仍然存在的论点具有真实性。回到他刚才提到的那个论点，相较于自身遭受痛苦，对别人施加恶行且能逃脱惩罚的行为更为恶劣。他的同伴波鲁斯（Polus）并不赞同这一观点，但波鲁斯的立场被他自相矛盾的其他论点削弱了，这就是典型的反诘法。请看接下来的对话：

——

《高尔吉亚篇》479e

苏格拉底 | 我的意思是，阿基劳斯或其他做了错事却不受惩罚的人可能更难受。做错事总是比受苦更让人痛苦。而逃避惩罚的行为总是比惩罚更让人痛苦。我刚刚是不是这么说的？

波鲁斯 | 是的。

苏格拉底 | 经过证明，我是对的吗？

波鲁斯 | 当然是对的。

如果你了解反诘法的能力与局限性，就应该为这段对话感到吃惊。波鲁斯反击时，苏格拉底指出他陷入了自相矛盾，但要证明自己的论断，仅仅证明波鲁斯同时相信两件相互矛盾的事是不够的。更进一步，即使波鲁斯同意放弃原先的论点，也证明不了任何事情。因为如果你对我的论点提出质疑，而你的论点被证明是错误的，那么我的论点并不能因此得到确认。至少从表面上看，这一点似乎并不成立。

一些学者把《高尔吉亚篇》的这一论点视为一种反常现象。[15] 在通常情况下，苏格拉底会反驳别人的论点，但并不会声称自己证明了什么。假设我们坚持要解释这一论点，以下是弗拉斯托斯的解决方案：在苏格拉底的观念中，每个人都至少有一些真实信念。这可能是因为我们生来就有这种能力，正如苏格拉底在《美诺篇》中所指出的那样。或者，每个人心中都存有至少片刻的正确答案。[16] 在任何情况下，只要探寻得足够深入，你持有的错误论点就会与一些真实的论点发生冲突。如果你发现一种论点与你持有的任何其他论点都不冲突，那么这种一致性或许可以证明该论点是正确的。

根据这一理论，苏格拉底的个人目标应该是积聚真理。随着他发现了越来越多彼此具有一致性的论点，他的力量就会逐渐增强，也就更容易发现谎言并将其排除。然后像波鲁斯这样的人出现了，并带来了相反的论点，而这一论点与波鲁斯本人及苏格拉底认可的其他论点都不一致，因此它最终会被驳回。之后可能又有其他人来挑战苏格拉底的信仰，但都不能对其现有的论点造成实质性的影响，此时原有论点正确的概率就会进一步提高。当一个论点在各种条件下都站得住脚，人们对它的信心也会随之增强。因此，反诘法成为一种探寻真理的工具，而非仅仅适用于反驳他人的言论。它可以催生累积的一致性。

累积的一致性更让人安心。它会使你的知识得到扩展，信心得到提升，就像滚雪球一样越滚越大。通过这种方式，反诘法有助于自我的形成，让你弄清楚自己的道德良知是由什么构成的。当论点发生冲突时，你必须决定哪些要保留，哪些要放弃。这就像是一场思想较量的内心竞赛。经过许多回合之后，你会更加了解自己。[17] 因此，苏格拉底方法有助于实现刻在德尔斐阿波罗神庙入口的第一条神谕：认识你自己。[18]

累积的一致性理论也解释了苏格拉底为何声称自己什么都不知道，却仍然对一些难题抱有信心，比如“做错事比受苦更糟糕”等。虽然他不太了解这些论点，但目前仍相信它们是正确的，因为到目前为止，它们经受住了所有考验。

不过，苏格拉底的诸多论点在当今仍受到广泛争议，不少人持相反立场，并试图找出其中的矛盾之处。所以说，一致性也不能一劳永逸地检验真理。我们仅能暂时秉持某一论点，同时不断探寻是否有其他论点能够为之提供佐证或予以反驳。

——

警惕一整套的错误论点

话说回来，将一致性作为检验真理的标准是否可靠？按照弗拉斯托斯的说法，苏格拉底的假设是每个人都至少拥有一些真实的论点、一些可靠的基本道德直觉。错误的论点最终总会与其他论点冲突，或者在接受苏格拉底的反诘时也会发现冲突。这种假设在许多情境下都非常有效，但也会有例外。让我们来想一件有意思的事：是否存在一套令人厌恶的思想，它们在内部完全可以保持一致性，不仅是从一部分到另一部分，而且是从头到尾、彻彻底底地保持一致，从而使秉持这套思想的人无法从一致性这个角度发现思想的谬误？[19] 柏拉图通过对话中的苏格拉底问出了这个普遍存在的问题。

《克拉底鲁篇》436ce

克拉底鲁 | 您有着明确的证据，证明他没有偏离真理。证据就是他始终保持一致。可是，您是否曾在交谈中发现，自己所说的每一句话也有着共同的特征和目的？

苏格拉底 | 我的朋友克拉底鲁，一致性并不是问题的关键。即便他确实在一开始就犯了错误，也仍然可能会使后面的论点与最初的错误在自己内部达成一致。这没有什么奇怪的，就像几何学中的图解，常会在推导刚开始时存在一个微小的、看不见的错误，导致后续的漫长推导都跟着错了。所以，每个人都应该把他的主要思考和注意力集中在他的基本原则上——这些基本原则是否正确地设立了？一旦他适当地审查了这些原则，后面的推理就会自然而然地进行下去了。

——

你或许还记得自己曾与某些人展开过辩论，他们的论点似乎很拙劣，却始终坚持如一。我们不禁要问，是对方的论点真的具有一致性，还是仅仅因为作为辩论另一方的我们缺乏苏格拉底的才智，所以未能洞察其中的矛盾？这个问题在古代雅典时期颇为棘手，如今也同样如此。我们生活在一个论点分歧严重的时代，原因在于不同的人对世界有着截然不同的基本认知。苏格拉底式的提问并非仅仅关注他们的论点是否与更深层次的论点相符，而是探讨他们最深刻的论点之间是否彼此一致。然而，越接近这些深刻的论点，就越容易因个人情感而执着于自己的立场。正因如此，由苏格拉底式的提问引发的突然性政治变革实属罕见，几乎前所未闻。当然了，变革也可能发生，只不过比较循序渐进。

你可能发现，这一部分探讨了很多有关对手的事情。他们声称的论点与内心深处的真实想法可能并不一致，但让他们明白这一点却很难。如果你面对的是苏格拉底，他会说你可能是正确的。可同时，他也会对你所持有的任何看似天衣无缝的论点说出同样的话。我们总是落入这样的陷阱，认为只要将苏格拉底方法运用得足够好，其他人最终就会接受你自己的论点或立场。苏格拉底哲学的一个重要的早期目标就是摆脱诸如此类的幻想。我们首先应该怀疑的对象不是别人，而是自己。

从更广阔的视角来看，如果每个人都能以更加贴近苏格拉底的方式去思考问题，那么人们就有可能逐渐达成一致，朝着同一个真理前进。当然，这可能是火星人对地球的美好想象，实际上地球人很难全都做到这一点。然而即使我们目前还无法想象出它的具体样子，一个推崇苏格拉底方法的世界也仍将是一个巨大的进步。在这样的世界里，人们将更加认识到自己可能会出错或者理解不充分，这会让他们更加包容彼此，从而在交流时更容易取得进展。自负的态度将会被成熟的人视为是可耻的，而年轻人则可能会将其视为不符合苏格拉底精神的行为。与完美的苏格拉底式和谐社会思想相比，所有这些进步可能都不显著，不过相较于目前的状况，这已经是巨大的收获了。尽管我们尚未实现那个理想的世界，但仍需在当下的社会中不断努力，以期在这一方面树立新的里程碑。

苏格拉底式的自我审视

在自我怀疑的过程中，如何对自己运用反诘法呢？从某种意义上来说，这几乎是不可能的，或者说非常困难。在对话的情况中，反诘法犹如苏格拉底为同伴设下的陷阱。他首先让同伴对一个看似毋庸置疑的论点表示赞同，再证明这一论点与先前论点存在冲突，让同伴察觉到自己的自相矛盾。然而，只有在提问的过程中洞察到矛盾，这种策略才能发挥作用。苏格拉底式的对话之所以有效，是因为苏格拉底了解其中的矛盾，而他的同伴却一无所知。当个体比他人更有预见性时，这种方法尤为有效，但独自一人是无法完成的。苏格拉底方法的效果就像是某种事物悄无声息地接近，并在瞬间突显，使人顿悟。

但是，即使你不能将反诘法应用到你自己的思维中，也可以把握其实质。苏格拉底思维的本质就是在你目前主张的和你原本相信的事物之间寻找矛盾。这种探究可以随时进行。你要坚持自己一贯的信仰，尽可能在它的基础上推论，直到推导中出现问题，或自己产生了动摇。你可以用极端案例对原本的信仰进行测试，从不同的角度审视它们。也可以想象一下，如果由你的论点产生的输家和赢家颠倒过来，你会如何看待？诸如此类的问题，我们将在第 18 章等章节中进行探讨。

我们很难有效地问自己这样的问题。我们每个人都有认知上的盲点，

——

并善于说服自己不存在盲点。我们的自相矛盾在他人看来显而易见，可自己却浑然不知。聪明的人认为自己比别人更善于避免这种危险，但他们的情况反而可能是最糟糕的。他们的聪明才智使得他们能够轻易地让自己的论点显得和谐一致。这也许就是为什么最聪明的人并不是最有道德和最令人钦佩的人。

我们已在第 4 章中回答了这些问题，它们同样也揭示了本书的主题：在头脑中培养苏格拉底式思维，对事物持怀疑而坚定的态度。而在深入理解反诘法的过程中，我们需要认识到：如果没有反诘法，我们可能要付出更多努力。苏格拉底一直秉持着“将信仰融入思维行为”的观念，其实这项任务在两人协作时能完成得更为轻松、巧妙。在使用反诘法的过程中，两人之间的矛盾得以间接地揭示，痛苦的程度也因此得以减轻。反诘法以婉转的方式呈现出两人之间的矛盾，且提问者在每个环节上都已获得被提问者的认同。在此过程中，一位友善的同伴会积极推动对话进程，并让人感受到共同探讨问题的氛围。可若缺乏这样一位同伴，就无人能以这种方式推动或减缓对话进程，此时想要进行辩证的思考，或许就要借助蛮力了。

因此，像苏格拉底那样进行自我思考是十分英勇的。我们曾在第 4 章中将原汁原味的苏格拉底方法与没有教练辅助的自我练习进行了比较。现在我们可以看到，这可能更像是给自己做手术，但这在操作上比让别人处理要困难得多，而且你也不可能麻醉自己，所以挑战更大。当你的勇气耗尽时，没有同伴来帮你处理切口。这个比喻虽然冷酷，却是真实的。如果深入思考，你就会发现这个过程其实是非常严峻的。然而，为了使苏格拉底式的自我审视变得可以忍受，我们可以采取一种更为明智的态度。首先，我们应该坦然接受自己会不断犯错的事实，不要试图逃避或否认。其次，保持一种轻松幽默的心态也是非常重要的。本章曾指出，这样的态度会使别人更容易容忍我们。同时，这也会让你更容易发现真相，因为你不会那么执着于自己的论点。当你意识到自己会频繁地犯错，并且已经接受错误比预想中更为常见时，你将会更容易通过反思新案例来审视自己，并且也不再那么痛苦了。

第 7 章

THE SOCRATIC METHOD

通过矛盾来接近真理

我们能确定的是，如果你说了两件事，它们不可能同时正确，那么这中间肯定存在一些错误。对于苏格拉底实践者来说，这种对错误的明确感知令人欣慰，甚至让人倍感鼓舞。

我们已经见识过反诘法是如何运作的，它通过指出你所声称的与你所思所想的不一致来完成对你的反驳。本章将更深入、更普遍地探讨一致性问题，因为一致性是苏格拉底方法的核心。我们将探究为什么苏格拉底认为一致性如此重要，一致性如何与真理相关，为什么我们似乎并没有像苏格拉底那样将矛盾视作一个严重的问题，以及我们应不应该将它视作一个严重的问题。

苏格拉底方法引发的内部批判

我们可以很自然地想象，一位像苏格拉底这样的哲学家可能会试图说服你接受他的论点，但这并不是苏格拉底方法。或者在你的想象中，如果苏格拉底想证明你错了，他可能会攻击你的言论，说你的言论与事实不符或不道德。很遗憾，这也不是真正的苏格拉底方法。典型的苏格拉底方法会让你自发地进行内部批判，进而让你思考自己的前后论点是否不一致，你是否相信自己所做的一切。苏格拉底不会指出你错了，而是让你意识到自己错了。这就解释了为什么苏格拉底经常会停下来让他的同伴表示“赞同”。这些停顿可能看起来毫无意义，但事实并非如此，因为他的最终目标是要让他的同伴自己批判自己的论点。

反诘法的核心是利用被诘问者的论点作为与他们争论的主要素材。有一次，一个旁观者请求苏格拉底阐述泰阿泰德提出的理论有什么问题。苏格拉底却说自己一般不会这样做。

《泰阿泰德篇》161ab

苏格拉底 | 我很荣幸你能把我看作一个论点的宝库，好像我可以随便找出一个论点来说明某个理论是错误的。但你忽视了一个现实：其实，我并没有带着自己的论点进入对话。对话中的论点总是来自与我交谈的人。我只是在合理地理解别人的想法。所以，就你刚才提出的问题来说，我不会提出什么论点去评价泰阿泰德，而是会试着理解泰阿泰德的论点。

苏格拉底说自己一直是被动的，但也有夸大的成分。没错，他是通过他人提出的论点来反驳他人，但同时他也提出了供他人思考与承认的新论点，而提出这些论点也需要想象力。尽管如此，他还是会从同伴的论点出发，并在推进对话的过程中始终遵循着对方的信念。当同伴告诉他，自己并不接受他的论点时，他就会寻找对方所能接受的其他论点，并以此作为与之推理的依据。[1]一旦苏格拉底的同伴发现自己陷入了困境，他们就会被困在自己所相信的或自以为相信的事情里，即使在被问及之前，他们并没有意识到自己持有这样的论点。苏格拉底用他们自己认可的论点将他们束缚起来，虽然这些并不是他们自己表达出来的。

——

苏格拉底方法具有多面适应性

让我们也对苏格拉底方法本身进行一次内部批判，帮助读者理解为何它能长盛不衰。首先，它适用于所有人，使用它不需要具备庞大的理论体系，也不需要过多的哲学知识或事实性知识。不过确实需要想象力和技巧。你需要学会倾听，善于提出有益的问题，并能够洞察某些原则的发展方向以及可能遇到的问题。可以说，运用苏格拉底方法的条件都来自你和你的同伴。这就像是一种武术，即使是身材矮小的人也能掌握，因为它可以利用对手的重量来对付他们。某种论点之所以站不住脚，是因为它在受到解读时存在太多的歧义。

其次，内部批判是一种适用于任何时间和地点的方法，不依赖于任何特定的情境或论点。苏格拉底寻求的是自我层面的争论，而这种争论在任何条件下都可以进行。这就好比调音师不是用音叉来给乐器调音，而是测试它与自身是否合调。能达到这样水平的调音师一定能克服各种各样的困难，因此我们会说他具备多面性。无论是公元前 400 年还是今天，任何人都可以把苏格拉底方法用在自己或别人身上。

以矛盾判断真理

让我们探讨一下为什么苏格拉底认为矛盾是一个如此严重的问题。首先，前后矛盾意味着犯错。假设你发现自己持有两种论点，而且彼此冲突，所以它们不可能都是正确的。这意味着你显然相信了一部分谬误，或者这两种论点都是错误的。从这个意义上说，内部矛盾并不是一个多么特别的问题，它只是一种证明方式，但很有力。反驳一个论点通常意味着你

——

要去证明它与某些事实、逻辑规则或你所主张的其他论点相矛盾。最后一种矛盾是苏格拉底最喜欢使用的，而且很有说服力。如果有人表明你的论点与新的信息相冲突，你可能会怀疑此类信息。但当你认同的两个论点相互冲突时，你会更直接地感到非常不舒服，因为这就好像是自己在攻击自己。

一致性测试有助于平复这样一种担忧：真实与虚假的界定变得模糊。在长时间经受苏格拉底式的质疑后，这种担忧有时会油然而生。苏格拉底式追求真理的过程充满了困扰。作为反驳大师，他很少会在重要问题上确信无疑。有些结论或许未经反驳，但那只是暂时的，它们仍可能会遭到反驳。但至少我们能确定的是，如果你说了两件事，它们不可能同时正确，这中间肯定存在一些错误。对于苏格拉底实践者来说，这种对错误的明确感知令人欣慰，甚至让人倍感鼓舞。在发现这些错误时，你可以找回一些确定性所带来的安全感。

但是，我们也应对“矛盾必然等于错误”这种论点增添一些限定条件。首先，这是一个关于矛盾命题的论断。有时，某些矛盾的论点可以同时存在，这通常意味着它们可能根本就不是矛盾。例如，两种政策看起来相互矛盾，却得到了同一个人的支持，这是完全有可能的。也许将这些政策整合在一起，就代表了不同利益之间的合理妥协。其次，某些具有一致性的论点或任何其他论点不一定需要支持某个特定的论点。比方说，有时我们会基于与理性完全无关的理由来坚持道德信仰。苏格拉底会质疑这些论点，询问你它们的基础是否足够牢固，但有时他自己也声称从上帝和某种神的呼唤中获得指引。[2] 不过，这不是我们现在要讨论的问题。

当你持有两种不可能同时正确的论点时，如果出于苏格拉底式的思

——

考，一致性的问题就出现了。你尝试解释其中的一个问题，想揭示真相，但很难让它们达成一致。这就像一张资产负债表中的数字有错误一样，你发觉好像有点儿不对劲，但你又可以不在意这个错误，毕竟这是你的自由。但如果你不在意，那为什么还要使用资产负债表呢？一旦你真的在乎理性，矛盾就一定会让你感到不适，甚至尴尬。如果不是这样，那么苏格拉底可能需要回去重新研究一番了。

对一致性的关注根植于苏格拉底哲学思想的核心价值观。一个道德体系可以建立在任何类型的价值之上，这些价值不外乎平等、功利、自由等。苏格拉底的哲学思想始于对真理的探索，对真理的热爱，对真理的诠释，不管这有多危险。

《高尔吉亚篇》526de

苏格拉底 | 我放弃了世人所追求的荣誉，我只想知道真相，尽我所能地活着，当我要死的时候，尽我所能地死去。并且，我将尽我最大的力量，劝诫所有其他人也这样做。

苏格拉底的这些论点表明，他深信关于伦理问题存在着客观真理，而不仅仅是主观的论点或者看法。虽然你可以选择不持有特定立场来运用苏格拉底方法，但对该方法的深入研究将促使你更加深入地审视和思考相关立场。苏格拉底和大部分人不一样，他相信真理存在，但对自己是否认识真理持谦逊态度。想一想，与苏格拉底这种态度相反的情况有多么普遍。这就是矛盾如此重要的原因之一。它不仅能表明某些事错了，而且还能表明某些事物可能是错的。错误的道德问题或许也可以有正确答案，或者至少是更好的答案。如果我们可以通过矛盾发现错误，也应当可以通过一致性来接近真理。

关注内心的矛盾冲突

我们已经了解，前后论点出现矛盾，这意味着中间的推导出现了问题。但对苏格拉底来说，前后矛盾的意义并不止于此，而是也在暗示自我存在某些问题，就像X线片上一个异常的斑点。的确，苏格拉底认为内在矛盾是一种道德疾病。我们将苏格拉底式的诘问比喻为给走调的乐器调音，这一比喻就是苏格拉底自己提出来的。举个例子，卡利克勒说，如果你做了错事而没被抓住，那是件好事。苏格拉底让卡利克勒赞同其他一些论点，但最终它们都与最初的论点相冲突。当卡利克勒无法从目前的论点中找到出路时，苏格拉底就提醒他：

《高尔吉亚篇》482bc

苏格拉底 | 如果你不反驳，那我向你发誓，埃及人的神犬阿努比斯会让你无法与自己和解，你的一生都不会和谐。然而，我的朋友，我更愿意做一个音乐家，手里拿着走调的七弦琴，或指挥着一个嘈杂的合唱队。我更愿意让世界上几乎所有人都能发现我的论点是被误导的，是错误的，而不仅仅是我一个人受困于内在的冲突与矛盾。

苏格拉底的比喻十分有力，超越了我们大多数人如今谈论矛盾时的语言表达。这源于苏格拉底对美好生活的独特思考方式。如果一个人相信两件不可能同时正确的事情，他们要么是半睡半醒，要么就是神志不清。这些人实际上并没有什么特别的想法，只是想象自己经过了深思熟虑。从《斐莱布篇》(Philebus)中可以看到，他们甚至不知道自己是谁，如果没有意识到这一点，就显得很荒谬。

——

《斐莱布篇》48cd **苏格拉底** | 简言之，“荒谬”一词就是用来描述一种与德尔斐神庙的神谕最不一致的恶习。

普罗克勒斯 | 你是说与“认识你自己”这一条最不一致的恶习吗？

苏格拉底 | 对，也就是“不去认识你自己”。

从苏格拉底的论点来看，以这种方式与自己相矛盾的人也会面临实际问题。内心的冲突可能使他们无法采取果断的行动，或者即使做出了行动，也可能会陷入危险。关于不公对自我本性的影响，苏格拉底是这样评论的：

《理想国》352a 如果不公存在于一个人身上，不也是同样致命的吗？这一方面会使他不能行动，因为他与自己相矛盾；另一方面又使他成为自己和正义的敌人，不是吗？

因此，苏格拉底方法意味着要比平常更多地考虑一致性，关心一致性。

矛盾对自我构成的威胁不应被视为一个晦涩的哲学问题。对许多人来说，这种威胁迫在眉睫。他们的生活方式与更深层的信仰不一致，甚至可以说是不和谐，无论他们信仰着什么都是如此。这会让他们开始感到迷失、困顿或痛苦，试图找到其中的原因。苏格拉底认为，矛盾几乎会必然地、不言而喻地导致这样的结果。同时，苏格拉底还敏锐地发现了一个隐患，人们可能会陷入一种类似痴呆症的可怕状态，而存在这种问题的人却没有完全感受到，有时候问题还会更糟。关于这一点，我们将在第 14 章

——

中详细探讨。无论如何，一致性是我们必须高度重视的议题，不仅在理论层面，更应在实践领域予以充分关注。这至关重要，因为一致性对我们的日常生活可能产生深远影响。它既具有积极的建设性和启示性，同时也具有潜在的颠覆性和痛苦。苏格拉底式提问的引擎一旦完全启动，事物就不会再保持原有的状态了。

面对矛盾所带来的阻力

矛盾并不总是如苏格拉底所说的那样，令人心生恐惧。有人指出你前后矛盾，也许你会耸耸肩，对此置之不理。这种反应可以从以下几个方面来解释。首先，可能是这个关于矛盾的说法并不令人信服。你能感觉到在某些方面，对方的逻辑似乎有缺陷，但他并没有解释清楚。有时这种感觉非常准确，你的直觉能够敏锐地捕捉到看似清晰实则不然的逻辑。在《斐多篇》的开头有一个可能的示例，苏格拉底和格贝（Cebes）在探讨自杀的问题。苏格拉底承认自杀是错误的，但他也曾表示，在特定的时间和地点，死亡比生命更可取。格贝注意到了这奇怪的一点。

《斐多篇》62bc

苏格拉底 | 我承认我说的话似乎前后矛盾，但也可能没有真正的矛盾。有一种秘密流传的学说认为，人类如同囚犯，无权开门逃跑。这种说法很神秘，我也不太明白。然而，我也相信诸神是我们的守护者，我们是诸神的属物。你不同意吗？

格贝 | 是的，我完全同意。

苏格拉底 | 如果你自己的财产，比如一头牛或者一头驴，在你没有暗示你想让它死的时候，就有人自作主张地把它打死了，你会不会对他生气？如果

—

可以的话，你难道不会惩罚他吗？

格贝 | 那当然。

苏格拉底 | 那么，如果我们这样看待这件事，也许有理由说，一个人不能结束自己的生命，除非等到上帝的召唤，就像他现在在召唤我一样。

现在看来，这一论点可能并不出彩，但它展示了对矛盾的一种回应：也许还存在人们尚未清楚理解的词语与道理。当人们持有两种看似冲突的论点时，特别是当其中一个论点已经为人广泛接受时，这种回应会显得更为理性。以下是穆勒的说法：

在评估论点时，人类需要经过深思熟虑和全面的培养。只有这样，他们才能建立起对自身判断力的信任，并在面对逻辑上无法反驳的质疑时，能勇于挑战那些他们从出生起就接受的、作为世界秩序基础的旧原则。[3]

穆勒认为女性应该享有与男性同等的法律权利。他知道他的论点很难服众。于是，他接受了这样一个事实，那就是人们本就很难被说服。人们不应该仅仅因为别人提出了一个他们不知道如何回答的论断，就急于放弃自己的生活方式。也许他们的旧习惯比新论点更有道理，只是他们不擅长争论。

当然，也有可能发生相反的情况。当遇到真正的问题，比如你的论点确实前后矛盾时，你可能会抗拒看到这一局面，因为之前的论点让你感到舒适。你习惯于反思自己所想的内容，而且这种情况未曾给你带来过困扰，因此任何质疑这种论点的观点都会让你持怀疑态度。可在这一次，理性比感觉更明智，感觉必须跟上。这就是穆勒在发表上述言论时真正关注的问题。但是，如果真的如他所说，逻辑需要时间和大量重复才能穿透信仰的堡垒。苏格拉底也认识到了这一情况：

《高尔吉亚篇》513c

卡利克勒 | 我无法解释，苏格拉底，我认为你的论点很好。尽管如此，可我目前并不能完全信服你，就像其他人对你的感觉一样。

苏格拉底 | 是住在你心里的世俗的爱在抗拒我，卡利克勒。如果我们一遍又一遍地争论这些问题，总有一天你会被说服的。

我们很难区分这两种情况。你在思考某件事时遇到了令人困扰的矛盾，但尚未将其当成一个问题。因为你不确定到底是逻辑出现了错误，还是自己太固执了。对此，苏格拉底的回应是，持续推理，直到某个论点的缺陷显露出来，或者直到它的含义为人所理解。这个过程更像是对耐力的考验，而不是逻辑能力。以上这些对话都是关于耐力和勇气的研究。大多数人在面对矛盾时会选择放弃，对这个问题不屑一顾。然而苏格拉底不会。

挑战一致性的思考

有时你会发现，一些人打破了先前提到的阻力，他们并不在乎一致性。持这种论点的人可能会引用甚至曲解拉尔夫·爱默生或刘易斯·卡罗尔（Lewis Carroll）的言论来为自己的冷漠辩解，或者声称这可能与量子力学有关，抑或表示这源于客观真理具有不可得性的哲学争论。

——

对于这些人，我们最好本着良好的苏格拉底精神，先祝贺他们解决了长期困扰许多人的问题。随后，你可以开始问他们是否愿意回答一些问题，并探讨你所关注的各种矛盾。如果他们真的对一致性漠不关心，那就是对理性漠不关心。他们可能认为这就是自己的立场，但这很难维持下去。在你问了几个问题之后，他们可能就会开始回避了，就像在柏拉图“对话录”的结尾时有人会做的那样。

有些人否认自己对一致性有任何兴趣，对于这样的人，我们通常会发现另有隐情。他们可能更多的会在抽象的、形而上学的层面上发表论点，往往非常空泛，没有什么实际意义。或者他们会以某种意想不到的方式定义一致性。再或者他们认为同一个论点可以是真也可以是假，因为该论点可以在某种意义上是真的，而在另一种意义上是假的，不管怎么说前后并不存在矛盾，因为最初的论点不准确，等等。不管他们出于什么理由漠视一致性的重要地位，苏格拉底方法都能以同样的一种方式去回应，那就是探究他们是否真的这样认为。那些否认一致性、不愿深入探讨的人自然有权保持此类论点，我们同样应予以尊重。

一致性具有的广泛适用性

一致性的显著之处在于其作为一种价值观或目标具有强大力量。当这种价值观与苏格拉底式质疑机制相结合时，它既能帮助人们摧毁某些错误的论点，同时又具有十足的生产力，有助于人们确认正确的论点。它能够颠覆人们的某种生活方式，进而使人们获得一种更好的生活方式。此外，一致性原则也适用于我们做出的每一个细微抉择，而不仅仅是重大决策。

——

因此，寻求一致性使得苏格拉底方法充分适用于各种情况，而不仅仅局限于道德哲学方面的问题。普鲁塔克（Plutarch）[①] 称：

> 哲学家苏格拉底没有固定的模式。他不用非得坐在椅子上，预约某个固定的时间和同伴谈论。当他与你相互打趣，与你一同畅饮、参与竞选，或同游市场，甚至最终在监狱中面临生命的终点时，他始终是你的哲学导师。所以他必须首先证明在任何时刻、任何细节、任何感觉和任何情况下，自己都在践行哲学。

这样的形容乍一听可能很有趣，但细究起来也难免让人心生困惑。在应对绝大多数问题时，我们都不会将哲学考虑在内，至少并未有意识地去关注哲学，也不会感觉缺了哲学会有什么影响。这是因为人们往往会将哲学问题视为日常生活中大多数人都无须关注的那种问题。确实，现如今的许多哲学学术工作都是如此。然而从苏格拉底的视角来看，哲学实则与万事万物——无论尊卑高下都息息相关。哲学并不应该只有一部分人关心，而另一部分人完全漠不关心。哲学意味着要对自己所表述的信念深思熟虑，并判断其是否正确，也意味着努力保持理智清醒。

① 普鲁塔克，古罗马作家、哲学家、历史学家，以《比较列传》一书闻名后世。他所说的这段话源自《论公共生活中的老人》（*On Old Men in Public Life*）——编者注

第 8 章

THE SOCRATIC METHOD

找出论点背后隐藏的前提

你过于简单地处理问题，而没有看到它们之间的深层联系。你过于关注那些微不足道的差异，甚至被别人的误解所误导。

——

倘若将对话视为一种思考模式，而非特定话题，那么它便成了剖析各式事物的实例。或许你会认为这个话题有些类似于麦高芬（MacGuffin）[①]现象，正如阿尔弗雷德·希区柯克（Alfred Hitchcock）所言，麦高芬在剧情中至关重要，是角色行动的动力源泉，但其本身并无太大意义。《拉齐斯篇》探讨的是勇敢的真谛，不过我们在此阅读此篇的目的并非仅仅了解勇敢，而是学习推理的模式。

本章就是要探讨苏格拉底经常使用的一种推理模式。比方说，当你提出一个论点，苏格拉底会要求你陈述其背后的原则，即导致这个结果的前提。然后他会提出一系列问题，表明你的原则过于狭隘，忽略了需要涵盖的内容。或者你的原则太宽泛，包含了不该包含的东西。根据他的问题，你必须不断修改自己发表的言论，使其更接近事实。也许你永远也无法获得真理，不过最终会更接近它。简单地说，整个推理过程就是在帮助你更好地思考。虽然这个概念很容易理解，但在实践中却鲜有人贯彻。苏格拉底在每段对话中都贯彻了这一点。

① 麦高芬是一个电影术语，指在电影中可以推展剧情的事物、人物或目标。——编者注

——

苏格拉底方法的两种常见模式

苏格拉底方法经常会使用两种思维方式。第一种是发现不同事物之间的相似。第二种是发现相似事物之间的不同。苏格拉底经常会说，“你的划分过细了”，或者“你的划分还不够细致”。第一种情况通常表现为如下情景：

1. 同伴给出了勇敢或其他概念的示例。苏格拉底说他要的不是这些，而是想要一个单一的定义来涵盖所有示例的共同之处。
2. 同伴给出了某事物的定义。苏格拉底指出该定义可能没有涵盖应该涵盖的情况。因此这个定义必须更广泛一些。
3. 同伴谈论起两件存在差异的事情。苏格拉底说，如果你能正确地理解它们，就会发现它们其实是一回事。

请注意上述这些例子有什么共同之处。在每一种情况下，苏格拉底都希望不同事物之间的区别更少。他要求同伴能够一视同仁地对待那些被区分对待的事物，并看出这些事物的共性。

第二种情况则常常表现为以下几种：

1. 同伴给出了某事物的定义。苏格拉底指出该定义可能涵盖不应该涵盖的示例。表示必须缩小定义。
2. 同伴给出了某事物的定义。苏格拉底说，定义中的关键字可以有不止一种含义，希望同伴说出他想表达的意思。

——

3. 同伴说两个概念是一样的。苏格拉底认为，如果你能正确地理解这两个概念，就会发现它们其实并不同。

请再来看看上述这些例子又有什么共同之处。在每一种情况下，苏格拉底都希望不同事物之间的区别更多。他要求同伴能够区分对待那些被认为相同的事物，并能看出这些事物的个性。

我们可以用两个词来表述这两种模式。我将半借用希腊语，将第一种思维方式称为收缩模式，或者简称为收缩（systolic 或 systole）。将第二种称为舒张模式，或者简称为舒张（diastolic 或 diastole）。systole 在希腊语中是“并拢”的意思，diastole 在希腊语中则是“分离”的意思。在现代英语中，这两个单词在生物学领域指代心脏运作周期的两个阶段。在苏格拉底方法中，它们也分别属于分析的前后环节。

收缩模式

首先，我们来探讨收缩模式。当苏格拉底想要为一个词定义时，他的同伴通常会先举出几个示例，说明这个词的含义。此时，苏格拉底总会回答说他不需要示例，只想要一个能够适用于所有示例的定义。

比如，《拉齐斯篇》中讨论的问题是勇敢的意义。拉齐斯认为勇敢意味着当敌人向你逼近时，你仍坚守阵地。苏格拉底听后，不确定这个例子能不能很好地代表勇敢，而且这个例子也不是他想要听到的答案。他想要更具普适性的回答。

——

《拉齐斯篇》191de

苏格拉底 | 我想问的不仅仅是装备重武器的士兵的勇敢，还想了解骑兵和其他各类士兵的勇敢。我想知道是什么构成了勇敢，不仅是在战争中，还包括在海上面临危险时，在与疾病和贫穷抗争时，甚至在政治生活中。我想知道是什么构成了勇敢，不仅是面对痛苦或恐惧时表现出来的勇敢，也包括人们英勇地与欲望或幸福做斗争时表现出来的勇敢。无论他们是坚持还是放弃。毕竟，拉齐斯，有些人在这种情况下也很勇敢。

拉 齐 斯 | 当然是这样，苏格拉底。

苏格拉底 | 所有这些人都很勇敢，但有些人在幸福的情况下表现出了勇敢，有些人在痛苦的情况下表现出了勇敢，有些人在涉及欲望的情况下表现出了勇敢，有些人在恐惧的情况下表现出了勇敢。而在这些情况下，人们同样也可能会表现出怯懦。

拉 齐 斯 | 是的，他们会。

苏格拉底 | 那么，勇敢和怯懦这两种特质到底是什么呢？这才是我想知道的。首先，让我们来探讨“勇气”。你能不能再试着告诉我，在这些情境下，勇气的共同点是什么呢？

这是收缩模式的典型示例。苏格拉底想要了解一种特质，这就意味着每当这种特质出现时，他就要知道其特征是什么。你不能只总结单一示例里的情况，而是必须研究每一种情况，并找到涵盖所有情况的词汇。你需要减少差异，或者拓宽视野。许多对话都是以这样的交流开始的。[1] 苏格拉底希望能从某个特例中抽离出来，转而在原则层面上解释所有问题。

收缩模式是消除差异的工具

在对话中，收缩模式还可以以其他方式出现。有人认为这些情况是不同的，而苏格拉底则表示它们其实一样。《拉齐斯篇》也提供了一个很好的示例。尼西亚斯称，勇敢意味着知道应该对未来的哪些事件感到恐惧，而另一些则不足为惧。苏格拉底表示，这种说法可以转化为一种更广泛的论点：应该恐惧的东西是邪恶的，不应该恐惧的东西可以称之为善。因此，勇敢是对未来善恶的认识，这样一来，勇敢的概念就比最初时更宽泛了。但是等一下，如果你想弄明白善与恶在未来意味着什么，就必须知道它们的一般意义，因为其意义并不取决于它们是出现在未来还是过去。所以勇敢并不意味着知道未来的善恶，而是了解善与恶的知识，这又是一个更广泛的概念。如果这是真的，那么勇敢似乎就与智慧或美德一样，具有更广泛的涵义了。请注意苏格拉底在这一连串事件中都做了些什么，他抹去了一个又一个的差异，将较小的范畴融入较大的范畴。

有时，苏格拉底也会通过其他步骤来运用收缩式论证法。他在《普罗泰戈拉篇》中指出，智慧和节制应当是相同的。为什么这样说？因为不同的事物不可能有相同的对立面，而智慧的对立面和节制的对立面都是愚蠢。这个论点由于翻译的缘故有一定的失真，因为我们的语言与他的语言并不完全契合。苏格拉底进一步阐述了两个看似截然不同的概念，一个是知道如何做出最佳选择，另一个是在面对诱惑时如何避免做出错误的选择。他强调这两个概念实际上都归结为一个核心问题：知识的掌握与缺乏。他指出如果你在诱惑面前屈服，那就意味着你对于这件事的后果缺乏真正的理解（详见第 14 章）。

这些论述都在反复提及苏格拉底的这一核心论点：你对问题的处理过

于简单，而没有看到它们之间的深层联系。你过于关注那些微不足道的差异，甚至被别人的误解所误导。你应该学会将这些看似不同的事物视为一个整体，这就是我们所说的收缩模式。

舒张模式

与收缩模式相反的便是舒张模式。假设有两个问题看起来一样，但苏格拉底要去证明它们不一样。我们注意到他向拉齐斯提出一个要求：给勇敢下一个定义，这个定义需要涵盖所谓勇敢的所有情况。所以拉齐斯尝试给出了一个普遍定义：勇敢意味着坚韧不拔。苏格拉底表示这个定义太宽泛了，里面也包含了一些不属于勇敢的情况。难道某些坚持不是愚蠢的吗？而那并不是勇敢，不是吗？拉齐斯对此表示同意，并修正了刚刚的定义：勇敢是聪明的或明智的坚持。对话继续进行：

《拉齐斯篇》192e−193a

苏格拉底 | 针对明智的坚持，让我们继续考虑它发生的情形。你描述的勇敢在任何场景下都适用吗？例如，一个人坚持花钱，而且他很聪明，因为他知道如果现在花钱，以后会得到更多，那你会称他为一个勇敢的人吗？

拉 齐 斯 | 天哪，不，我不会的。

苏格拉底 | 如果一个医生的儿子，或其他什么人患了肺炎，求医生给他点儿吃的喝的，可医生却坚决拒绝给他任何东西，这种情况也是勇敢吗？

拉 齐 斯 | 不，那根本不是什么勇敢。

——

拉齐斯对勇敢的定义过于宽泛，包括了一些不是勇敢的情况，需要进一步加以精确。苏格拉底告知拉齐斯注意这一点，过程很简单："以下是你的定义涵盖的一些情况，但它们似乎没有表现出勇敢。你的意思是把它们也包括在内吗？如果不是的话，就再试一次，给出范围更小的定义吧。"

在《高尔吉亚篇》中，我们同样观察到了这种典型的论述模式。[2] 苏格拉底询问修辞学的本质，高尔吉亚解释说，修辞学主要是关于话语的一种艺术。这时，苏格拉底指出医生与病人之间的沟通也是通过话语进行的，这是否也能被视作"修辞学"？答案显然是否定的，这里产生了概念的"舒张"或分离。那么，二者的区别究竟何在？高尔吉亚进一步阐述，与医学实践不同，修辞学仅涉及口头表达。但苏格拉底并未止步于此，他指出关于数学的讨论也主要依赖于言语。那么，这是否意味着数学也是一种修辞学？答案同样是否定的，由此再次出现概念的分离。高尔吉亚进一步解释，二者的根本区别在于修辞学涉及的是关于人类最重要事务的论述，而数学并非如此。听到这里，苏格拉底表示这样的界定依然不够清晰。他提出每个人都会认为自己的事务至关重要，这使得修辞学与非修辞学的界限变得模糊不清。此时概念再次分离。于是高尔吉亚最后指出，修辞学的核心在于通过说服力影响具有权力的人。对此，苏格拉底表示认同，并表示现在我们可以进一步探讨修辞学究竟想要说服人们相信什么。

舒张模式是用于区分的工具

让我们来看一看苏格拉底实施舒张模式的技巧。他的同伴试图说出修辞的含义："话语"，或是"不依赖于物质结果的话语"，或是"关于最重要的事情的话语"。和之前一样，苏格拉底关注的是那些被话语所涵盖，但并不适合的东西。有时他举出的示例是历史性的大事件。有时他也会引用世界各地日常生活中的案例。你也可以用一个假定的情况实现舒张模式。在《高尔吉亚篇》中，波鲁斯认为权力是一种对他人为所欲为的能力。然而，苏格拉底认为这一论点过于简单了，他采用了一个思维试验证明了这一点。

《高尔吉亚篇》469de

苏格拉底 | 想象一下，我在人头攒动的集市里，腋下夹着一把匕首。我对你说："波鲁斯，我最近获得了惊人的权力，就像任何一个独裁者一样。看看这些人。如果我决定让他们中的一个去死，我就去杀死他。如果我决定要把他们中的一个脑袋剖开，我就当场把他的脑袋剖开。如果我想撕碎某人的斗篷，我就立刻把它撕碎。所以你可以看到，我在这个世界有很大的权力。"假设你不相信我，我就给你看看我的匕首。我打赌你肯定会说："苏格拉底，照你这么说，在这种情况下，每个人都拥有这样的权力，因为同样地，你也可以烧毁任何你想烧毁的房子，毁掉雅典的造船厂、军舰和全体公有及私有的商船队。"因此，有能力做你想做的事并不是更大权力的标志。

苏格拉底表明，我们都有杀人的能力，任何人都可以得到一把刀，但这并不意味着我们拥有很多权力。因为当我们使用了这把刀，生活不会变得更好，反而会因此受到惩罚。波鲁斯在谈论自由权时，实际上是指做了某件事而不必接受惩罚。然而苏格拉底会进一步精确波鲁斯的定义，他认为只有当权力能够使人变得更好时，它才具有价值。随后，苏格拉底深入探究哪些行为能够使我们的生活变得更好，并鼓励我们努力实现这些目标。这个例子充分展示了假设情境在苏格拉底式提问中的重要性。我们可

——

以通过适当的方式将情境推向极端，使每个人都认同其论点。虽然这可能需要巧妙的设计，但不必要求其符合现实，只需要指向一个提出论点的人不想涉及的方向即可。

在论证舒张模式的过程中，苏格拉底也使用了多种技巧。他有时会提出逻辑问题，将两件不同的事物视为相同的事物。卡利克勒在《高尔吉亚篇》中表示，善良和幸福是一样的，邪恶和痛苦也是一样的。苏格拉底称这是不正确的，他认为善和恶是对立的，幸福和痛苦却不是。幸福和痛苦在某些情况下是复杂交加的。这意味着善良和幸福必须是两个独立的概念。然后，苏格拉底继续用我们在第 6 章中看到的方法提出了同样的论点：傻瓜和懦夫都是恶人，对吧？是的。但他们也能像善良之人一样享受生活的乐趣，对吧？毫无疑问。那么，善良和幸福一定是不同的。

在这里，我们最好不要把重点放在“苏格拉底的论点是否令人信服”上面。也许这些论点本身存在问题。不过在继续对话之前，苏格拉底总是会征得同伴的同意。如果同伴犹豫不决，苏格拉底会详加解释或者换个说法。无论是谁与他争论他都会这样做。

一见即知

收缩模式和舒张模式都是接近真理的方法。你可能会声称某物就是如此，或者它是其他事物的例证。你也可能会声称这是勇敢的，那是不公正的；或者这个公平，那个不公平。通过收缩模式和舒张模式，你需要解释自己的所思所想，测试它是否成立。如果不进行这种分析，你也可能会觉得不用在这些事上多费心思，因为你只需要看上一眼就能识别出事物的本质，无论它是勇敢、不公正还是公平。很多人都习惯这样想。正如穆勒所言，这是一种“理智自为”的方法，即让思想自行其道。这样做看起来很有说服力，但实际上很容易出错。

然而，有时苏格拉底确实会让他的同伴“一见即知”。他需要先给定义工作做个铺垫。首先，你要先给出一个自认为“勇敢”的好例子，不然你怎么知道勇敢的定义应该涵盖哪些方面呢？学界一直有人认为苏格拉底深陷这种悖论之中。[3]好比说，如果无法对“勇气”或“美德”这样的词进行明确定义，就无法真正理解勇气和美德的本质，这种论点被称为“定义优先原则”。然而这种看法并不全面。实际上，即便我们可能无法给出某个概念的确切定义，我们仍然能识别出该概念的实例。无论是否公正，主张必须先定义某个概念的论点都被认为是一种逻辑上的谬误。最初提出控诉的人曾警告世人，说苏格拉底对年轻人宣称人们无法判断欺骗是否错误，除非他们能给这个词下个定义。[4]而当年轻人无法给欺骗下定义时，他们就不能证明欺骗一定是错的，所以最终他们可能会认为欺骗也可以是善的。令雅典畏惧的“三十暴君”的其中一些人就曾接受过苏格拉底的教导。

这是一个令人担忧的现象。但大多数学者认为这误解了苏格拉底主张定义的初衷。[5]他并不认为你对某事一无所知，除非能给出它的定义。事实上，他致力于去追求定义，是因为定义能让我们解决棘手的问题，将我们摆在专家的位置上。如果没有定义，我们会对事物缺乏清晰的认识。当我们看到一些事物时就会产生认知，有时会产生一个正确的论点，有时不会，因此我们没办法感到安心。大多数或大或小的暴行，都是由那些自以为能够一见即知的人犯下的。我们可能无法对一个概念给出无懈可击的定义，但至少可以获得一种暂时的认识，比如指出某件事是此概念的范例，这足以让你声明：“我有一个可行的定义，似乎是正确的。如果人们有很好的理由去反对它，我就将其放弃。但经过审视，目前我还没有听到任何反对的理由。”苏格拉底式的思维模式也乐于接受概论，包括有缺陷的概论，只要你能清楚地知道它们是什么，并且认定它们是你目前能够做到的最好的概论。苏格拉底不能忍受的是那些丝毫不考虑其言论会有不适用的情况，而盲目相信自己正确的人。[6]

这种“一见即知”的限制性使用与苏格拉底的行为方式是一致的。苏格拉底能在没有定义某个词语的情况下，与拉齐斯交换勇敢的示例。这就是苏格拉底的隐含立场：在涉及伦理时会有困难的问题，也会有简单的问题。在解决困难的问题时，可以将简单的问题作为立足点。也许这样会让简单的问题变得更复杂，但苏格拉底能对此做出很好的判断，知道什么时候值得这样做。事实上，当提问失败时，苏格拉底有时也会提出“一见即知”的方法。例如，在《查米迪斯篇》中，他和他的同伴无法对心智健全（或者称为自我控制）给出一个恰当的定义。[7]但是苏格拉底仍然知道要如何推进，以下是他为年轻的查米迪斯提出的建议：

《查米迪斯篇》175e–176a

苏格拉底 | 尽管在提问过程中，我们的态度谦和、顺从，但仍未能揭示真相。实际上，这种做法得出了一个极为荒谬的结论：按照我们达成的共识和理解来定义，自我控制对我们并无益处。我深感这种论点是不正确的：我认为我是一个失败的质疑者。因为在我看来，自我控制应该是一件善的事情，如果你拥有它，代表你非常幸运。所以你为什么不检查一下自己是否拥有它？如果你能做到……我建议你把我当作一个糊涂的蠢瓜，不能对任何事情进行理性的审视，然后把你自己想象成一个幸福的人，就像你能自我控制一样。

——

在对话中，查米迪斯以年轻人的身份出现。历史上，查米迪斯曾师从苏格拉底，他也是柏拉图的叔叔。据说他后来成了“三十暴君”之一。

柏拉图式的收缩模式与舒张模式

在后来的“对话录”中，苏格拉底使用了一种定义事物的方式，称为“分合法”。这种方法更多地与柏拉图联系在了一起，而不是苏格拉底。但是，我们也可以简单地了解一下，因为这个方法与我们当前的主题有关。“分合法”将一个主题分成两类，再从中细分为更多类别，以此类推来定义主题。在《智者篇》中，我们看到了一个用来定义垂钓者或渔夫的示例。原文很长，最后的总结是这样的：

《智者篇》221ac

陌生人 | 你和我已经达成了关于垂钓的名称及其定义的理解。在所有本领中，有一半是获取，而获取中有一半是征服或强制夺取，其中有一半是狩猎，而狩猎的一半是捕猎动物，捕猎动物的一半是捕猎水生动物。在捕猎水生动物中，一半的人在捕鱼，捕鱼的人中有一半在用钩子钩鱼，其中有一部分人使用倒钩，其中又有一部分人是用倒钩从下往上把鱼拉出水面，而最后这部分就是我们一直在寻找的，从操作的性质来看，这被称为垂钓或钓鱼。

随后，在下一个对话中，关于智者和政治家的定义重复了类似的过程。[8]

通过这种分类来定义一个概念就是所谓的“分合法”。这种方法与柏拉图的形式论有关。他似乎认为自然界中存在一种纽带，能将同一类别的物品连接在一起。现在大多数人都不相信这一点，也不用“分合法”来定义事物。尽管如此，我们仍然可以使用这种方式去了解一个主题，因为分类将迫使你将这个主题与其他事物进行比较，以探讨它们之间的相似与差异。

但现在，抛开柏拉图的形而上学论点，我们仍然可以把“分合法”视为另一种收缩模式和舒张模式。想想苏格拉底在《斐德罗篇》中提出的方法：

《斐德罗篇》266bc

苏格拉底 | 我非常喜欢这种分类和概括的过程。它们帮助我说话和思考。如果我发现有人能在自然界中看到“一与多”，我会愿意追随他，“像追随上帝一样追随他的脚步。”[9]凡是有这种本领的人，我习惯称之为辩证法家。

这是看待本章论点的另一种方式：收缩模式意味着将许多事物视为一体，而舒张模式意味着将一件事物视为多个。在前一章中，我们提及柏拉图一生都致力于探究与解答的过程。此种执着亦体现在他对收缩与舒张模式的热衷。随着思想的发展，他应用的目标也逐渐多样化。

第 9 章

THE SOCRATIC METHOD

将抽象问题与普通问题类比

这些比喻让人们从抽象晦涩的概念中解脱出来，感觉自己回到了生活中的舒适区。这些纯朴的类比仿佛还在暗示人们，普通人也可以进行哲学思考，它不是专家的特权。苏格拉底称：在思考更为高深的事物时，也要用你习惯的方式，就好像你在谈论非常常见的事情一般。

苏格拉底探讨的是庞大而抽象的问题，譬如什么是美好的生活？什么是知识？什么是正义？但他避免用笼统和抽象的术语来谈论这些问题，而是借助简单的示例来说明一个论点是否有效。苏格拉底特别喜欢使用类比法，将抽象问题与人们可能更熟悉的普通问题进行比较。类比不是论证，只是提出相似之处。但类比可以使论点更具说服力，使推理更清晰。本章将探讨苏格拉底如何创造类比，以及如何运用类比。

填空类比

苏格拉底有时会用一个不完全的类比来推进对话。他会先给出类比的开篇，他同伴的工作就是将其完成。在《拉齐斯篇》中，苏格拉底询问勇敢是什么，他的同伴举出一个示例。苏格拉底解释说他不需要示例。他想要一个涵盖所有一切的定义。接着，他使用了类比：

《拉齐斯篇》192ab

苏格拉底 | 假设我问你什么是速度。速度在人类的许多活动中都有体现，如跑步、演奏音乐、说话和学习等。速度是一种属性，几乎存在于每项活动

中，无论是手、腿、嘴、声音还是大脑的使用。你同意吗？

拉齐斯 | 是的，我同意。

苏格拉底 | 所以如果有人问我："苏格拉底，你口中的'速度'的属性是什么，无论它以怎样的形式出现？"我会回答说，我用"速度"这个词表示一种在短时间内做很多事情的能力，无论是说话、跑步还是其他什么。

拉齐斯 | 你说得很对。

苏格拉底 | 那么，拉齐斯，我们也能这样定义勇敢吗？试着告诉我们勇敢是什么？在刚刚提及的或幸福或痛苦的情境中，什么样的能力会始终被称为勇敢？

苏格拉底用四个元素中的三个进行了类比。我们有（a）速度的示例和（b）速度的定义，然后我们有（c）勇敢的示例，但仍然需要（d）勇敢的定义。现在拉齐斯可以开始填空了。

类比在其他对话中也一直在重复出现。在《泰阿泰德篇》中，苏格拉底询问知识是什么。同伴说，知识既包括像几何学之类的科学，也包含像补鞋之类的工艺。苏格拉底称这是个糟糕的答案。就好比说瓦匠和陶工都会使用黏土，没有什么意义。更好的答案是：黏土是一种湿润的土。[1]拿黏土做类比，知识的定义又是什么？

与其他修辞相比，类比是用来澄清问题的。苏格拉底用类比帮助他的同伴理解，这样就不用做出抽象的解释了。类比的有效性在于我们在理解其背后的原因之前便能感知到它的力量。类比并非通过讲述，而是通过展示来实现其目的。苏格拉底没有直说“请你做出更普适的定义”，而是举例说“请像这样去做”。

问答类比

这种风格的类比可以用于一系列目的。在前一章中，我们看到苏格拉底与高尔吉亚讨论修辞学的意义。现在我们回到这个讨论中，看看苏格拉底如何使用类比来推进讨论。当他与高尔吉亚第一次见面时进行了如下交流：

《高尔吉亚篇》447d

苏格拉底 | 问他，他是谁。

凯 勒 丰 | 什么意思？

苏格拉底 | 我的意思是，如果他是一个做鞋的人，那么他会回答，他是个鞋匠。

高尔吉亚回答说，他是个修辞学家。于是苏格拉底继续提出类比的问题：

《高尔吉亚篇》449d

苏格拉底 | 既然你自称是一个修辞学家，一个修辞学奠定者，那么让我问问你，修辞学与什么有关？假设我问你编织与什么有关？你会回答，编织与服装生产有关，不是吗？

高尔吉亚 | 是的。

苏格拉底 | 音乐家创作了旋律，是吗？

高尔吉亚 | 正是。

——

苏格拉底 | 那么修辞学家创造了什么呢？

高尔吉亚 | 他们创造话语，使用词语。

苏格拉底 | 可是许多活动都会使用话语和词语。数学家用其谈论数字，天文学家用其谈论恒星。[2] 修辞学家显然是用话语和词语来表达别的事情。但他们表达的是什么呢？请你完成类比。

高尔吉亚 | 他们表达的是最重要的事情。

苏格拉底 | 这个回答没有意义，因为各行各业的人都认为他们所做的事情是最重要的。

接着，苏格拉底使用了另一个类比：假设雅典的议会向建筑商寻求建筑项目的帮助。当他们想知道或想做什么的时候应该咨询修辞学家吗？[3] 并请高尔吉亚继续完成类比。

注意这一连串的问题是如何吸引同伴的。第一个类比不太具有挑战性：做鞋的人会被称为鞋匠，那么你从事什么行业？高尔吉亚接受邀请玩一个看起来很简单的游戏。他开始玩下去，并掌握了窍门。然后，类比就变得越来越难，越来越具有挑战性。我们知道鞋匠或建筑工人所从事的工作，那么请告诉我们，作为修辞学家，你能告诉我你所从事的具体工作是什么吗？

这是一种很好的探究方式，苏格拉底擅长从简单和熟悉的事物入手，来解释困难和陌生的事物。他从你知道的开始发问，并试着将你确信的区别和示例映射到你不太确定的问题上。之后，你们会一起讨论哪里合适，哪里存在困难，再寻找背后的原因。如果有人给不出你想要的那种答案，你也可以给他做一个比较简单的类比，展示在类似的情况下答案应该是什么样子。

扩展类比

到目前为止，类比都很简单：A 之于 B，就像 C 之于 D。但苏格拉底还喜欢创造更复杂的类比。在阐述一个抽象的概念时，他会把其中一个个具体的概念逐项进行类比。《普罗泰戈拉篇》中就有这样的例子，苏格拉底将教育比作食物，他指出了两者相似的几点。

《普罗泰戈拉篇》313ce

苏格拉底 | 知识是灵魂的食粮。我们必须小心，我的朋友，智者不会像售卖食物的商人那样，在推销自己商品时极尽吹捧，欺骗我们。这些商人会对所有商品不加区分地予以夸赞，但他们却不知道哪些是真正有益的，哪些则是有害的。他们的顾客也不知道，除非碰巧买到商品的顾客是教师或医生。以同样的方式类比，那些携带知识的智者们也在城市中四处走动，并将知识出售给任何需要它们的客户。智者们也同样会对他们兜售的知识大肆称赞，不过，我的朋友，如果他们中的许多人意识不到他们的所作所为对心灵的影响，我可一点儿都不意外。而他们的顾客也同样无知，除非购买他们商品的人恰好是一位能够治疗心灵的医生。

为了显示出教育与食物的相似之处，苏格拉底逐一对其进行说明。请注意，这样的类比并不能证明什么。教育可能在某些方面与食物相似，但在另外的方面不一定与食物相似。然而，随着相似之处越来越多、越来越生动，这种论证就显得越来越有说服力。虽然生动性本身不是论据，但它具有修辞功能，可以像逻辑论据一样，甚至更具说服力。这应该让我们警

——

惕依赖生动性的潜在隐患，同时也应该承认它的作用。

苏格拉底一直在谈论类比，不过紧接着他又通过相反的方式说明了类比不成立的现象：

《普罗泰戈拉篇》313e–314b

苏格拉底 | 因此，如果你明白什么是善和恶，就可以放心地从普罗泰戈拉或任何人那里获得知识。但如果你并不明白，那么我的朋友，请停下来，不要拿你最宝贵的利益去冒险。因为购买知识比购买酒肉危险得多：你从商家那里买来酒肉，装在别的器皿里将其带走，在你把它当作食物吃进身体之前可以将其存放在家中，再邀请一些经验丰富的朋友，他们知道什么是好吃的、好喝的，什么不是，也知道应该吃多少，喝多少，什么时候吃比较好。所以，购买酒肉的危险并不是很大。但你不能将知识视作食物来购买，然后用另一种器皿将其运走。一旦你接收了某些知识，它们就会融入你的心灵，从此与你共行。所以，你要么会受益匪浅，要么就会遭受极大的伤害。

这个示例表明，在建立起类比关系后，是如何由此提出一个决定性论点的。也许两件事在很多方面都有相似之处，但在某些决定性的地方，它们是不同的。当然了，假如没有类比，我们也可以提出同样的论点。比如，苏格拉底可能会说，你应该注意发表论点的人，因为一旦你接受了一个糟糕的论点，就很难将其忘记。不过，类比能够使两者之间的对比更为明显，比如当你意识到获取教育需要比获取食物更加小心时，也就加深了自己对于两者区别的印象。

通过在类比之间进行选择，你也可以增强对某些事物的认知。与这个或那个相比，目前的这件事更好吗？如果两件事相似或不同，我们是该这样做，还是那样做？《普罗泰戈拉篇》再次提供了一个很好的示例。苏格拉底是这样开始的：

《普罗泰戈拉篇》329ce

苏格拉底 | 我想让你真实地告诉我，美德是否是一个整体，而正义、节制和神圣是其中的几个部分。或者这几个词实际上是在形容同一件事。这是我心中挥之不去的疑问。

普罗泰戈拉 | 苏格拉底，你所说的这些品质都是美德的一部分，这个问题不难回答。

苏格拉底 | 我是说，这些品质是像嘴、鼻子、眼睛和耳朵与整张脸的关系一样，是美德的不同组成部分吗？还是说它们像金粒与金块的关系一样，只是小一些的美德？

普罗泰戈拉 | 苏格拉底，我认为这些品质与美德的关系应当属于前者，就像五官与整张脸的关系一样。

类比有助于促进概念的澄清。苏格拉底引导普罗泰戈拉在两种类比选项中进行选择，所以普罗泰戈拉只能继续解释概念之间的关系，即这些品质是一系列不同的美德，美德就像一张脸上的各个器官。顺着这个类比，苏格拉底继续讨论下去：

——

《普罗泰戈拉篇》329e–330b

苏格拉底 | 那么，你不会否认勇敢和智慧也是美德的一部分吧？

普罗泰戈拉 | 毫无疑问是这样的。智慧是其中最高贵的部分。

苏格拉底 | 勇敢和智慧彼此都不同吗？

普罗泰戈拉 | 是的。

苏格拉底 | 它们每一个都有独特的功能，就像面部的五官一样。例如，眼睛与耳朵不同，也具有不同的功能。而其他部分无论是在功能上，还是在其他方面，彼此都不一样，对吗？我想知道这种类比是否适用于美德的各个方面。它们在自身定义和功能上是否也有所不同？因为这就是这个类比的含义。

普罗泰戈拉 | 是的，苏格拉底，你认为勇敢和智慧是不同的，这是对的。

苏格拉底 | 美德的其他部分，比如知识、正义、勇敢、节制、圣洁，它们各自都不同，对吗？

普罗泰戈拉 | 是的。

美德的各部分就像一张脸的各部分，这就意味着美德的各部分在功能上都不相同，就像眼睛和耳朵各有其不同的功能。这两个类比所揭示的“差异”类型是相似的。

辩论类比

重申一遍，类比本身并不构成一个论点，但它可以用来阐明一个论点。在《高尔吉亚篇》中，当其他人问苏格拉底对修辞学的看法时，他说这是一门手艺而不是艺术，而且是一门不体面的手艺。苏格拉底是通过类比得出这个结论的。他表示，烹饪使食物外观诱人，即便可能会对健康产生负面影响。这种现象可被视为一种欺骗性的恭维，与药物的作用恰恰相反。尽管药物对身体健康有益，但其口感却无法与美食相提并论。化妆品或装饰品则是同一模式的实例。化妆品使人们看似健康，即便他们的身体状况并不理想。化妆品制造了虚假的健康表象，而真正的健康可以通过锻炼来实现。在功能上，修辞学也是如此。现在，苏格拉底不再要求他的同伴去填补类比的空白了，而是由他自己来填补：

《高尔吉亚篇》465c

苏格拉底 | 正如化妆品之于锻炼，烹饪之于药物。或者更确切地说，正如化妆品之于锻炼，诡辩之于立法，以及烹饪之于药物，修辞学之于司法。

和以往一样，苏格拉底即使不做类比也可以证明其论点。他本可以直接指出修辞学家是在迎合他人。但是，类比的使用可以增加言语的力量，因为这种类比非常生动形象，它能将抽象的论点与每个人的亲身经历联系在一起。这种类比触及的是听众的直觉，也就是说，它影响的是他们的感知器官而不是理性器官。它巧妙地引导人们间接地对修辞有了一些负面看法。在谈及化妆品时，苏格拉底使用了严厉的措辞，“狡诈、虚伪、卑鄙、狭隘”。这样说倒是没关系，因为他身边没有化妆师会予以反驳。不过，一旦化妆品的负面特性被确立，他就可以毫不费力地用这些词语去形容修辞学。如果两种事物存在类比，则对一件事的负面的评价也会同步到另一件事上。尽管苏格拉底的这段话逻辑性并不强，可讽刺的是，它却是一段很好的修辞学示例。

——

运用类比技巧时遇到的阻力

当苏格拉底要求他的同伴去完成类比时，其实是在暗示类比中的两个事物是相似的，这不一定正确。有时候，对一个类比最好的回应是去质疑它，指出它所依赖的相似性实际并不存在，而不是去完善它。当苏格拉底和克里斯蒂亚斯在《查米迪斯篇》中反复讨论自我控制的意义时，我们注意到了这一点。苏格拉底使用了自己惯常的类比技巧，但克里斯蒂亚斯对此并不买账。

《查米迪斯篇》165c–166a

苏格拉底 | 如果有人问我建筑的产物是什么，也就是关于建造房屋的知识，我会坚定地回答，建筑的产物就是房屋。对于其他艺术和手工艺方面的问题，我也会给出类似的答案。如果你认为自我控制就是对自己的深入了解，那么你应当能够回答类似的问题。因此，如果有人问你："克里斯蒂亚斯，如果自知之明是关于对自己的了解，那么它的产物是什么？它是否值得我们追求？"让我们来听听你的答案。

克里斯蒂亚斯 | 苏格拉底，你探索的方向错了。自我控制不同于其他知识分支。其他知识分支也彼此不同。但你却假设它们都相似，并在这样的基础上进行探索。我的意思是，告诉我：算术或几何学中有什么东西可以等同于建筑中的房子，或者等同于织布中的衣服，或者等同于多种艺术和工艺中的等价物？

——

苏格拉底进一步追问，可依然得到类似的回答，于是他放弃了这条质询路线。柏拉图曾经以一种令人叹为观止的方式展示了苏格拉底式的类比如何被巧妙地反驳。这个例子提醒我们，虽然类比看似是一种观察，但实际上它包含了一种论点。如果把论点隐藏在表面之下，会让其更有效，因为这样人们就不会直接去检查它了。在这个问题中，苏格拉底要求对方假设类比是真实的，并去完成类比。如果有人转过头来询问两者是否真的有相似之处，则可能会引发不同的讨论。正如《查米迪斯篇》中的章节所示，任何一方都可以提出质疑。

为什么要类比？我们已经看到，类比是苏格拉底经典语录的一个常规部分。柏拉图对类比的惯用心知肚明。于是他让对话中的其他角色也谈到了这个问题。比如：

《高尔吉亚篇》491a

卡利克勒 | 你总是不停地谈论鞋匠、漂洗工、厨师和医生，就好像他们与我们的讨论有一丁点关系似的。

与读者更有共鸣的对话还包括《会饮篇》中的这段话：

《会饮篇》221d–222a

阿基比阿德 | 就连他（苏格拉底）的思想和论点也如《西勒诺斯与幼儿狄俄尼索斯》的空心雕像一般。当你听到他的论点时，一开始可能会觉得很荒谬。他们的语言就像最粗俗的萨半羊人所穿的兽皮一样粗鄙。他老是说驴，说铁匠，说补鞋匠，说皮匠。他总是用同样的陈词滥调来表达同样的陈词滥调。如果你很愚蠢，或者对他不甚了解，你肯定会

——

嘲笑他的论点。但如果你能看到他的论点像雕像一样展开，并超越论点的表象，你就会意识到其他论点都说不通。他的论点真的像神一样令人敬仰，充满了美德，这对于任何一个一心向善的人来说都是至关重要的。

苏格拉底为什么要用这么多类比？首先，由于他正试图让他的同伴以一种相对陌生的方式努力思考，类比会让这一过程看起来简单一些。苏格拉底将日常生活和活动比作鞋匠和黏土。这些比喻能让人们从抽象晦涩的概念中解脱出来，感觉自己回到了生活中的舒适区。这些纯朴的类比仿佛还在暗示人们，普通人也可以进行哲学思考，它不是专家的特权。苏格拉底称：在思考更为高深的事物时，也要用你习惯的方式，就好像在谈论非常常见的事情一般。

其次，苏格拉底所关心的正义或美德的话题可能看起来只是停留在文字层面，远不如我们从日常生活中了解到的有形事物更重要。苏格拉底担心这些思想对我们来说太过遥远。看看他对死亡的猜想：

《斐多篇》 **苏格拉底** | 如果灵魂在离开身体的时候已被玷污
81b 和污染，这是因为它长时间与肉体相伴，全心全意地照顾和爱护它，被肉体的欲望和欢愉所迷惑，以至于它只相信那些可以通过感官体验到的物质世界。如果灵魂已经习惯了厌恶、畏惧并逃避某些事物，即使它们无形无相、肉眼无法洞察，但可以通过哲学思考去进行理解，那么，你认为灵魂能够摆脱肉体原本的状态，保持纯洁与独立吗？

苏格拉底的答案是不会。他认为思想与我们所能看到和触摸到的东西一样重要，甚至更重要。他试图让其他人也这么认为，[4] 并希望人们能够关注自己的内心，比如心灵和灵魂，把精力和注意力集中起来，就像关注物质世界那样，关注他们所看到的任何东西。我们应该把苏格拉底看作反对偏见的人。和那些只存在于脑海中的东西相比，我们通常会更加重视感官所能感受到的东西。苏格拉底正是在与这种偏见做斗争，类比即对抗偏见的武器。

归纳论证的推理形式

我们已经看到，类比并不能证明其做出的比较，但因为其具有直观吸引力，所以可以令人信服。然后，如果两种事物在某些方面相似，那么也许它们在其他方面也很相似，说不定它们背后都有一个共同的原则在起作用。从这种角度来看，类比类似于一种归纳论证的推理形式，这是苏格拉底使用的另一种论证，我们在这里简要讨论一下。

归纳论证是通过某个具体示例，论证得出一般性结论。《普罗泰戈拉篇》中有这样的示例。苏格拉底首先发言：

《普罗泰戈拉篇》332c

苏格拉底｜存在美好的东西吗？

普罗泰戈拉｜存在。

苏格拉底｜与之相反的是丑陋吗？

普罗泰戈拉｜是的。

苏格拉底｜那么存在善的东西吗？

普罗泰戈拉｜存在。

苏格拉底｜与之相反的是邪恶？

普罗泰戈拉 | 就是这样。

苏格拉底 | 存在尖锐的声音吗？

普罗泰戈拉 | 存在。

苏格拉底 | 它是低沉的声音唯一的对立面吗？

普罗泰戈拉 | 是的，除了这个没有别的了。

苏格拉底 | 那么每个事物都只有一个对立面，没有其他了？

普罗泰戈拉 | 我同意。

人们通常认为归纳论证是归纳推理的另一种说法，即从具体示例到一般情况进行论证。然而，苏格拉底在使用这些一般的模式时，有时需要更多的解释。[5]他确实经常引用一些以某种方式探究的案例，然后暗示所有的案例都是这样的，正如刚才他所展示的内容一样。但他所举的示例和结论之间的关系往往并不清楚。他可能想表示：我们已经查看了所有相关证据，这是解释相关问题的方法，至少在理论上是这样；他的意思也可能是：我们已经看过一些证据。鉴于此，这种方法似乎很有可能；他的意思还有可能是：我们看到了一些示例。这里是它们都能阐明的一般论点（但没有得到证明），或者是它们都代表的普遍论点。《普罗泰戈拉篇》中的示例可以被视作从几个示例中推断出一种方法，或者是给出了一些看起来很直观的方法示例。究竟以上哪一种模式描述了对话中的论点，现在还存在争议。我们在这里不再赘述，读者只要知晓有这些可能性即可。

归纳论证和类比是苏格拉底论证的主要内容。它们存在相似性，因为它们都涉及在熟悉的细节和不熟悉的概念之间反复推演。在苏格拉底的道德推理中，很多行为都是以这种自下而上的方式发生的。一个特定的案例更像这个还是那个？我们从所知道的事情中能得到什么？苏格拉底致力于探寻简单论点之间的协调一致性，并进一步将其应用于更为复杂的论点。

第 10 章

THE SOCRATIC METHOD

在讨论中对事不对人

我们鼓励人们真实地提出自己的观点，尽管这可能会面临质疑和探究，但提出观点的人不应受到指责。相反，我们应该感激那些敢于说出令人震惊观点的人，因为他们愿意将自己的观点放在桌面上，让人们能够理性地讨论和审视。

苏格拉底确立了参与对话的策略。本章将深入探讨其中的一些方面：致力于探寻真相，而非试图击败对方；审视发言者，而不局限于其论点；评估论点的真实性，无论是谁提出的论点；直言不讳地表达个人见解；遵循“一个证人”原则；将对话的另一方视为自己展示内容的评判者；保持宽容；避免有意冒犯他人，也避免无端气恼。这些策略在第3章中并未作为苏格拉底方法的核心要素进行详述，原因在于部分策略可能被视为细枝末节，而一些策略并未如其他要素那般必须规律性地遵循。然而，这些策略同样具有重要意义。

不拘泥于方法

苏格拉底提出的一些方法只能被形容为充满争议的“方法”，因为他本人对这些方法的运用并不始终如一。他既创立了方法，也破坏了方法。他告诉他的同伴不要长篇大论，然而他自己却发表了长篇大论。[1] 他使用了一些蹩脚的论据，导致后人一直在争论他是否有意而为之。[2] 他似乎很认真，却不真诚。他为哲学带来了讽刺，然后又死于哲学。苏格拉底和柏拉图都喜欢趣味，都很狡猾，都有自我的一面，并不像苏格拉底最初看起来那样直接和清醒。帕斯卡（Pascal）评论道：

> 想到柏拉图和亚里士多德，跃入我们脑海中的只有他们身穿华丽学术长袍的样子。其实他们像其他人一样诚实，会和朋友一起欢笑。当他们专心写作《法律篇》与《政治学》时会将其当作一种娱乐。这是他们生活中最缺乏哲理、最不严肃的部分。他们生命中最具哲理的，反而是简朴而宁静的生活。[3]

尼采则说：

> 苏格拉底能够愉快地保持认真的态度，具有人类灵魂最美好的状态，拥有顽皮的智慧，这一点甚至胜过基督教的创始人。[4]

这种包容对立面的能力是苏格拉底精神的一部分。文学、哲学和其他力量都来自相互对立的矛盾之间的运动，而不是仅仅来自其中任何一种力量。苏格拉底式的哲学就是一个示例。它具有很高的风险，也很有趣，这就是它的吸引力所在。以下是爱默生的论点：

> 在一个丑陋的身体里，同时存在着小丑和殉道者，敏锐的市井辩手和当时历史上最可爱的圣人，这是罕见的巧合。所有这些在柏拉图的脑海中骤然闪现，这些奇怪的对比居然能被这具身体如此包容……而苏格拉底性格上的复杂性远远超越了柏拉图思想上的复杂性。[5]

虽然苏格拉底式对话的某些原则可能有时会被打破，但它们始终具有重要意义。这些原则蕴含着深邃的智慧，并且是基于深思熟虑的政策。理解这些原则背后的原因，将有助于我们更全面地思考问题。只需记住，苏格拉底方法有时也会倾向于轻视自己的原则。

以辩证法来探索真理

正如人们最初所理解的那样，苏格拉底方法是一种探索真理的方法，而不是一种辩论练习。苏格拉底有时会将其中的首要方法称为辩证法，这一方法与为了取胜或竞赛而进行的诡辩术是相对立的。[6]

《理想国》539bd

苏格拉底 | 你可能已经注意到，当年轻人初次尝试辩论时，往往出于娱乐和消遣的目的，他们会乐此不疲地与他人争辩和否定，模仿那些反驳他们的论点。他们像小狗一样，对靠近的人肆意撕扯和纠缠。然而随着年龄的增长，他们将逐渐摆脱这种轻率的举止。他们会以追求真理的辩证法学家为榜样，而不再追随以娱乐为目的的诡辩术。他们的性格将变得更为成熟稳重，不再追求虚荣。

如上文所示，“诡辩术”可以用来描述一个论点或提出论点的人，[7] 它更多的是一种蔑称。[8] 可是读者有时会感觉，“对话录”本身似乎就是一种诡辩术，因为苏格拉底会提出各种论据来驳倒对方的论点。

无论是苏格拉底还是柏拉图，他们两人都可能因为有这种倾向而受到批评，毕竟我们已经在文字中看到了这种倾向。克里斯蒂亚斯对苏格拉底提出了如下指控：

《查米迪斯篇》166c

苏格拉底 | 你刚刚否认自己只是在反驳我，但其实你就是在这样做，而不是推进论点。

《高尔吉亚篇》482e–483a

卡利克勒 | 苏格拉底，你假装真理是你的目标，但实际上你把讨论引向了某种伦理理想的讨论，它们很简单，足以引起大众的兴趣，而且完全依赖于习俗，而不是自然……你很聪明，但这并不公平。你的辩论技巧是如果一个人从习俗的角度出发，你就会用预先假定的自然论点反驳对方。如果对方在谈论自然，你却又去谈论习俗了。

也许正是因为这些批评的声音存在，苏格拉底才会对相应的观点比较敏感，柏拉图可能也在担忧他们是真的言之有理，并且苏格拉底也小心翼翼地声称，自己并没有把精力放在诡辩术上，他始终致力于追求真理，而非争胜。

苏格拉底的方法可以检验人性

苏格拉底方法的本质并非仅在于检验观点，更为重要的是在检验人性。它是一项极具个性化的探索。[9] 当苏格拉底在《申辩篇》中描述他的活动时，他的意图是“审视自己和他人”，而不是审视论点。[10] 虽然对话的主题是勇敢或虔诚，但大多数对话都没有采用“论勇敢”或“论虔诚”这样的标题，而是通常以人的名字命名，譬如拉齐斯、欧绪弗洛、查米迪斯等。我们不知道这些标题是不是柏拉图自己创造的，但无论如何这样

都很恰当。这些人物不仅仅是谈论哲学的客体，他们本来就是主体的一部分。

《拉齐斯篇》187e　**尼西亚斯**　|　任何一个接近苏格拉底并与之交谈的人都容易卷入争论中，无论开始什么话题，都会被他带得团团转，最后发现自己必须把现在和过去的生活都讲个明白。而一旦被缠住，苏格拉底就不会让他离开，直到彻彻底底将他审问一遍为止。

现代哲学家通常喜欢对抽象的问题进行争论，并试图为每个人解决这些问题。苏格拉底之所以与众不同，是因为他对普适性的问题，以及这些问题在他所审视的人身上如何发挥作用感兴趣。他的方法意味着把问题与人分离开来并不容易，甚至可能是不可取的。[11]

这一点有时可以用“治疗”来表述。[12]苏格拉底致力于寻找真理，致力于心灵与灵魂关怀。他把这些视为哲学实践中不可分割的部分。

《申辩篇》30a　**苏格拉底**　|　我什么也不做，只是无论你年轻或年老，我都想要催促你不仅要关心自己的身体或钱财，更要尽量多关心自己的心理，尽你自己所能让这一切更好一些。

“心理”是希腊语原始词的音译，有时被翻译为“灵魂”，穆勒将其译为“精神本性”。显然，苏格拉底指的是一个人的真实自我或智力，他没有对两者做进一步细分。[13]

——

一些学者把苏格拉底式的提问描述为“诉诸人身”。如今，这个词通常意为“人身攻击”，即通过攻击某种思想的持有者来攻击这种思想。正如我们稍后将看到的那样，这种含义在苏格拉底的论述中并不适用。值得注意的是，“诉诸人身”在苏格拉底的表述中有着不同的含义。首先，苏格拉底的提问方式不仅仅是对论点本身进行质疑，还涉及对论点持有者的审视。他通常会发现论点持有者自身存在不一致性，但这并不能直接证明论点本身的错误，而是揭示了持有者在理解或表述上有问题。其次，苏格拉底擅长通过利用对手自身的论据进行辩论。他并不是简单地否定这些论据的有效性，而是基于对手的立场进行推理。[14] 在实际的对话中，苏格拉底往往会提供一些额外的论点来推动对话的进程，但这些都是经过对手同意的。因此，这种提问方式仍然符合诉诸人身的精神。需要明确的是，这种推理方式并不是通往真理的直接路径，它更多的是揭示了对方在理解或表述上的混乱之处。然而苏格拉底既是一位哲学家又是一位思想研究者，这两项任务是密不可分的。

苏格拉底方法关于个性的探索也可以解释道德哲学为何进展缓慢，几千年前困扰先人的一些问题现在也同样困扰着我们。如果我们以苏格拉底的方式看待哲学，这并不令人意外。每个尝试苏格拉底式哲学的人都必须从头开始，从自身做起。

理性优先

除上述情况之外，在其他重要方面，苏格拉底都将提问视为一件客观的事情。他并未以如今人们最为熟知的“人身攻击”式的方式争论，从不攻击与他对话的个人。严格来说，苏格拉底并未与对话者争论，他只是促使他们与自己争论。然而，他确实挑战了对方的观点，有时甚至会坚持不懈地这样做，使对方感到不适，也可能让读者感到不耐烦。但他始终彬彬有礼，从不使用严厉的词语来形容论点或提出论点的人。不过，在《大希庇亚斯篇》中出现了一个例外，他似乎对自己使用了严厉的字眼。

苏格拉底方法理性、客观的特性深入人心，远超过人们对其是否具有侮辱性的担忧。就苏格拉底而言，一个论证的价值与提出者的身份无关。这就是为什么苏格拉底愿意和任何人讲话，听任何人讲话。他随时准备反驳强者的言论，只要理由是合理的，他愿意接受任何来源的反驳。

《申辩篇》33b　欢迎富人和穷人都向我提问，如果他们愿意，也可以回答我的问题，听听我要说什么。

《高尔吉亚篇》470c
波鲁斯 | 苏格拉底，我很难反驳你，但也许有些孩子会反驳这个说法？
苏格拉底 | 那么我将非常感激这孩子，如果你能反驳我，把我从我的愚蠢中解救出来，我也同样感激你。

《查米迪斯篇》166e　然后我说，高兴点儿，亲爱的先生，回答我的问题，并发表你的论点，不去管克里蒂亚斯或苏格拉底是否会被驳倒。只注意辩论，看看反驳会带来什么结果。

这一原则有两方面的含义。首先，当考虑论证时，苏格拉底不会向任何人妥协。他认为最杰出的人士也可以成为质疑的对象，包括将军和贵族。《申辩篇》讲述了他想找到那些因为智慧而受到尊敬的人，[15]然而最终他一个也没有找到。其次，苏格拉底认为任何人都有资格反驳他。穷人并不会因为其卑微的地位或缺乏教育而被剥夺资格。富人也不会因为其职位而被排除在外。有时，对话中地位较高的同伴会提出符合他们利益的论点，但苏格拉底从不就此提出异议。他不在乎。一个符合他们利益的论点也可能是成立的。论点成立与否，取决于支持论点的推理和证据的质量。

这一方法也存在合理的例外。例如，在《理想国》中，苏格拉底和格劳孔曾探讨哪种幸福是最伟大的。是来自物质利益的幸福伟大，还是来自荣誉或智慧的幸福更伟大？二人觉得这个问题最好由那些经历过这三种幸福并能加以比较的人来回答。他们认为有智慧的人最有可能获得此机会。因此，格劳孔得出了这样一个结论：在这方面，“当智者认可自己的生活时，他的言论才是权威的”。[16]这是有道理的，因为摆在桌面上的问题不是一个理性的问题。他们问的是哪种幸福最强烈，这是一个观察方面的问题。那些做过观察的人比那些没有做过的人知道得更多，他们能更好地看到证据。

对于采用苏格拉底方法的人来说，无论是在正式场合还是在日常生活中，这些观点均可转化为实用的指导原则。该方法的核心关注点在于提出论点者的内在一致性。换言之，苏格拉底关注的是他们的观点是否保持一致，而提出观点者的身份与其心理分析无关。

也就是说，在苏格拉底式的言辞中永远不会出现如下抗议：“你是谁，有何资格发表观点？”在所有事情上，任何人的观点都应予以倾听。如果辩论依赖于对证据的主张，那么没有掌握证据的人应该对了解证据的人予以尊重。但基于此理由或其他理由提出的遵从要求，同样需要具备合理的解释。因此，苏格拉底方法在各个方面都遵循理性优先。

坦率直言

苏格拉底式对话的另一种方法是：表达自己的想法，而不是讲别人想听的话。”[17] 他声称这正是他自己的做法。

《申辩篇》38de

苏格拉底 | 我拒绝用你最喜欢的方式来称呼你。你希望听到我的哭泣和哀号，或听到我做出或说出各种令我不屑的事情，但你只能从别人口中听到这些。我并不认为自己身陷险境就应该卑躬屈膝，直到现在，我也没有因为当时为自己辩护的方式而后悔。我宁愿因为这种辩护而死，也不愿因为另一种辩护方式而活。

这也是他对同伴的要求：

《高尔吉亚篇》495a

苏格拉底 | 你能不能告诉我，在你看来幸福和善是一样的吗，还是说有一种幸福不是善的？

卡利克勒 | 我不能说它们既是不同的又具有一致性，所以我会说它们是一样的。

苏格拉底 | 如果是这样的话，你就违背了最初的诺言，卡利克勒。如果你说的话和你的真实想法相矛盾，那你就不能成为我寻找真相的同伴了。

——

《普罗泰戈拉篇》331bc

普罗泰戈拉 | 我不认为正义和神圣是如此简单且显而易见地相同。在我看来，它们之间似乎存在差异。但如果你愿意，我们可以将它们视为同一概念。

苏格拉底 | 我对“如果你愿意”并无需求。我不想探讨或反驳一个“如果你愿意”或“如果你认为如此”的观点，而是关注你我所持有的真实看法，抛开这些假设性的前提。

我们为什么需要给苏格拉底对话设立规则？这是因为坚持让参与者表达出自己的想法，对话的焦点就能聚集在追求真理上。[18] 非真实想法的表达会阻碍人们对自己心理健康的关注，就像病人是对医生或治疗师撒谎。这意味着参与者无法受到治疗，因为对话无法对他造成影响。如果没有影响到任何人，那么这场对话就是浪费时间。

从老师的角度来看，这一点显而易见。如果你想让学生在课堂上有所改变，最好让他们表达自己的真实论点。如果学生只说老师想听的话，他们的学习效果将大打折扣。

当然，接受提问的人也常常会说假话，因为他们想要取悦提问者或给提问者留下深刻印象，或在提问者那里留下一个有礼貌的印象，避免冒犯或尴尬。在面对各种压力时，人们往往容易口是心非，行为与言论相违背。尤其是当面对诱导性提问，被要求做出是或否的回答时，很多人往往下意识就会回答“是”。但苏格拉底式的提问者并不满足于表面的肯定，他们希望对方深思熟虑后再说“是”。苏格拉底不会强迫对方表示赞同，而是鼓励对方审慎思考，避免轻易附和。

——

《克里托篇》49de

苏格拉底 | 现在你要小心，克里托，在表达这些单独的论点时，不要最终承认一些与你的真实论点相反的事情……我希望你也能非常仔细地考虑一下自己是否赞同我的论点，我们是否可以从既定的假设出发进行讨论。譬如，我始终坚持着这条原则：绝不能以错误的方式来回应错误，无论是报复性的反击还是无理的辩护。对于这一观点，你是否持有相同的看法，或者你有其他见解都可以明确地表达出来，和我多说一些。

为了在社会上取得道德进步，坦率是非常重要的。卡利克勒解释了他的论点，即最好的生活莫过于最能满足欲望的生活。苏格拉底很欣赏他对这一点的诠释。

《高尔吉亚篇》493d

苏格拉底 | 卡利克勒，感谢你慷慨而坦率地阐述你的立场。你对他人的所思所想有着十分清楚的见解，但不愿意大声说出来。我恳求你，尽你所能保持这样的觉察，并试着将你观察到的东西表达出来吧。

在我们的日常生活中，这种情况是普遍存在的。人们常常讨论各种观点，但同时也会有一些内心深处的观点不愿表达出来。只有当双方都能够坦诚地提出这两种观点时，我们的对话才能得到深度的交流与理解。因此，倡导真实表达是苏格拉底提问法的一个重要目标。以苏格拉底的方式，我们鼓励人们真实地提出自己的观点，尽管这样做可能会面临质疑和探究，但提出观点的人不应受到指责。相反，我们应该感激那些敢于表达的人，即使他们的观点可能让人惊掉下巴，愿意将自己的观点放在桌面上的人，

——

可以帮助人们能够理性地讨论和审视问题。这种行为不仅需要个人的勇气，也是为了整个社会的利益。也许其他人也持有着相似的观点，只是还没有表达出来。那些未说出的观点也许比已经说出的观点更接近真理。

与其他大多数原则一样，苏格拉底方法中的坦率原则也不是绝对的。[19]有时，苏格拉底会适时放宽该原则，以便在他的同伴放弃它后对话还能继续下去。[20]同样，提问者也不需要绝对遵循坦率原则。正如上述《申辩篇》中所示，苏格拉底本人的诚意有时也会受到质疑。[21]这是不可避免的。若要成为一名真正有价值的苏格拉底式的提问者，你必须学会在认同某些论点的同时，对其提出合理的质疑。尤其在你自己持相同看法的时候，更要警惕不要仅凭个人喜好就轻易确认观点的正确性。如同“魔鬼代言人”①一样，苏格拉底式的提问者在面对一种流行论点时，往往也会采取一种批判和质疑立场，对其进行分析和质疑。

坦率原则需要强有力的自我监督，而这种监督可能会失败。你可以很容易地在苏格拉底式的问答中作弊而不被抓住。甚至当你审视自己的论点时，此类情况也会发生。你可能会觉得在自言自语时还要注意坦率原则有些没必要，毕竟人在面对自己时没有理由不坦率，但事实却不一定如此。人们常误以为自己深信着那些实际上不信，却希望自己相信的东西，而且在审视自己时，人们身边往往没有他人在场指出其中的荒谬。大家总是下意识地努力保持住自己良好的公共形象，人们的自我保护意识也同样强烈。所以在面对自我时，坦率是最有必要的，难度也是最大的。苏格拉底为此深感担忧：

① “魔鬼代言人”最初是指在天主教会评选圣人的过程中，专门提出反对意见的神父。这个角色负责调查和举证候选人的缺点和问题，目的是产生质疑的力量，让决策得到优化。——编者注

———

《克拉底鲁篇》428d

苏格拉底 | 没有什么比自欺欺人更糟糕的了，因为欺骗者总是与你同在。

他还指出，我们有时会非常努力地说服自己去相信那些可能不真实的事情：

《斐多篇》91a

苏格拉底 | 此时此刻，我意识到自己根本没有一个哲学家的样子，更像是一个偏执者。在参与辩论时，偏执者只急于让听众相信他自己的论点，而不关注问题的对与错。目前我与偏执者之间的区别仅仅在于他们试图让听众相信他所说的是真的，而我却在努力说服自己。说服听众对我来说是次要的。

遵循一个证人原则

苏格拉底方法的另一个原则是证人的数量无关紧要。让多数人，甚至是全世界都赞成一种论点其实并不重要，重要的是对话参与者的主观意见。对话中，只要有一个人见证真理就已足够：

《高尔吉亚篇》472bc

苏格拉底 | 关于我们一直在探讨的问题，如果我没有得到你的见证，就无法确认自己取得了任何实质性的进展。同样地，你如果没有我的见证，可能也难以确认自己在对话中取得的成果。尽管你可能会觉得只有我一个见证人太少，但请相信，只要我能见证你的成就，其他人是否在场都无所谓了。

——

《高尔吉亚篇》473e–474a

波鲁斯 | 苏格拉底，难道你不认为你说的这些古怪的话已经足够我反驳你了吗？你为什么不问问这里的人，看他们是否赞同你的论点？

苏格拉底 | 我不是政客，波鲁斯……我的专业知识有限，只要一个证人，即和我一起讨论的那个人来支持我的论点就够了。我不在意证人的数量是否众多，我只懂得争取一个人的赞同，甚至无法对一大群人讲话。

一个证人原则有如下几个目的。首先，如果你担心自己的观点不为世人所接受，那么自然无法说出真实的想法。这时，一个证人原则就可以帮你将社会压力排除在对话之外。其次，苏格拉底式对话应当仅依赖对话各方的推论，而非其他外部的权威。[22] 同时这也提醒我们，对话中的合理推理与普适的推理完全不同。

《高尔吉亚篇》471e–472a

苏格拉底 | 你想用那种法庭上承认有效的修辞反驳技巧。人们往往会认为，如果他们提供了大量的知名证人来支持自己提出的观点，而他们的对手却只提供了一个证人，或者根本没有证人，那么他们就能证明对方是错的。然而，这种反驳在真理面前完全没有价值。因为在法庭上，一个人完全有可能被一大群只是表面上值得尊敬的证人所击败，而这些证人却都做了对他不利的假证。

因此，用“每个人都知道……”或“没有人认为……”来证明一个论点是不可能的。

——

最后，苏格拉底式的问答方式着重于个人的思考与自我发现。证人原则是这种方法的关键环节之一。成功唤醒真相的某些要素或促使他人觉醒是一项值得称道的成就。然而，觉醒的真正标准在于被唤醒的一方是否意识到。这使得我们能够准确地衡量苏格拉底式问答的成功与否。在此过程中，我们无须过分关注对话外他人的观点。重点在于我们的同伴是否接受和认同。

《理想国》348ab

苏格拉底 | 如果我们起草一份备选列表来反驳对方的论点，可以列举道德的所有优点。然后对方可能会提出反驳，我们需要针对这些回应进行再次回应。在这个过程中，我们需要对各自的论点进行深入的权衡和比较，甚至可能需要借助外部的判断标准，比如一个公正的第三方陪审团。另外，如果我们选择通过调查来争取对方的认同，那么我们实际上就是在扮演自己的陪审员和原告的角色。

这些论点中的大部分都是在没有同伴的情况下运用了苏格拉底哲学思想。那些秉持苏格拉底哲学思想的人总是勇于与主流论点对话，无所畏惧地反击，不屈从于其他人已表达或即将表达的论点。下面这段话，无论你是自言自语，还是和别人交谈都是适用的：

《高尔吉亚篇》472ab

苏格拉底 | 如果你想传唤证人来证明我所说的是错的，也许整个雅典都会支持你的立场，但仍然会有反对的声音，尽管只有一个，那就是我的声音。你没有提出任何令人信服的理由让我同意你的论点。你所做的一切都是在召集一群假证人来对付我，为了支持你剥夺我遗产继承权的企图，这便是真相。

——

民众是不可信的。在当今时代，这一点尤其重要，因为网上任何人都可以根据需求召集“一群假证人”。不过请注意，尽管苏格拉底认为在对话中有一个证人就足够了，但当集体舆论以法律的形式出现，而人们必须决定该怎么做时，对集体舆论的处理问题就变得更加复杂了（苏格拉底在《克里托篇》中讨论了这个问题）。

仁慈对待同伴

苏格拉底通常对他的同伴十分仁慈。他会帮助同伴以最合理的角度理解他们自己的想法。例如，高尔吉亚认为修辞学就是巧妙地利用言辞，而不是言辞之外的任何东西来产生效果。苏格拉底想要质疑高尔吉亚对修辞学的理解，但他首先是要帮助高尔吉亚理清思路。苏格拉底指出，在算术和几何等涉及面很广的领域里，人们也用语言来传达思想和完成各项工作。高尔吉亚表示同意。对话继续进行：

《高尔吉亚篇》450e–451a

苏格拉底 | 但我敢肯定，你不会真的想把修辞学和上述问题中的任何一个混淆起来。可如果你把修辞学定义为一种依靠言辞来取得结果的专业领域，若有人想要挑起争论，他也许会揪住这一点说：“你把修辞学和数学等同起来了，是吗，高尔吉亚？”但我敢肯定你并没有把修辞学和数学或几何等同起来。

高尔吉亚 | 你说得对，苏格拉底，你是理解我的。

在对话中，这是一个很好的惯例：尽力理解同伴的意图，无论是实际存在的还是设想中的。当对方的意图不是很明晰时，要假设对方是智慧的，且怀有良好的初衷，这将使他们的观点更具合理性，而非愈发模糊。[23]

苏格拉底在《泰阿泰德篇》中也遵循了同样的做法，但更具活力。在文中，他打算挑战普罗泰戈拉的论点。普罗泰戈拉那时已经去世，所以苏格拉底需要先描述普罗泰戈拉的思想，再将其推翻。他首先将普罗泰戈拉的论点归结为"人是万物的量尺"。这种说法可能有多种含义，有些是合理的，有些却似是而非。

苏格拉底这样评价普罗泰戈拉："他是一位智者，不会发表无稽之谈，所以让我们跟随他的脚步。"[24]然后，他进一步提供了普罗泰戈拉论点的实例，以增强其说服力。然而，他也深入探讨了普罗泰戈拉论点的弱点。接着，他尝试想象如果普罗泰戈拉在场，自己又会如何有力地回应。最后，他重新审视了问题的核心。读过这段对话或其他对话的读者，往往会被苏格拉底的卓越智慧所吸引，他既能够坚定地维护自己的立场，又能够灵活地反驳自己的立场。这充分体现了苏格拉底式提问艺术的魅力：一个人具有对自身观点提出强烈反对意见的倾向和能力，这实际上已经让他超越了自己的对手。

现在，这些做法统一被概括为仁慈原则：用尽可能合理的方式解释对方的言辞，从最佳的角度看待别人的论点。很多作者都提及过这一原则，不过就像大多数重要的哲思一样，这一原则的源头可以追溯到苏格拉底时期。苏格拉底往往会以最强烈和最有吸引力的方式来质疑某个观点，这甚至意味着他必须帮助他的对手。简言之，苏格拉底总是直面与自己立场相对的难题，并努力在对话中研判同伴观点的意义，而非仅仅将目光聚集在自己的观点上。

——

避免冒犯与被冒犯

苏格拉底方法的实践者要避免冒犯他人，也要避免被他人冒犯。然而，如果你试图在对话中找到真相，受到冒犯的风险往往很大。在面对关键性问题之时，双方对于自身观点都持有坚定的信念，而这种信念往往过于敏感，一旦遭受对方质疑，即便争论过程保持理性，双方仍不免产生分歧，甚至可能引发人身攻击，激起愤怒情绪，进而导致讨论主题偏离初衷，对话氛围逐渐恶化。

苏格拉底探讨过这个问题。他提醒高尔吉亚注意，当两个人在争论时：

> 当一个人指责对方犯错或者表达含糊时，对方往往会感到极度愤怒，认为自己的观点被恶意曲解。他们不再专注于原本要讨论的问题，而是试图在争论中胜出。有时，争执会以一种令人震惊的方式结束，双方可能会互相谩骂，说出一些令人愤怒的话，因为他们原本以为对方值得尊重和倾听。

几千年过去了，人们在面对争论时还是会被轻易惹怒，失去理智。苏格拉底表达了他内心的忧虑。他在反驳高尔吉亚的观点时，意图明确地强调了这并非个人恩怨。倘若高尔吉亚感到被冒犯，双方应暂停争论，待问题解决后再继续探讨。在其他场合，苏格拉底亦采取过类似的做法：

> 对于你朋友的观点，我选择保持沉默，以免和你产生不必要的冲突。但我认为，这些观点可以作为一个警示，提醒人们应当避免何种行为。

——

这展现出了苏格拉底思考后的判断。如果你想在对话中有所收获，应该避免触及个人敏感话题，利用具有代表性的例子来说明观点，但也不要太一针见血。

你的表达方式应尽可能不让你的同伴产生抵触情绪。简单来说，对话者应当展现出良好的礼仪。用一种不冒犯别人的方式指出对方观点的破绽是一门艺术。这意味着你要谨慎地选择词语和例子，并表达对对方的尊重。如果对话的气氛紧张起来了，你就应当指出这一点，并对自己的观点做出澄清，确保对方理解自己的意图。苏格拉底正是这样做的。

因此，苏格拉底尽量不冒犯他人。但是，这个问题的两面性在于如果你想要理性地谈话，那么被他人冒犯和冒犯他人都是不可避免的问题。因此，苏格拉底也明确表示他不会因为受到反驳而生气。他声称："我很高兴我的错误论点被证明是错误的。"[25] 的确，苏格拉底将反驳视为一种善意：

《高尔吉亚篇》458a　**苏格拉底** | 相比于我证明别人错了，别人证明我错了更能让我感到幸福，在我看来，我已经获得了最为珍贵的东西：相比于被拯救之前的状态，现在的我无疑要好得多。因此，我认为这比拯救别人更为重要。

他后来对卡利克勒也说了同样的话：

《高尔吉亚篇》506bc　**苏格拉底** | 如果你真的证明我错了，我也不会像你对我那样生你的气。我会让大家知道你是我最大的恩人。

——

在后来的一段对话中，苏格拉底没有出现，柏拉图让他的另一位主人公用通俗易懂的语言陈述了同样的论点。

《法律篇》 634c **雅典陌生人** | 如果有可能，在探索真理和善的过程中，如果我们中的一个人不得不谴责其他人的准则，大家千万不要对他生气，而是要善待他。

这种态度对苏格拉底式问答的成功至关重要。实际上，这个问题并非仅在他人或自身遭受冒犯时才会出现。

冒犯的风险在对话展开之前就已存在，因为它可能导致人们言不由衷。当人们担忧对方可能会感到被冒犯时，便不敢坦诚地表达自己的真实观点，进而使探寻真相的过程受阻。此时，众人纷纷伪装同意，但心中却存有不同的意见。这一现象如今依然常见，与苏格拉底所处的时代并无二致。

克服这种担忧是践行苏格拉底方法的重要一环。这需要参与者具备勇气，彼此承诺在论点发展过程中始终保持冷静，不以争议为个人攻击的导火索。

这里的部分讨论似乎与读者对苏格拉底的印象相反。但事实上，苏格拉底方法取决于具体情况。

我们知道苏格拉底常会对浮夸或好斗的谈话对象冷嘲热讽，甚至对自己也很苛刻，但他的许多对话都是以友好的态度与朋友进行的。他公开区分了两者：

——

《美诺篇》75cd

美诺 | 如果有人说他不知道颜色是什么，他对颜色的理解就像对形状一样感到困惑，你认为应该怎么回答他？

苏格拉底 | 我会告诉他真相。如果提问的是那种聪明、好辩、总想赢得争论的人，我会说："你已经听到我要说的话了。如果我错了，那就由你来挑战我，让我解释清楚。"而如果提问的人愿意加入一段友好的对话，就像你我之间这样，那么我会愿意给他一个不那么咄咄逼人的回答，并采用一种更温和的方式与他沟通。

这种方法能够协助自我反思。苏格拉底方法在对话和自我反思中都像一个稳定的陀螺，帮助人们保持方向，并在必要时获得完善与补充。当他的对话者失去信心时，苏格拉底会给予他们鼓励；当对话者过于自负时，他会给予他们提醒。苏格拉底也可以在自己的思维中发挥同样的功能。在某些关键时刻，他的角色类似于莎士比亚笔下的愚者或宫廷小丑，具有一定的讽刺意味。当自我估计过高时，他的任务是挑战；当自我因自大和傲慢需要被嘲讽时，他的任务是嘲笑；当自我被激怒时，他则会表现出惊讶和懊恼。

第 11 章

THE SOCRATIC METHOD

在不确定性中探寻智慧

如果我们将苏格拉底方法视为一种内化的思维特征，那么其首要和不变的任务就是：根除对知识的错误观念。否则，这些观念就会像杂草一样，阻碍更好事物的生长。苏格拉底认为实际存在的智慧和感觉自己拥有智慧的程度成反比，你越认为自己全知全能，实际上却越无知无能。

——

苏格拉底式对话探讨了很多不同的具体主题，不过它的核心始终是知识与无知之间的关系。无论苏格拉底做了些什么，他的主要目的通常都是证明一个貌似专家的人并不具备这个人自认为拥有的知识。这个过程会让我们意识到自己也是如此。苏格拉底展示了直达真理彼岸是多么困难，幸运的是，这唤起了我们的渴望，让我们更愿接近真理，同时也更谦卑。对苏格拉底来说，无知也可以视为一种态度和战术，作为一种接近提问的方式、一种启发他人论点的方法，以及一种对反驳的开放态度。本章主要探讨无知在苏格拉底方法中所扮演的各种角色。

让我们先大体了解一下苏格拉底式的无知。哲学可以在任何地方开始，在任何地方结束。苏格拉底哲学起始于“我不知”，也收结于“我不知”，然而这两种“无知”之间存在一种进步和提升。这种进步并不是从问题到答案的转变，而是从问题到另一个问题的转变。这也是一种方向性的改变。你开始习惯在不确定性中继续探寻，而不是在一系列确定的事情中前行。就好比床垫下面有个硬物，你辗转反侧，想方设法处理它，最后发现这件事永远不可能真正结束，但其实这个事实也无关紧要。这个硬物就是无知。在苏格拉底哲学中，无知意味着很多东西，比如一个令人震惊

——

的发现、一种慢性疾病、一种动机、一个敌人，这些也许是不可避免的。

苏格拉底式提问始于对自己无知的认识，也就是意识到你离自己想要的智慧还有多远，意识到你对最紧迫问题的确切答案还有多远。这一点在《申辩篇》（或“辩护”）中得到了确立，在这篇苏格拉底受审时的演讲中，他讲述了自己最初的努力。一位参观德尔斐神庙的游客在拜读神谕后，觉察到阿波罗神首席女祭司皮媞亚对他言道：没有人比苏格拉底更聪明了。苏格拉底描述了自己听到这个传言时的反应：

《申辩篇》
21bd

> 听到传言后，我问自己，上帝是什么意思？我该如何解开他的谜题？我并不觉得自己在任何大小事情上都是有智慧的……我想，要是我能找到一个比我自己聪明的人就好了，那么我就可以去找上帝反驳……因此，我就去找了一个有名望的人，并观察他。他的名字我不必提及。他是被我选中并进行考察的一位政治家，结果如下：当我开始与他交谈时，尽管许多人都认为他很明智，他也自认十分明智，但我却觉察出他并不是真正的明智。于是我试着向他解释，说他自以为明智，但实际上并非如此。结果他对我心生恨意，在场有几个人听到了我们的对话，也对我充满敌意，于是我离开了他。离开时我对自己说：好吧，虽然我认为我们两个都不知道什么是真正的美好和善，但我比他过得更好。因为他一无所知，而且他自以为有所知。我也一无所知，但能认识到自己的无知。

——

随后，苏格拉底继续追问别人，也得到了相同的结果。原来苏格拉底独特的智慧在于他始终能认识到自己的无知。这是对话中反复出现的主题。[1]

《美诺篇》71b　**苏格拉底**　|　在这方面，我和我的同胞们同样匮乏，我惭愧地承认，我对美德一无所知。

苏格拉底深信，每当虚假的智慧出现时，他都有责任将其识破，这是他义不容辞的使命。

《申辩篇》23b　我听从上帝的旨意走遍世界，研究并探讨任何人的智慧，无论是公民还是陌生人，即便他看上去很有智慧。他若无智慧，我就以神谕为明证，指出他的不足。

如果我们将苏格拉底方法视为一种内化的思维特征，那么其首要且不变的任务就是：根除对知识的错误观念。否则，这些观念就会像杂草一样，阻碍事物更好地生长。苏格拉底认为实际存在的智慧和自认为拥有的智慧在程度上成反比，你越认为自己全知全能，实际上就越无知无能。

对话中的讽刺意味

学者们花了很多时间思考苏格拉底提出的无知论点。这些论点很难被接受，原因有二：首先，它们有时听起来很有讽刺意味。在苏格拉底和他的同伴之间，以及他和读者之间经常涌动着一种戏谑、嘲弄的暗流，他的

——

讽刺之意若有似无，来龙去脉不易分辨。[2]上文所展示的《申辩篇》就可以作为示例。最具讽刺意味的是苏格拉底与自恃知识渊博的欧绪弗洛之间的对话。在问欧绪弗洛问题之前，苏格拉底先是对他极尽溢美之词，哪怕他答不出来问题，也一味地奉承他。当欧绪弗洛声称自己知道虔诚和不虔诚之间的区别时，苏格拉底说："我真是三生有幸能做您的学生。"[3]他们聊了一会儿后，苏格拉底推翻了欧绪弗洛的论点，并继续说：

《欧绪弗洛篇》15e–16a

苏格拉底 | 我敢肯定，你一定很清楚什么是虔诚的，什么不是。所以无与伦比的欧绪弗洛，请你对我讲讲吧，千万别对我隐瞒你对这些问题的绝妙判断。

欧绪弗洛 | 不如还是下次吧，苏格拉底，我赶时间，必须得走了。

苏格拉底 | 为什么要走啊，我的朋友？难道你想让我觉得你并不知道什么是虔诚的，什么是不虔诚的吗？你这样可太让我失望了。

具有讽刺意味的是，苏格拉底还向希庇亚斯请教关于美丽或者美好的问题。苏格拉底说他自己没办法明智地讨论这个问题，并对希庇亚斯说："你当然清楚这部分概念啦，这只是你所掌握的九牛一毛罢了。"[4]他们花了很长时间探讨这个问题，最后希庇亚斯怫然而怒。苏格拉底显得非常伤心。

《大希庇亚斯篇》304bc

苏格拉底 | 希庇亚斯，我的朋友，你很幸运，因为你已经知道一个人应该做什么，而且正如你所说，你也做得很成功。但很显然，我没有这样的好运气。

——

这种时候大概没人会喜欢苏格拉底吧。也许除了希庇亚斯，没有人会认为他的赞美是真诚的。针对他的这种语言风格，最易于接纳的途径就是假设这不是真正的苏格拉底说话的方式，或者如果真是这样，他或许就是因此不受欢迎。所以，柏拉图也无须建议其他人按照这样的方式说话。不过我们最好记住，那些受到苏格拉底式讽刺的人物都是自命不凡、空话连篇的人，苏格拉底对其他人则友善很多。我们可以把他对待他人的方式看作一种蔑视，我们也应该这样蔑视自己的傲慢，就像在第 4 章中提到的那样。

不过很明显，苏格拉底表达的意思并不总是字面意义。有些人认为，他声称自己无知的说法更像是一种教育技巧。[5]“苏格拉底式的讽刺”一词通常用来表示“假装无知，以促使别人发表意见”的做法。事实上，苏格拉底有时会为了讨论而夸大自己的无知。不过大部分时候，他说自己缺乏某方面的知识时还是比较认真严肃的。[6]苏格拉底的话语之所以显得讽刺，似乎是因为他刚宣称自己无知，转眼又表明其他人更无知，这显得他自己也不是那么无知了。不过，他也曾公开表明，他虽然嘲笑那些自负知识渊博的人，但这并不意味着自己知道的比那些人更多。

《申辩篇》23ab

苏格拉底 | 我被称为智者，因为我的听众总是想象我有别人所渴求的智慧。但是雅典人啊，我想告诉你们，唯有上帝是有智慧的。他通过自己的回答表明人类的智慧微不足道，甚至是一文不值的。他所指的不是我，而只是在借用我的名字来告诉你们，他才是最有智慧的。其他人，比如苏格拉底，都知道自己掌握的那点儿知识实际上毫无价值。

——

苏格拉底确实对自己的智慧评价很低。不过，他对那些自视甚高的人评价更低。

这就是我们能从苏格拉底的话语中感觉到讽刺意味的一个原因，也就是说，他总是声称自己一无所知，但接着又会表明他脑子里尽是同伴从未有过的思想和见解。然而，脑子里尽是想法并不等于有问题的答案。如果苏格拉底真的拥有他声称自己未知的答案，我们多期望他能快些大声告诉他那自负的同伴，好让我们也知道答案，但他并没有这样做。至少在我们关注的这些对话中，苏格拉底从未解决过他列出的主要问题。如果可以解决，他早就这样做了。

让我们想象一下，国际象棋大师在面对一个复杂的棋局时，遇到了一个自认为有解决方案的人。大师谦虚地表示愿意听取对方的建议，但对方提出的方案显然不够成熟。此时大师耐心地解释了方案的不足之处，展现出了他卓越的智慧和深厚的功底。大师是在讽刺对方吗？可能有一点儿吧，因为大师明明知道对方无法给出他想要的答案，可他还是说自己不会，并希望得到对方的指导。其实，大师自己对问题的理解以及其解决方案的多样性早就超过了一般人的水平。他深入思考，试图预见未来的棋局变化，甚至已经预测了接下来的 12 步棋。这可能就是苏格拉底的想法。当苏格拉底与同伴交流时，他表现出希望同伴理解自己无法理解的东西，其实是在好整以暇地观察对方。不过，苏格拉底坦承自己并不知晓答案，在这一点上他是真诚的。

因此，当苏格拉底表示他对自己想知道的事情一无所知时，假设他是真诚的，那他是什么意思呢？

——

苏格拉底眼中的知识

我曾表示，学者们对苏格拉底宣称自己无知感到困惑有两个原因。第一个原因是刚刚讨论过的讽刺。第二个原因可能是，他在发表论点时会区分自己了解的小事与不知道的大事，而他认为自己对大事是真的无知。

《尤西德姆斯篇》293b　　我知道很多事情，但它们都不是什么重要的事。

但他也时不时地提出一些论点，表明他还是了解一些大事的。

《申辩篇》29b　　我只知道对比自己更优秀的人不仁不义，拿三搬四，无论是上帝还是人类，都是邪恶的、可耻的。

《美诺篇》98b　　我当然不认为知识和真理之间的区别只差一个貌似合理的推论。我知道的不多，但关于这一点我敢肯定。

人们一直在努力总结苏格拉底宣称自己拥有知识的言论（弗拉斯托斯发现了 9 处），并与他在别处否认自己拥有知识的言论进行比较。[7] 为何苏格拉底偶尔会称自己拥有知识？学术界对此仍存在争论。也许在某些知识被驳倒之前，苏格拉底认为它是真的，或者认为自己完全了解它。[8] 也许那些话只是他的口误。也许他的意思是，那些知识是他自己的经历，而不是任何普遍真理。或者他缺乏系统的道德知识，只有零碎的知识。[9] 或者，当他谈到“知道”一些事，但又对另一些事“一无所知”时，他所指

的“知识”范畴不同……[10]

最后一种猜测似乎最合理。我们在第 6 章中关于反诘法的部分讨论过，苏格拉底对自己的论点很有信心。他所说的“知识”指的是迄今为止在推理中被认为是真实的、尚未被反驳的东西，或他拥有的知识是我们所有人都自认为了解的那种[11]，对此我们信心满满，并据此行事。但他没有掌握那种能让他人敬仰的知识，也并没有找到拥有那种知识的人。不管是以上哪种情况，他掌握的知识都远非探究真理的尽头。

这些诠释都有助于理解一个问题。苏格拉底认为美德是一种知识（见第 14 章），但他却否认自己拥有任何重要知识。那么，这意味着他缺乏美德吗？如果他刚刚讨论的“知识”是几种概念的混合，就不是这个意思。他并没有拥有或找到那种终极的、已完成探究的确定性知识，但他拥有大量经过多次检验、尚未失效的暂时性知识，这也使他具备一定程度的美德。在这种观点下，“知识”成了一个程度上的问题。苏格拉底在不断取得进步，也许不多，但也比大多数人都要多。

双重无知的后果

当我们暂时承认苏格拉底是在真诚地表达自己的无知时，便可以进一步思考，为什么无知在对话中得到如此的重视？它能有什么用处？

首先，苏格拉底将无意识的无知视为巨大邪恶的根源。无知一般会使我们在错误的道路上前行。人们之所以会犯下恶行、走向困境，根源在于他们并未真正理解自己的所作所为及其原因，也并未深入思考这些问题。

——

但是，苏格拉底对双重无知，即那些不知道自己无知的人更加担忧，也更加蔑视。每个人都可能偶尔陷入这种境地。这些人的自信犹如筑在沙土上一般脆弱易倒，他们的论点经不起诘问，同时他们也不接受诘问。身在这种位置的人处境很糟糕，对其他人来说也非常危险，就像那些自以为清醒的醉酒司机一样。

我们在《申辩篇》中见到过这种论点。苏格拉底称，知道自己一无所知至少比不知道自己无知要好。这一论点在下面的对话，包括一些苏格拉底没有过多出场的对话中得到了更加明确的阐述。

《智者篇》229cd

陌 生 人 | 我必须承认呢，我观察到了大量的、非常糟糕的无知，这种无知是完全独立的，可以与所有其他种类的无知相提并论。

泰阿泰德 | 这种无知是怎样的？

陌 生 人 | 它指的是一个人自以为无所不知，但其实一无所知。这似乎是所有智力性错误的主要来源。

泰阿泰德 | 没错。

陌 生 人 | 如果我没有弄错的话，这种无知甚至可以说是愚蠢。

泰阿泰德 | 没错。

陌 生 人 | 那么，应该给摆脱无知的教学手段起什么名字呢？

泰阿泰德 | 陌生人，我想你所指的教学并不是手工艺的教学，而是我们所说的教育。

——

摆脱无知，这算得上哲学的起点，或者如上文所说是教育的起点。双重无知可以与人性中一个更基本的问题——利己偏见联系在一起，其中一种形式是将自己视为宇宙的中心。

弗洛伊德将哥白尼、达尔文和他自己的发现描述为对人类“天真自爱”的一种攻击传统。[12] 到了新的时代，苏格拉底方法仿佛与精神分析存在交汇，而精神分析本身就是对双重无知的一种攻击。我们现在可以看到，诘问的传统至少可以追溯到柏拉图时代。

《法律篇》731e–732a

雅典陌生人 | 过分的自爱实际上是每个人过错的根源。因为一个人对所爱之人是盲目的，这使得过分自爱的人们对正义、善良和荣誉的评判产生误解，错误地认为应始终将自己置于真理之上。但是，一个人若想成为伟人，他应当关注的并非自身利益，而是正义，无论正义的行为是出自自己还是他人。人们还会陷入相似的误区，即将自身的无知视为智慧，我们可能真的一无所知，却反而以为自己无所不知。

双重无知会产生实际后果。如果你知道犯错是一种风险，并能意识到这一点，那么犯错就不是什么可怕的问题。但是当人们犯了错，却觉得自己是正确的时，他们就失去了主动学习的意愿，并会最终陷入混乱。如果让他们负责某些事，他们的双重无知也会给其他人带来灾难。大多数政治灾难都可以以这样一种方式来看待。柏拉图反复提到了这一点。

《法律篇》863cd

雅典陌生人 | 立法者可以很方便地将无知分为两类：一类是单纯的无知，是轻罪的根源。另一类是双重的无知，伴随着对自身智慧的自负。受后者影响的人自以为对自己一无所知的事情了如指掌。立法者认为，有第二类无知的人如果拥有力量和权力，将可能犯下滔天罪行。如果伴有软弱，就只会犯下儿童和老人才会犯的错误。

《斐莱布篇》49ac

苏格拉底 | 有权势的人的无知是可憎而可怕的，因为它会通过有形或者无形的方式伤害到他人。至于无权无势的人，他们的无知则显得很可笑。

苏格拉底哲学始于对真理的热爱，但它的首要任务是要打破人们对智慧的妄想。在为如何增进知识而担忧之前，你必须比任何人更清楚什么是你不甚了解的事，什么是你没有根据而主观上确定的事。它们很难被发现，也很难被攻击。应对它们的最佳策略就是内化苏格拉底哲学，告诉自己你并不像看起来那么聪明。这是我们所能达到的最接近智者的感觉和姿态了。埃德温·格思里（Edwin Guthrie）① 教授说得好：

> 要成为一个苏格拉底主义者，就不要遵循任何哲学思想，也不要恪守任何哲学体系。苏格拉底方法首先意味着一种思想态度，一种很容易被误认为傲慢的、理智上的谦卑，因为苏格拉底不仅认为自己无知，更认为全人类都是无知的。[13]

---

① 埃德温·格思里，美国心理学家，新行为主义代表之一。——编者注

——

利用无知的助产术

承认无知除了可以抵御自己的愚蠢，还有另一种价值：鼓励实验。在与同伴交流、讨论时，你可以这样表达："请你假设我对这个话题一无所知，详细阐述你的观点，并在此基础上充分展开。我会提出一些问题，其中一些可能比较简单。让我们共同探索答案，看看会有什么发现。"这种方式让新观点有了被看到、被接受的机会。当一种传统观念在人类思维中根深蒂固，并受到习惯和固有认知的保护时，人们往往不会轻易放弃自己的偏见。然而，如果听众能够暂时放下已有的信仰，以开放的心态看待新观点，或对其进行反驳，进行一场公平的对话，那么即使新观点仍然面临质疑与挑战，它至少也不会被立即否定。

在著名的《泰阿泰德篇》中，苏格拉底就利用无知将自己比喻为助产士，意思是虽然他自己不产出论点，但他可以帮助他的同伴孕育一个想法，或使原有的想法"流产"。

《泰阿泰德篇》150b–151b

苏格拉底 | 我的"助产术"也具有真正的助产术的特征，只是我所面对的对象并不是孕妇，我协助孕育的也并不是婴儿，而是我同伴的想法。我掌握的核心技术在于，我能够运用各种测试方法，准确评估年轻人的精神成果是虚假的还是真实的。不过，我自身并不具备智慧。有人批评我缺乏智慧，因为我总是向别人提问而非直接表达自己的观点。这确实是有道理的。我之所以如此，是因为我受上帝的指引，负责引导他人而非孕育自己的智慧。因此，我内心深感自己在智慧上的不足。我的思想中从未诞生过任何堪称明智的想法……

——

> 我的同伴还会经历一种与孕妇相似的经历：阵痛。伟大的母亲们受到肉体上的苦痛，而我的搭档们也在昼夜不停地遭受精神上的折磨。指出并缓解这种精神痛苦是我的专长。

在苏格拉底的帮助下，泰阿泰德给知识下了定义，认为它等同于感知。在长时间的探讨后，他们得出结论：这个定义并不成立。

《泰阿泰德篇》210bc

> **苏格拉底** ｜ 我们还在孕育知识吗？有什么与知识有关的东西还在给我们带来痛苦吗，我的朋友，还是我们已经把知识“生下来”了？
>
> **泰阿泰德** ｜ 是的，我已经把它“生下来”了，多亏了你，我才能用语言表达出内心的想法。
>
> **苏格拉底** ｜ 经过助产术，我们能不能宣布此次产下的是死胎，没有什么值得保留的？
>
> **泰阿泰德** ｜ 可以。
>
> **苏格拉底** ｜ 泰阿泰德，若你日后在思考的过程中逐渐构建出更为深邃的观念，并通过我们的对话得以完善，即便你并未孕育新知，也能因此变得更加谦和，避免因自认为无所不知而招致他人的反感。这种自我担当便是我所能传授给你的全部智慧。

助产术是“对话录”中最著名的比喻之一。[14] 它有多种解释。我在这里将其比喻成苏格拉底式的无知，以及它如何引出那些可能还没有产生的论点。苏格拉底之所以夸大他心灵的空虚，是因为他正在扮演助产士的角色，这是一种先接受观点、后检验观点的工作。从某种意义上而言，他渴望对话能显现出更为无知的状态，因为这将促使对方提出更多的论点。当然了，这并非苏格拉底进行对话的唯一方式。他通常不是一个非常严谨的助产士，因为他也会提出自己的论点，比如《泰阿泰德篇》中就有一些例子。[15] 无论如何，精神助产都是苏格拉底方法的重要方面。

有关助产术的比喻表明，苏格拉底愿意以这样的方式来倾听他人的意见。不过，正如苏格拉底提供的大多数方法一样，助产术更大的用途其实在思维内部。你可以把它想象成自己在思考一个观点或难题时的一种心态，即在自我批判之前，我们会尽量努力看到思想的全貌和最佳状态。苏格拉底花了很多时间帮助泰阿泰德理解他自己的观点和表达方式，然后再将其一一拆解。比起苏格拉底惯常的做法，即在反驳之前，先给对手的论点蒙上一层阴影，让它看起来很糟糕，助产术要温情得多了。当你能够做到权衡与自己信念相悖的观点时，这也是一种自律。你不仅要努力记住自己可能是错的，更要试着暂时忘掉自己原本的想法。

第12章

THE SOCRATIC METHOD

在困境中洞察现实

苏格拉底式的对话常以陷入困境作为结尾。他不直接阐述困境的存在，而是通过参与对话、阅读对话让人们更切实地面对困境。如果一场对话的目标是制造困境，而不是产生一个结论，那么哪怕对话看似毫无进展，事实上也达到了它想要的效果。

——

如果你受到苏格拉底的诘问，他最终会说服你，让你发现自己的每个论点都不够完善。相信在掌握苏格拉底方法后，你自己也会得出同样的结论，即对复杂问题的陈述或多或少都会有错误、不完善、不充分的地方。这一结论可能会间接导致怀疑论（见第 16 章），也会直接导致困境的出现。

困境一词的字面意思是“毫无办法”，用于形容身处僵局。比如，你很想接近真相，但你的论点却都被驳倒了。或者你不知道还能够做什么，还能如何思考。困境有时也指某种困顿、迷失方向的精神状态，不过严格来说，这种状态是面对困境的反应，是无法解决某个问题的无力感。在寻找问题的答案时，你很想获得一些确定的东西，却做不到。本章将探讨困境对思考的意义和价值。

首先是关于困境的定义，以及它给人的感觉。对此，“对话录”中有很多不同的描述，通常使用比喻，正如以下 3 篇所言：

——

《美诺篇》79e–80b **美诺** | 此时此刻，我甚至觉得你正在对我施展魔法和巫术，你不知道施了什么咒语，让我越来越孤单无助。恕我直言，不仅在外表上，你在其他方面也和大海里的扁鳐鱼一模一样，只要一碰到就会被电麻，而任何人只要遇见你，头脑和嘴唇就都会变得麻木，根本说不出话。比如我曾成百上千次在大批听众面前谈论过美德，而且我觉得自己说得已经挺好的了。可是到了你面前，我却什么都说不出来。

《欧绪弗洛篇》11b **欧绪弗洛** | 我根本不知道如何告诉你我的想法。不知道怎么回事，我们谈论的每件事都把我们绕得团团转，不知道最后会绕到哪里去。

《拉齐斯篇》194c **苏格拉底** | 好吧，尼西亚斯。如果你有什么办法，就帮帮你的朋友们吧，他们已经陷入了言语的漩涡之中，找不到出路。

对许多人来说，最熟悉的困境就是与死亡相关的话题。如果一直想象自己意识消逝的那天，他们便会陷入无限的恐慌。有关无限和悖论的思考也可能会给人们带来这种感觉。当理性触及边界，无法再前进，但又没有处于稳定的状态时，你将体会到无以言状的复杂情感。[1]

苏格拉底式的对话常以陷入困境作为结尾，有时甚至让人们认为制造困境即对话的目的。这也许是柏拉图以这种方式进行写作的另一个原因，他不直接阐述困境的存在，而是通过参与对话、阅读对话让人们更切实地

——

面对困境。如果一场对话的目标是制造困境，而不是产生一个结论，那么哪怕对话看似毫无进展，事实上也达到了它想要的效果。

摆脱双重无知的状态

人们陷入困境时反而可能摆脱了双重无知的状态。苏格拉底在《阿尔喀比亚德前篇》中谈到，当人们被提问并知道答案时，他们并不惊慌；当他们不知道答案时，也不会惊慌。可是，当他们以为自己知道答案，却在对话中意识到自己一无所知时，就会惊慌不已，陷入困境。

《阿尔喀比亚德前篇》116e–117d

阿尔喀比亚德 | 苏格拉底，严肃地说，我真不知道自己在说什么。我现在的状态很奇怪，因为你问我问题的那一瞬间，我的脑子里会冒出好多不同的想法。

苏格拉底 | 我的朋友，你难道不知道这种复杂性的本质吗？

阿尔喀比亚德 | 我真的不知道。

苏格拉底 | 如果有人问你，你有两只眼睛还是三只眼睛，两只手还是四只手，或者诸如此类的问题，你会冒出不同的想法吗？

阿尔喀比亚德 | 你这样一说，我都有点儿怀疑自己了。不过，应该是不会的。

苏格拉底 | 你肯定不会，因为你本来就知道这个问题有确定的答案，对吗？

阿尔喀比亚德 | 我想是的……

——

苏 格 拉 底 | 那么，问问你自己，你会对自己不知道的事情感到困惑吗？举个例子，你一点儿都不会做饭。

阿尔喀比亚德 | 确实不会。

苏 格 拉 底 | 不会做饭的你，会为准备食物而烦恼吗？还是说你会把这事交给厨师去做？

阿尔喀比亚德 | 我会交给厨师去做。

苏 格 拉 底 | 或者，如果你正乘坐一艘船，你会因为船舵该往哪个方向打而烦恼吗？还是说，你会把这个问题交给船长？

阿尔喀比亚德 | 这当然是船长该操心的事。

苏 格 拉 底 | 如果你明白自己压根不知道某些事，还会为它而烦恼吗？

阿尔喀比亚德 | 我想我不会。

苏 格 拉 底 | 这样说的话，难道你没发现，生活和实践中的错误也往往源于自以为有知识的无知吗？

正如第 11 章所述，对于苏格拉底而言，双重无知犹如在睡梦中前行，每个人或多或少都曾有过此类经历。然而在某一刻，你会意外地撞上一面墙壁而从梦中惊醒，这面墙便是困境。这种觉醒虽然残酷且直接，却具有极高的价值。

无知即意识到你实际掌握的知识比想象中的要少，这种感觉至少在一开始是令人不悦的，自我会把无知视为一种损失，因为自我天然地对自己的智慧抱有优越感。不过，苏格拉底方法让人们开始希望体会到无知感，因为它并不代表智慧的损失，而是智慧的增加。

困境的涤荡作用

困境或许可以被看作人们在真正进入学习之前的必要阶段。你将意识到尽管自己一直在使用某些词语，却并未真正理解它们的含义。[2]这种自我怀疑实际上是必要的，它为更深入的学习和对知识的真正理解腾出了空间。《智者篇》很好地描述了这一愿景，这是一篇柏拉图式的对话，苏格拉底不是其中的主角。

《智者篇》230ce

陌生人｜正如医生认为，只有在排除了体内的毒素后，身体才会从进食中获益，心灵的净化者们也意识到，只有被驳倒之后，他们的同伴才能从反驳中学会谦虚，清除偏见，认识到自己只了解那些真正认真了解过的知识，至于其他知识并没有被自己掌握。如此，他们的同伴才能从知识的应用中获益。

泰阿泰德｜这是最好，也是最明智的心态。

陌生人｜鉴于这些原因，泰阿泰德，我们必须承认反驳是最伟大、最重要的净化心灵的方法。没有受到过反驳的人，即使是伟大的国王，他的心灵也将处于一种污浊丑陋的状态，因为他没有受到启蒙，不了解那些真正有福的人值得拥有的最美丽、最纯洁的事物。

从这个意义上说，困境也可以涤荡不好的品质。回想一下第 11 章中关于《泰阿泰德篇》的讨论，泰阿泰德提出了一个流产的论点。苏格拉底鼓励他继续努力，并说即使他的论点永远没有提升，他也将受益良多。困境会让人们更为谦逊。起初，谦逊似乎并不能让人快乐。但再想想，人们常常对自己过于自信，其实只是自认为聪明，这称不上智慧的。这种自负与傲慢是多么令人难以忍受，甚至可能引发潜在的危险。我们也可能因为类似原因使他人感到不适。这些问题层出不穷，引人深思。若他人能意识到自身认知的局限，并认识到在多数场合中应表现得更为谦卑，那么他们的处境将得以改善。我们同样如此。为了摆脱这些困境，休克疗法（短时间内的强制改变）或许是代价最小的选择，[3] 而陷入困境就是休克疗法的一种体现。

困境的刺激作用

困境不仅能让你做好学习的准备，还会让你想要学习。[4] 它会让人沮丧，觉得自己之前拥有的知识太少了。此时苏格拉底会说："很好，现在你要继续寻找答案了，这一次，你要更好地理解自己要做的工作。"你会因为陷入困境而更加渴望知识。在《美诺篇》中，苏格拉底谈到自己曾向奴隶发问。

《美诺篇》84bc

苏格拉底 | 他以前从不这样认为，但现在他意识到自己被困住了，而且他也认识到有些事情他确实不知道。

美诺 | 你说得对……

苏格拉底 | 看来我们增加了他发现真相的机会。现在鉴于他缺乏知识，他会很乐意进行探究，而在此之前，他只是很乐意假设。他可以在无数场合滔滔不绝地向无数人讲述一个两倍大小的图形必须有两倍边长的道理。

———

美诺 | 好像是这样的。

苏格拉底 | 尽管他一无所知，但你觉得当他认为自己知道这件事的时候，还会试图去询问或了解这件事吗？直到他陷入困境，不能自拔，充分认识到自己的无知，同时渴望知识。

美诺 | 不，我想他不会的，苏格拉底。

苏格拉底 | 所以困境带给他的打击对他也是件好事，对吗？

美诺 | 我是这么想的。

泰阿泰德对困境的描述也有类似之处。

《泰阿泰德篇》155cd

苏格拉底 | 我猜你之前已经想过这些问题了。

泰阿泰德 | 是的，苏格拉底，我一想到它们就会大吃一惊。天哪，我真想知道它们到底是什么意思。有时我一想到这些就会浮想联翩。

苏格拉底 | 亲爱的泰阿泰德，我明白了。当西奥多勒斯说你是哲学家时，说明他对你的本性有了真正的洞察，因为好奇是哲学家会有的感觉，而哲学始于好奇。

困境的连续性

刚才谈论上述问题的时候，似乎假定我们所探求的问题都有正确的答案，而困境的出现可能会激发人们更加努力地寻找答案。不过，如果经过长时间的探讨，你发现自己好像永远也找不到答案时，也不应该放弃。苏格拉底认为，永远都不应放弃。如果我们愿意接受这样一个事实，即追求真理或许永无止境，但我们仍需持之以恒，犹如真理的终点已然在望，那么我们就会做得更好。即使你不能拥有真理，也可以更加接近真理。能增进理解的对话才是有价值的，但如果你不去想着这一点，只是一心一意追求真理，那么对话将会发挥出最佳作用。

《申辩篇》37e–38a **苏格拉底** | 如果我再次强调，每天谈论美德，并审视自己和他人是人类最大的善，未经审视的生活毫无价值，你可能仍然不太相信我。虽然我很难说服你，但我说的确实是真的。

《美诺篇》86bc **苏格拉底** | 有一点我愿意用辩论与行动誓死捍卫。我们曾认为自己没有机会去探索自己一无所知的东西，甚至觉得探索本身并没有意义。不要那么胆怯、那么懒惰。只要我们认为自己应该去探索无知领域，就会变得更好。

困境中的真理

关于困境有一种更为激进的论点，它认为困境有时会无言地鼓舞人心，因为你已经找到了一个无法言说的真理。它的意思是，真理有时无法用语言表达出来，是一种无形的东西，[5]就像是数学里的无理数。不过有时，我们无须言语也能感知到真理的存在。例如，正义可能无法用某个定义来概括，但我们至少做出了努力，哪怕是若干失败的努力。与其说对话的结果很混乱，因而导致了失败，倒不如说我们没有失败。混乱正是我们所追求的东西。推理的目标不是得出结论，而是对更重大事物的把握。至少在定义失败的过程中，我们了解到，与我们谈论真理、理解真理的能力相比，真理本身是一个更为宏大的存在，不能为当下的我们所定义。

早期的“对话录”就暗示了这种看待真理的态度。为何我们总在追求真理，却从来都握不住它？也许是因为我们不可能做到这一点，这才是我们探索后真正的获得和感受。柏拉图的《第七封信》似乎也支持这一观点，不过这封信的真实性存在争议，[6]所以我们不应该对这封信的内容有过多的期待，但无论如何，这封信都值得一看。如果这封信是真实的，它就直接体现了柏拉图的哲学思想。即使不是真实的，它也是古人对如何看待哲学发现给出的一个有趣的回答。

《第七封信》341bd

对于过去或未来的所有作家，我至少可以这样说，他们声称自己知道我努力探索的事情，无论是从我的教导中获得的，从别人那里听来的，还是他们自己发现的。但在我看来，他们不可能在这件事上取得什么进展。我没有写过相关的书，将来也不打算写。因为这种学说是无法像其他学科那样可以通过文字阐述的。要想熟悉它，就要对它进行大量的探讨，与它朝夕共处，终有一天，一个人的灵魂将突然被它的火焰燃亮，并再也不会熄灭。

在讨论了“对话录”中提到的困难后，穆勒给出了以下评论和解释：

柏拉图不再关心如何解决这些问题，因为他认为无法解决的困难总会出现。如果我们相信他的《第七封信》，他认为任何语言的定义都不能准确地切中这些问题的要害，而对一件事物的认识虽然要经过漫长而多样的辩证与讨论，但问题的答案绝不仅仅源于此，而是会在最终，而且是在最自然的状态下，如闪光般迸发显现。[7]

其他人对《第七封信》的评价就比较克制，对柏拉图是否认为存在无法用语言表达的真理这一问题也比较审慎。[8]读者可依据自身经验来评判“对话录”及其他相似著作是否能够通过苏格拉底式的辩证法来探寻问题的答案。不过，答案不可能是单一或笼统的，正如穆勒所言，问题的答案取决于寻求答案者的能力和个性。

虚假的困境

有人说，当我们遇到哲学问题而又无法解决时就会出现困境。[9]但请注意，这是多么主观的理念啊！那些陷入困境的人可能是因为自身能力不足，而非因为问题本身存在的困难。也许困境的产生总是来自这两种情况。大多数老师和学生都能想象，某个学生会因为糟糕的教育方式而陷入类似于困境的情况。在对话中也可能如此。有时我们也会看到苏格拉底用谬论击败，或者至少唬住了他的同伴。[10]他的同伴称，有时苏格拉底会用文字游戏或糟糕的论点让他们迷惑不解。

《高尔吉亚篇》489bc

卡利克勒 | 我们就不能停止胡说八道吗？苏格拉底，你都这把年纪了，还对别人的用词吹毛求疵。如果有人无意间用了错误的表达方式，你立刻就会抓住这一点来攻击人家，你不觉得尴尬吗？

——

柏拉图可能是在通过这个角色来提醒读者，不要踏进谬论的陷阱。同时他也在让自己尽量避免谬论，保持自身的诚实。

不过，苏格拉底方法毕竟不会消极地面对困境。在困境出现后，对话仍会继续，并对困境做出回应。

这样看来，哪怕人们是被动陷入困境，也不会有太大的问题。重要的是，如果困境能够促使人们更努力地探寻真理，那么至于它是否由一场糟糕的争论引起，也就不那么重要了。如果困境让你对自己的智慧有了更谦卑、更准确的理解，无论结果如何，这都将是有益的。

但是从苏格拉底的立场来看，被动的困境似乎仍像其他虚假的困境一样令人反感。你也不希望自己处于这种状态，对吗？也许在面对困境时，我们也应像对待其他论点一样，进行谨慎的检验。

困境激发的自我思考

本书深信苏格拉底方法对激发个人思考具有重大意义。苏格拉底在处理困境时的方式恰好印证了这一点。他并非冷眼旁观地为别人设下陷阱，而是亲自投入战斗，与困境抗争，并乐于与他人分享。

《美诺篇》80c

苏格拉底 | 现在的情况不是我自己知道答案却让他人感到困惑，而是我自己的困扰也使他们受到了感染。

——

《查米迪斯篇》169c **苏格拉底** | 他看得出我被困住了，而我发现由于我的困惑，他也发现自己违背了自己的意愿，踏入了陷阱，就像人们看到别人打哈欠时，自己也会不由自主地打起哈欠一样。

如果苏格拉底的困惑引发了他人共鸣，那他最初是怎样陷入这样的困境中的？答案是通过自我反省。

被浪费的困境

在通常情况下，往往是苏格拉底本人在描述困境的积极影响，他的同伴则对苏格拉底的帮助没有丝毫感激。困境确实偶尔能让双方友好一致地决定要在某些问题上继续学习，[11] 但更多时候，他的同伴会把这样的“好事”留给别人，自己却恨不得离苏格拉底越远越好。[12] 我们该如何看待这种情况？也许这种困境相当脆弱，常常被浪费。[13] 人们习惯于逃避困境，忘记困境，因为很多人根本不愿费力使自己陷入困境，更别提还要忍受困境的存在，并从中获益了。所以，当你看到苏格拉底在积极地描述困境，而他的同伴却跑掉了，没有从困境中获益时，请记住，体验困境的真正目标不是他的同伴，而是书外的读者。[14]

THE SOCRATIC METHOD

A Practitioner's Handbook

第三部分

苏格拉底方法的日常应用

第 13 章

THE SOCRATIC METHOD

人生为何烦忧

许多哲学家都称自己不能为普通人提供任何东西，但苏格拉底并不是他们中的一员。他对如何更好地生活和照顾自己的心灵感兴趣，并认为这是每个人都在面临的问题。

人生为何烦忧？这就是本章将探讨的问题。很多哲学专业的学生是在生活中或思维上遇到挑战后，放弃了曾经的专业转而研究哲学的。他们想寻找更多有用的观点。乍一看，苏格拉底和柏拉图（如果将他们二人分开来看的话）似乎都不能在哲学上对此提供帮助。许多哲学家都称自己不能为普通人提供任何东西，但苏格拉底并不是他们中的一员。他对如何更好地生活和照顾自己的心灵感兴趣，并认为这是每个人都在面临的问题。然而，苏格拉底方法并不能满足大多数人的需求。它既不保证能改善人的情绪，也不会带来更多的财富或让人更受欢迎，反而可能起到反作用。几个世纪以来，它似乎也没有在那些有关道德的必需问题上取得太大进展。我们可能的确需要内化苏格拉底方法，不过在我们的思维中似乎已经存在成熟的反苏格拉底思想，它正向我们迫不及待地建议“研究哲学是浪费时间，最好还是回到实际生活当中”。那么我们为什么还会为苏格拉底和他的方法而烦恼？

苏格拉底式的善

柏拉图在其著作《理想国》中，以洞穴寓言的形式对苏格拉底式的善

——

进行了阐述。这段寓言或许成文于柏拉图学术生涯的后期，但它依然清晰地传达了苏格拉底方法的核心要义。

寓言一开始描述了被囚禁在洞穴里的一些人。他们一生都被锁在原地，连头都不能转动，只能面向前看。在他们背后是燃烧着的熊熊大火，火光投射到了囚犯们的视线前方。这些囚犯面对着洞穴的墙壁，就好像在看着投影戏的大幕。在囚犯与火焰之间还有一条过道，有人举着各类雕像走过，雕像的影子被火光投影到墙壁上。这样一来，墙壁上的投影就成了囚徒们认识世界的唯一材料。苏格拉底让格劳孔想象一下，如果其中一个囚犯被释放，从洞穴尽头的一个洞口走出去，看到外面的世界，他会是什么样子。

《理想国》
514a–517a

苏格拉底 | 想象一下，他们中的一个人突然被释放了。这个人只好站起来，转过头，在洞穴中走动，望向火光。这一切会对他造成巨大的冲击，他会眼花缭乱，甚至无法辨认从前看过的投影所对应的真实雕像。假设有人告诉他，他一直以来所看到的投影都是虚假的，如今的雕像才是真实的，你能想象他会有什么反应吗？如果有人向他展示曾经被投影过的雕像，并问他那是什么，你觉得他会怎么说？难道他不会困惑吗？难道他不会认为自己从前看到的比现在看到的更真实吗？

格 劳 孔 | 远不止如此。

苏格拉底 | 我想在走出洞穴后，他也根本看不到地球表面的东西，直到他逐渐适应现状。他将最先辨认出影子，就像洞壁上雕像的投影一样。然后他

——

会开始观察人在镜中和水中的倒影，逐渐地，他就能看到真实的东西了。接下来，他会饱览天体和天空，这在晚上会更容易，因为他更喜欢看繁星闪烁，月华如练，而不是耀眼的太阳和明媚的阳光。

格劳孔 | 当然了……

苏格拉底 | 如果之后他又回到洞穴中，重新坐在原来的位置上。这种光线的突然转变会使他的眼前一片黑暗，根本无法辨识洞中的事物，对吗？

格劳孔 | 一定是这样的。

苏格拉底 | 设想一下，在他的眼睛恢复之前，在他还看不清楚的时候，他又要和那些老囚犯们竞相辨认那些影像。他会不会落下风？那些一直坐在洞穴里的囚犯会不会笑话他："你出去一趟，眼睛都毁了，为了看世界这样值得吗？"如果有人想释放他们，把他们带到外面的世界，这些囚犯难道不会杀了这个人吗？

格劳孔 | 肯定会的。

关于洞穴寓言有多种解释。最常见的一种解释是，它阐释了柏拉图的"形式理论"。[1]而在我看来，这个寓言的目标相对温和，它描述的是哲学进步的价值，尽管前文中我们也提到了哲学真理的不易得。从寓言中我们可以看到，离开洞穴并不能满足囚犯的任何情感需求。这样做不会让他们更快乐，也不会让他们在任何世俗的方面变得更好。但很少有人从外部解读这个寓言，即他们宁愿待在洞穴里，也不愿意走出洞穴。我们可以把走出洞穴看作一种苏格拉底式的善：这个行为不能为那些没有走出洞穴的人赋予价值，或者说可能赋予了消极的价值，但一旦有人走出洞穴，这对他

——

来说就非常有价值。

对未知无欲望

当一个人对苏格拉底式的善缺乏渴望，他通常会陷入这样的循环：没有善，你就不知道自己为什么喜欢善，也不知道自己错过了什么。在其他地方，苏格拉底更直接地阐述了这个论点：

《会饮篇》 204a 这就是无知的罪恶，即一个既不善良也不聪明的人仍然对自己很满意：因为他对自己不需要的东西没有欲望。

说服别人有时就是在说服自己，让自己去相信这样的善存在，或值得付出很大努力去获得。当我们失去了渴望某物的理由时，这并不容易。苏格拉底的学生经常探讨这一点。米歇尔·蒙田（Michel Montaigne）[①] 这样写道：

> 每个人都对自己如此坚定和满意，每个人都认为自己足够聪明，这意味着每个人都对此事一无所知，就像苏格拉底让尤西德姆斯所理解的那样。[2]

索伦·克尔凯郭尔（Soren Kierkegaard）[②] 则说：

① 米歇尔·蒙田，文艺复兴时期法国思想家、作家、怀疑论者，所著《随笔集》三卷名列世界文学经典，被人们视为写随笔的巨匠。——编者注

② 索伦·克尔凯郭尔，丹麦宗教哲学心理学家、诗人，现代存在主义哲学的创始人，后现代主义的先驱，也是现代人本心理学的先驱。——编者注

——

受到已有的庞大知识体系的迷惑，任何人都不会觉得当今世界需要苏格拉底。遗憾的是，很多人都觉得自己不需要苏格拉底，于是对苏格拉底方法的需求一再减少。这也是意料之中的事。错觉之所以存在，是因为它真的太自然了，不然也就不会有错觉了。[3]

穆勒说：

逻辑的存在能够帮助人们摆脱错误，而如果一切都按照原状，他们将永远无法知道自己有这个缺陷……因此，那些不懂逻辑的人无论如何努力，都永远无法理解逻辑的效用。他们要么是在没有推理的情况下碰巧做出了正确的推理，要么就干脆不做推理。一旦做出了推理，他们就会觉得自己不需要逻辑。至于那些缺乏逻辑而做了错误推理的人，他们将永远不会发现自己的错误，除非错误被消除。[4]

奥维德（Ovid）①也表达了类似的观点：对未知无欲望。[5]它无论如何都是智慧进步之路上的巨大障碍。对于那些未曾拥有也就不会怀念的事物，人们很难激发探索的热情。

到了现代，有种较为温和的观点：邓宁－克鲁格效应（The Dunning-Kruger effect）②，即蠢材往往不能充分认识到自己的存在，无能也使人意识

① 奥维德即奥维德普布留斯·奥维第乌斯·纳索，奥古斯都时期第三个重要诗人，主要作品有《变形记》十五卷，用六步诗行写成。——编者注

② 邓宁－克鲁格效应指个体在完成某项任务时对自己能力的评价产生的偏差。实际能力相对弱的人，往往倾向于高估自身的能力水平，而实际能力高的人却可能对自身能力做出较低的评价。——译者注

———

不到自己的无能。[6]苏格拉底认为这种思想具有广泛而深刻的应用，就如我们的无知使我们意识不到自己的无知。在哲学世界中，我们实在太过渺小，渺小到甚至认识不到自己的渺小。

以回望的角度去理解事物

苏格拉底为哲学辩护，但他并非强迫别人去关注哲学，而是引导人们通过回答提问来认识到自己其实早就在关心哲学了。

设计这样的提问并不容易。假设苏格拉底让你想象一下在智慧有所提高后，你的生活会有什么好的变化，你却表示自己对这样的想象并没有兴趣。你觉得自己已经足够智慧。对于目前尚不理解的事物，你也很难想象自己最终能够领悟，因为如果可以的话，你早该领悟了。对于这样的回答，苏格拉底会如何回应？

苏格拉底可能会从反方向来回应。首先，想想那些已经属于你的苏格拉底式的善，你是否为拥有它们而感到高兴？你对现在所拥有的智慧有多看重？或者想想你认识的人，他们似乎比你更幸福，因为他们对自己十分满足，或者有些事你是知道的，而他们并不知道，可他们对这个情况一无所知。你可能一时无法想象，但可以试试。如果现在你的面前就出现了这样的人，那么请你问问自己是否愿意通过和他们交换人生来改善自己的心情。这个想法可能会让你反感，它对苏格拉底来说也毫无吸引力。在《申辩篇》中，他描述了自己遇到的一些人，他们都享受着世俗的成功，自以为聪明，实则不然。

——

《申辩篇》 22de 我代表神谕问自己：你情愿像现在这样，既不要他们的知识水平，也不要他们的无知呢，还是愿意回到他们的知识水平，并接过他们的无知？随后，我对自己和神谕回答说：还是现在这样比较好。

如果你也不愿意进行这种交换，那么显然你很看重苏格拉底方法的成果：你不会愿意放弃已经拥有的关于真理的智慧和知识，哪怕只是一点点。

你也可以想象自己与动物交换，那你是否愿意像动物一般无知又快乐？

《理想国》 586ab 既没有智慧，也不善良的人，他们唯一的兴趣就是自我放纵。他们的一生就在路途的起点和中点之间茫然地徘徊，而中点已经是他们所能到达的极限。他们从来没有朝着真正的巅峰前进过，甚至从来没有仰望过，更不用说到达了。他们对任何真实的东西都不满足。他们体验不到稳定、纯粹的幸福，和动物别无二致。

穆勒也表明，与这些人交换人生，无论他们看起来多么幸福，对明智的人来说都没有吸引力。他说：

很少有人会为了能充分享受野兽的幸福而甘愿变成低等动物。聪明的人不会愿意做傻瓜，有教养的人不会愿意做无知的人，有感情和良心的人不会愿意做自私和卑鄙的人，即使他们也

——

知道蠢材、笨蛋或流氓对自己生活的满意度更高。[7]

上文引导读者站在特定的角度，观察那些如同农场动物一样的人，并深入思考这些人的不幸。同时这也提醒我们，尽管我们假设自己是在远观这样的生活，但是实际上我们的生活或多或少都有他们的影子。此方法可被命名为"回望"或"俯视"，即通过运用自身所能理解的事物去推测目前尚无法领悟的事物。展开来说，在面对未经涉猎的知识时，我们难以洞察其价值，也很难做到仰望更高境界、展望更远方。因为在现有基础上，我们无法虚构出自身拥有这些知识的场景。然而，我们可以设想自己失去了目前已掌握的某些知识会带来何种影响，即俯视较低处，回顾过往历程。想想那些不具备某些知识却仍自认为智慧的人，再由此认识到自己也存在未曾察觉的不足。进而，你将踏上新的征程。

在"对话录"中，洞穴寓言就是"回望"法的一个好例子。现在让我们详细谈谈苏格拉底所关注的那个走出洞穴的囚犯的想法。

《理想国》516ce

苏格拉底 | 如果他回忆起曾经居住的那间牢房，回忆起那里被当作知识的东西，回忆起他以前的狱友，他难道不会为自身命运的改变而感到庆幸，并为曾经的狱友感到惋惜吗？

格 劳 孔 | 当然了。

苏格拉底 | 假设囚犯们过去常常互相表彰，奖励那些能快速识别出过往影像的人，还有那些能记住哪些影像通常来得早、晚或同时来的人，以此作为依据来猜测下一次会出现哪个影像。此时，你认为这位从前的囚犯还会在意这些荣誉，并嫉妒那些

——

在洞穴里有地位和权力的人吗？还是他宁愿做一个像荷马所描述的那种“为别人劳动的奴隶，一个没有财产的人”，宁愿忍受一切，都不愿再次与洞穴里的囚犯们共享信仰和生活？

格劳孔 | 是的，我认为他宁愿经历任何事情，也不愿继续过以前的生活。

以上这段话描述了一种我们都很熟悉的情感。走出洞穴后，我们只想前行，不想回头。那种对倒退的反感会激发我们向前走的欲望。在走出一个又一个洞穴后，你会意识到我们总被困在一些洞穴中，也总能从另一些洞穴中逃出来。我们既可以前进又可以后退，为什么一种方式比另一种方式更重要呢？无论我们得到还是失去，理解的价值都是一样的。因此，无论我们拥有什么智慧，对它的执着都会让我们对更多智慧产生同等的渴望。换句话说，你的理解力目前处于这样一种状态，即使取得了一些进步，你也会感到恐惧。因此，最好现在就抓紧时间，行动起来。

当然，在实际生活中，头脑并不是这样运作的。人们往往更倾向于对现有的一切感到满意，而不愿去追求更多。心理学家研究的另一个相关课题是“禀赋效应”，即人们倾向于高估自己拥有的物品的价值，而低估未拥有的物品的价值。禀赋效应显然也适用于真理。我们对自己已掌握的知识倍感珍视，对获取更多知识的兴趣较小。但当我们开始思考所拥有的东西的价值时，或许就有动力继续向前了。

在智慧和其他事物之间比较

本章的主题是进行苏格拉底式学习的理由。我们该如何看到它的价

——

值？为什么有时很难看到它的价值？有关这一点的说明，苏格拉底采用的方法是，邀请有能力的人在智慧和其他事物之间进行比较。苏格拉底认为世上有三种人：热爱智慧的人、热爱荣誉的人和热爱利益的人。他问，这些善中哪一种能带来最大的幸福？这是一个很难回答的问题，因为每个人都可能会觉得他们所追求的东西带来的幸福是最好的。对此，苏格拉底找到了一位对所有不同的幸福都有所了解的人，他的名字叫格劳孔。苏格拉底问他更喜欢哪种幸福。

《理想国》582a–583a

苏格拉底 | 在这三种人中，谁对我们列举的所有幸福体验最丰富？追求财利的人在学习基本真理的本质时，是否能比哲学家更能体会到知识带来的幸福？而哲学家在追求财富时，又是否会比追求财利的人更加快乐？

格劳孔 | 我想哲学家的优势比较大，因为从小到大，他必然已经体会到了其他幸福的滋味。但是热爱财利的人在他所有的经历中，并不一定尝到过学习和认识真理的甜头。哪怕他也曾希望体会这种幸福，但这很难。

苏格拉底 | 这样看来，热爱智慧的人比热爱财利的人更有优势，因为他有多方面的经验。

格劳孔 | 是的，他经验丰富……

苏格拉底 | 那么，他的经验将使他比任何人都能做出更好的判断吗？

格劳孔 | 我想他的判断会好得多……

苏格拉底 | 那么，我们得出的结论是，对一个人来说，智慧的幸福是三者之最。我们当中追求智慧的人将能拥有最幸福的生活。

穆勒在关于功利主义的一次辩论中借用了苏格拉底的论点：

> 做一个不满足的人，总比做一头满足的猪要好。宁做不满足的苏格拉底，也不做满足的蠢材。如果蠢材或猪持有不同的论点，那是因为他们都只了解自己的看法。当一方与另一方进行比较后，他才能了解双方的情况。[8]

因此，如果想要评判两种心理状态，以及从一种状态转换到另一种状态是否有价值，你就不该去问只知道第一种状态的人，而是应该去问对两种状态都了解的人。这个人会是谁呢？其实，最合适的候选者就是你自己。我们都取得了一些进步，也都有将要取得的进步，所以我们都拥有穆勒提到的一部分比较能力。假如我们是猪，就不会太在乎是否能更像苏格拉底；但如果我们是苏格拉底，就会强烈希望不要退化为猪。换句话说，只要我们有条件进行比较，就会强烈地倾向于苏格拉底式的生活。这种偏好将会对我们有所激励。

我们也可以通过观察他人来进行比较。通过观察富商大亨，我们很容易想象自己更富有时的样子。而苏格拉底的比较，是去观察那些比我们看得更远的人所拥有的力量。柏拉图在这方面提供了帮助，他记录了追求知识和智慧的系统方法。此外，他还说明了如何以非凡的活力和熟练程度来完成这一过程。如果“对话录”未能给你带来启示，你还可以找到其他适用的方法来达到同样的目的。无论如何，回顾柏拉图文集，我们都会发现它展示了辩证法的潜力，并提醒我们自己在多大程度上仍处在洞穴里。

我们不能忽视这种提醒的重要性。只有当人们从洞穴中走出，回首过去时，才会意识到自己的视野受限。回望我们在年轻时的天真和无知，就

——

是理解这一点的最好方式。适当的挑战和质疑有助于揭示我们对事物理解的不足。简言之，没人会觉得自己在生活中像个蠢材。然而我们必须承认，从某种角度来看，我们都有可能符合这种描述。愚蠢是一个相对的术语，其含义对于个体而言通常是隐蔽的。尽管人们在智慧上存在显著差异，但对自己智慧的认知却相对稳定。人们往往将这种感觉视为思维的基础，因为它似乎是恒定不变的。然而苏格拉底的见解提醒我们，这种自我认知在不同个体之间可能有所不同。因此，让我们将这种对自身智慧的感知称为人性的欺骗性、诡诈性和顽固性。这是苏格拉底试图解决的核心问题，因为这是一个根本性的错误，它使其他错误更有可能发生，乃至影响我们的一生。可以说，苏格拉底方法是一种纠正手段，旨在纠正这种错误的自我认知。

苏格拉底式的伤害

与苏格拉底式的善相伴出现的，就是理解这一概念时可能发生的伤害。假设你很幸福地度过了一生，却在最后发现自己一直处于一个巨大的错误中。你以为你周围都是爱你的朋友和家人，但后来你发现他们一直都讨厌你，这个真相无疑会让你痛苦不堪。但是，如果你快乐地度过一生，永远没有了解真相，你就没有受到伤害吗？或者再从另一个角度来看这个问题，你从旁观者的视角，看到这个被愚弄的人还在兴高采烈地过着一种糟糕的生活，万一有一天他发现了真相，将会无比痛苦。你会羡慕这个人吗？大概不会。柏拉图也是这样认为的。

《法律篇》730cd **雅典陌生人** | 喜欢说谎的人是不值得信任的，而无意识地陷入谎言中的人是蠢瓜。这两种情况都不令人羡慕，因为不值得信任者和无知者终究会变得

—

孤独无助。随着时间的推移，他们终将意识到这一点，然而却为时已晚。无论身边是否有亲人和朋友的陪伴，他们都难以摆脱内心的孤独。

我们无法给这种伤害贴上一个统一的标签：这种伤害的发生对于承受者来说是无意识的，他们暂时不会感到痛苦。可一旦有人知道了，包括承受者本身知道了，都会力求躲避伤害。这实际上是一个人的主观幸福和他的实际幸福之间的巨大差距，我们将在下一章中深入探讨。我们不妨把它称为苏格拉底式的伤害，因为这与苏格拉底式的善形成了一种对称的关系。你不知道自己在承受什么样的痛苦。

苏格拉底式的伤害本质上是被动的，我们只能接纳它，将其视为人类生存环境的一部分。试想那些行为不端或缺乏自省，却能逃脱法律制裁且感到欣然自得的人。这类人可被视为智力迟钝者，他们未必是病情恶化的痴呆症患者，而是心智衰弱、对问题无动于衷或者怀有敌意的人。这样的人精神状况或许不错，然而了解他们的人，就会对他们的状况感到恐惧。反思这种恐惧感是有益的，我们可以意识到，如果苏格拉底观察你，他也会有类似的感受。他的使命在于唤醒我们，让我们从懵然无知的状态中觉醒。人们往往越是需要援助，就越排斥援助。正如苏格拉底在接受审判时对陪审团所言：

《申辩篇》31a 如果你接受我的建议，你就会饶恕我。但是就像沉睡的人被唤醒时会生气一样，你也许会愤怒地攻击我，在阿尼图斯的引导下轻率地将我处死，之后在沉睡中度过你们的余生，除非上帝照顾你，派来另外一个人将你唤醒。

——

如果有人意识到自己正处于痴呆症的早期，他会尽可能地通过努力来逆转自己的病情。学习苏格拉底方法的人会以同样的恐惧和紧迫感看待自己的无知，并全力以赴地改变现状。你或多或少都会这样做，其他人也是。

每个人都会受到苏格拉底式的伤害。在言行举止和生活方式上，我们常常在面对困境和难题时，由于担忧坦诚面对并寻求答案可能导致自身的羞愧与恐惧，因而选择回避。然而随着时间的推移，那些原本就存在的伤口会变得越来越严重，并仍旧不为我们所察觉。我们甚至可能还会去捍卫那些错误的决定。作为练习，请以苏格拉底的论点来定义“错误的决定”吧。之前我们曾讨论过这样一些案例：人们直到晚年才承认自己在某些事情上一直都是错的。这样的例子在现实中实在不多见，但这并不是因为人们很少处于那种境地，而是因为在晚年承认自己错误的代价太高了。所以，针对法庭上那些花费大量时间练习准备好的内容、致力于满足雇主或陪审团期望的演说家，苏格拉底做出了尖锐的评价：

《泰阿泰德篇》173ab

> 他们变得紧张而神经质。他们知道怎样奉承他们的雇主，也知道怎样做才能讨其欢心，但是他们的思想是狭隘和扭曲的。他们年轻时就成为奴隶，这阻碍了他们的成长，限制了他们的正直和自由，不可避免地带来了邪恶的行为，使这些仍然易受影响的心灵陷入极端的危险和恐惧，无法诚实和真实地应对事物。所以他们立刻开始行诡诈之事，以恶报恶。他们在许多方面变得扭曲和发育不良。最终，当他们长大成人后，头脑中已经无法形成一个健全有益的思想了。并且，他们还自认为自己已经变得非常聪明娴熟了。

——

当苏格拉底的光辉洒向微小之处，或者在我们年轻、未经世事的年代，又或者在我们历经世事后，他的论点会变得更容易接受和理解。我们无须赘述挑战重负的艰难，因为总有机会去实践苏格拉底式的善良，去避免造成苏格拉底式的伤害。这是另一种审视和理解苏格拉底的方式。

苏格拉底式的伤害既可能波及文化，也可能波及个人。一个社会可能以一种不可察觉的方式陷入了困境，然而局外人或许能洞悉分明，或当社会中的成员在事后反思时也能洞察其中的问题。伤害可能是一种倒退，也可能是进步的失败。一种文化可能会迟迟不懂得或忘记它曾经懂得的真理，以及它曾经关注这些真理背后的原因。这些一般模式是众所周知的。我在此提及它们是为了强调，有时可以通过我们一直在思考的苏格拉底视角来观察它们。社会价值中的紧张关系未得到解决，就会产生不幸。要么是很少有人能够意识到这些问题，要么是他们不愿意面对这些问题。真相可能看起来太令人不安，让人不敢去审视；也可能不够令人不安，让人觉得没有必要做出调整。如今，经济和技术的进步在很大程度上促使人们愿意认真对待这些矛盾。随着面对真相的成本的降低，或忽视真相的成本的增加，人们会更倾向于质疑和探索真相。反之，如果面对真相的成本增加，他们这样做的意愿就会降低。

第 14 章

THE SOCRATIC METHOD

如何过上美好生活

假如美好生活就是过着有美德的生活，那么什么是美德呢？苏格拉底认为美德是一种知识，而恶行则是一种无知。

本书的核心议题是苏格拉底方法，这是一套关于思考方式而非思考内容的思维模式。然而，在苏格拉底的早期对话中，他确实提出了一些关于如何过上美好生活的论点。这些论点本身就颇具趣味性，同时也有助于解答人们自然而然会产生的一个疑问：如果有结论的话，苏格拉底的推理可能会得出什么样的结论？苏格拉底方法又支持哪些论点？

美德与幸福

苏格拉底哲学将“实际的幸福”视为其最终目标。这个希腊语单词常被翻译为“幸福”（happiness）。[1]不过，也有人认为它更适合翻译为“安康”或“美好生活”，因为在英语中，人们很自然地认为幸福是一种主观状态，意味着感觉良好。但“实际的幸福”似乎具有客观意义，它暗示着外界对某人的生活状态做出了正面评价，意味着美好的生活，而不仅仅是美好的心情。幸福的心情是一个人对美好生活的自然反应。人们可以以卑劣的方式享受生活，所以即使他们看起来过得很幸福，也不能用希腊语的“实际的幸福”来形容他们。从这个角度来看，幸福的反义词并不是悲观（gloomy）或沮丧（depressed）。而可能更像是悲惨（wretched）或可怜（pitiable）这样的词。

看起来，如今我们需要对关于幸福的观念做出一定调整，但在古代，这种观念是很平常的。苏格拉底把获得“实际的幸福”视为人生的目标。每个人都向往美好生活，如果一种哲学能够为他们带来这样的结果，这就是它最有力的论点了。柏拉图笔下的一个人物说：

《会饮篇》205a　对于一个想要获得幸福的人来说，问他“为什么想要幸福”是没有任何意义的。

苏格拉底或多或少地将幸福等同于善，或者等同于美德。我们将在稍后探讨“或多或少”的程度。

《克里托篇》48b

苏格拉底 | 我们是否仍然同意应该赋予最高价值的不是生活，而是美好生活？

克里托 | 是的。

苏格拉底 | 美好生活就等于活得有尊严和体面。我们是否也这样认为？

克里托 | 是的。

《尤西德姆斯篇》282a

苏格拉底 | 既然所有的人都渴望幸福，正如已经证明的那样，当我们正确运用事物时，便能收获幸福。而学会恰当运用事物，以及由此带来的好运都是由知识所赋予的。那么根据推论，每个人都应该尽一切努力使自己尽可能明智。

克莱尼亚斯 | 对。

——

《高尔吉亚篇》470e

苏格拉底 | 在我看来，只有真正的善才能使一个人幸福，而一个不道德、邪恶的人是不幸福的。

很明显，苏格拉底认为幸福与美德密切相关，但学者们对这两者在他思想中的确切关系争论不休。对他话语中字面意思最贴切的解读是：美德是唯一真正的善，是幸福的必要条件，也是幸福的充分条件。这有时被称为“美善合一论”，因为该理论认为美德和幸福是一样的。[2] 从这个角度来看，我们不应该把金钱甚至健康当作真正的善，因为金钱与健康只是达到其他目的的手段。想想那些因为具有说服力而备受称赞的政治家或法官。说服力真的是一种美德吗？这取决于其使用方式，不是吗？说服力可以让一个好的领导者更有效率。但在邪恶之人手中，说服力就会加剧邪恶力量，让拥有权力的人更悲惨。大多数人所认为的善是金钱、权利，甚至健康。而苏格拉底对它们的看法是：如果你用明智的方式使用它们，它们就是善的；如果你用邪恶的方式使用它们，它们就是恶的。因此，智慧或美德才是真正重要的东西。正如我们将看到的那样，苏格拉底不倾向于把这两个词语区分开来。无论如何，它们是唯一善的东西。智慧或美德是美好生活的唯一可靠来源，简言之，是幸福的唯一确定来源。例如，在《尤西德姆斯篇》一段著名的段落中，苏格拉底说道：

《尤西德姆斯篇》281de

苏格拉底 | 总的来说，我们之前所探讨的善的本质并不能单纯地被视为善，善与恶的程度取决于它们是否受到知识的引导。在无知的影响下，它们可能比其对立面更具危害性，因为它们更易受到恶劣原则的支配。而当它们受到智慧和谨慎的引导时，便具有更大的善。然而它们本身并无绝对的善恶属性。

克莱尼亚斯 | 嗯，这样说一目了然。

苏格拉底 | 那么由此可知，其他事物相对而言并不重要，唯一的善源于智慧，唯一的恶源于无知。即善产生于知识，恶则源于无知。

克莱尼亚斯对此表示认同。

一些读者并不认为苏格拉底真的把美德和幸福完全等同起来。他们发现在其他章节中，苏格拉底提到美德之外的事物也是善的，或者暗示在某些条件下，即使是美好的生活也不值得活下去。[3] 苏格拉底在不同对话中的不同看法导致了微妙的争议。一个频繁被讨论的议题是，苏格拉底是否认为美德足以让人过上美好的生活，或者是否有其他因素同样重要？我们很难在短期内回答这些问题。不过，我可以引用一种反对“美善合一论”的主要观点：弗拉斯托斯经过深入探讨后提出，拥有美德确实能让人过上美好的生活，但也需要其他因素的辅助：

> 既然美德是至高无上的善，既是幸福的必要条件，又是幸福的充分条件，那么我们就可以认为除美德之外，幸福还存在许多次要的成分。苏格拉底列出的所有与道德无关的善，譬如健康、财富等，都属于这一类。如果没有美德，任何一种善都毫无价值。但是当与美德结合在一起时，如果使用得当，上述的善会在某种程度上增加幸福感。[4]

美善合一论和后一种观点之间的差异很有趣，但实际上差异并不大。每个人都赞同苏格拉底哲学将幸福与美德、智慧和知识紧密或完全地联系在了一起这一事实。与此同时，关于苏格拉底究竟是将美德视为获得幸福的手段还是幸福的关键组成部分，这一点的确存在争议。我不会在此继续探讨这一争论，但会在注释中提供参考资料，以供感兴趣的读者参考。[5]

无论你喜欢哪种版本，苏格拉底式的幸福观都能使践行苏格拉底方法的人对大多数伤害免疫。苏格拉底在受审判时说：

《申辩篇》30cd

> 作为检察官，莫勒图斯和阿尼图斯都不能对我造成任何伤害。他们没有这样的力量，因为我不相信公允的神会允许善良之人受邪恶之人的伤害。毫无疑问，控告我的人可能会处死我，或放逐我，或剥夺我的公民权。但即使他和其他人都认为这是十分严重的惩罚，我却不以为然。我觉得，他们试图将我这个无辜的人处死这件事本身要糟糕得多。

面对生活中一般或特定的挑衅，苏格拉底的身体可能会受到伤害。不过由于他的幸福感源于内心的美德、智慧与对生活的理解，而这部分始终由他自己主宰，所以他始终能保持平静。这一思想对斯多葛学派产生了深远的影响，我们将在后文中进一步探讨。

美德即知识

假设美好生活就是过着有美德的生活，那么什么是美德呢？[6]

苏格拉底认为美德是一种知识，恶行则是一种无知。将这一论点与上一个论点结合，可以简化为一个包含三个要素的苏格拉底等式：幸福 = 美德 = 知识。[7]

——

他将知识与美德置于同等重要的地位，这初看之下可能令人感到惊讶。在我们通常的理解中，知识似乎更像是一种内在的、精神上的存在，美德则更倾向于指代外在的行为与实践，所以我们很容易认为两者可以独立存在。比如，很多人都知道某种行为是充满美德的，但不会去真正实践它。古希腊人将这种现象称为 akrasia，意为“违背自己的良好判断去做事”或“薄弱的意志”。我们对这种现象已经见怪不怪了，也会因此认为知识和美德是两种不同的东西。对此，苏格拉底有不同的看法：

《普罗泰戈拉篇》352bc

其余的人则认为……一个人可能拥有知识，但他内心的知识可能会被愤怒、快乐、痛苦、爱或恐惧所支配，如同奴隶般被“呼来喝去”。你是这样想的吗？还是说你认为知识是至高无上、坚不可摧的，而且如果一个人会区分善恶，他的行动就不会与知识相悖，智慧之力就会助他克服困境？

苏格拉底显然持后一种观点：如果你的意志似乎很薄弱，根本原因在于你缺乏知识。akrasia 形容的状态其实只是无知的表象。

这个观点有一定的争议，虽然我们无法展开谈论，但可以试着理解苏格拉底的用意。本书一直主张在面对各种问题时，要倾向于减少抽象的争论，而更多地采取苏格拉底方法进行探究。这意味着被提问者需要利用自己现有的知识和经验来支持某一主张。我们不妨换种角度，想象一下你目前可以轻松抵御哪些诱惑。比如，你知道有些食物和药物绝对不能碰，哪怕你知道吃下它们会有多么美妙的味觉与感觉也还是不会吃，甚至不会被它们诱惑。为什么？因为你知道太多食用它们的后果，以及面对这些后果会产生糟糕心情。这时候，也许会有人因为你不去食用它们而称赞你有意志力，可是面对这样的称赞，你也只会耸耸肩说："这和意志力没有什么关系，我只是了解这方面的知识罢了。"

苏格拉底认为一切都是这样，或者可能是这样。当你对某件事丧失意志力时，实际上是因为你没办法获得对某一事物的更多知识。若你仍然声称："我确实知道很多，但我控制不了自己。"苏格拉底会答："这是因为你还不知道，有部分知识并不属于你。"他的回答表明，就算你"知道"某事，这个"知道"的程度也有所不同。回到刚刚的例子，你能避免服用危险的药物或其他东西，原因并不仅在于你能详述食用后的危害，更在于你对这些危害有了更深入的了解，清楚地知道这些危害到底意味着什么。可有时我们只是在复述那些危害，并不能透彻地理解它们。这时，掌握虚假知识的我们力量就会很薄弱。

对于知识的缺乏，苏格拉底还有很多话要说。知识缺乏看起来就像意志丧失。你在一时的软弱中所缺失的"知识"，往往是对某件事的成本和收益的全面而清晰的理解。例如，在《普罗泰戈拉篇》中，苏格拉底说明了诱惑如何带来眼前的快乐，却会导致未来的不满。如果这是一笔糟糕的交易，就代表我们没能对未来的感受给予足够的重视，进而导致了对目前行动的错误评估。[8]如果所有这些未来的后果就摆在你面前，你或许会采取与现在不同的行动。然而很少有人能够准确而清晰地预见未来，它与获取知识的局限性有关。

美德与知识等价，这一等式暗示了一个观点，即做错事的人是被误导的。我们可以从自利的角度来理解这句话。苏格拉底认为，人们总会试图去做他们认为对自己最有利的事情，总之，人们的主要愿望是为自己好。要注意，这里的"好"是主观的，每个人对它的理解都不同。没有人会故

——

意去做一些对自己不好的事情。倘若一个人心怀恶念，并明确地想要付诸实践，那么对于他个人来说这就不算是恶行，至少与其他选择相比是这样的。

《美诺篇》77be

苏格拉底 | 你不认为每个人都渴望善吗，我的朋友？

美诺 | 我不这样认为。

苏格拉底 | 你觉得有些人渴望恶，是吗？

美诺 | 是的……

苏格拉底 | 那么，对于那些觉得恶行对自己有好处的人，你认为他们会承认自己的行为是恶行吗？

美诺 | 不，我不这么认为。

苏格拉底 | 显然，在这样的情况下，他们不认为恶行是恶行，而是在渴望他们认为善的东西，即使实际上那些事物是恶的。这意味着有些人不认为那些恶的东西是恶的，反而觉得它是善的，所以其实他们也在渴望自己认为的善，不是吗？

对上述观点，苏格拉底有一句著名的总结：没有人愿意做错事。[9]

我们刚刚仅限于探讨在对自己更有利或更不利的行为之间做出选择。有些事情看起来很吸引人，但从长远来看会让我们变得更糟，除非我们现在就能更全面地理解它们。在这种情况下，人们的行为总是倾向于满足自己的利益。然而当我们的行为影响到他人时，问题就变得复杂了。美德和“做正确的事”要求我们考虑他人的福祉。这似乎与追求个人利益的行为相矛盾。有些人可能会为了自己的利益而做出伤害他人的事情，这看似是出于自私的动机。然而苏格拉底认为，无论出于何种原因，伤害他人的行为最终对自己也是有害的。[10] 即使在追求个人利益时，我们也应该意识到伤害他人最终也会伤害到自己。即使是最恶劣的恶行背后也有行恶者自己的理由和认知。这些理由可能使他们的行为看起来是正确的，但实际上，他们是被错误和错误的认知所驱使的。

对于这一观点，我们可以从苏格拉底的哲学思想中找到有力的阐述。具体来说，就是深入思考一些我们已确认其真实性的实际案例。假设当你对别人施加恶劣行为时可以获得金钱或类似的物质利益，这似乎可以让你的生活变得更好，然而你却并不愿意这么做，这不只是因为你害怕受到惩罚，更是因为你觉得那样做并不会让你感觉自己会过得更好。一个极端的例子可以更清楚地说明这一点。想象一下，你回到了某个奴隶制普遍存在的时代，在那里你有机会拥有自己的奴隶，然而你却丝毫不想拥有任何奴隶。旁人可能认为你是个傻瓜，或者正在做出巨大的牺牲，因为你放弃了过上更优越生活的机会。旁人可能还会钦佩你强大的意志力。但只有你自己知道，这并不是意志力或牺牲的问题，你只是对“美好生活”有更好的理解，与那个时代的人完全不同。或许在遥远的未来，我们的后代也想象着访问我们如今的时代。到那时，他们可能也会对我们目前关于美好生活的观念感到相当反感。

其实，上述想象中提到的结果就是苏格拉底认为道德丧失的原因。当你无法做正确的事情时，哪怕是为了他人去这样做，不是因为你的意志力不坚强，而是因为知识不足。这可能是由于你没办法从所谓的“未来视角”或“上帝视角”全面地看待问题，或者没有近距离地看到你的行为对他人的影响，又或者没有意识到他人和你一样重要。

——

情感是对知识的反应

美德等于知识，这让许多读者感到困扰，因为它似乎将人的动机看作完全理性的，类似于“智识主义者”。难道在决策过程中，情感不是和知识一样重要，甚至更重要吗？[11] 在后来的著作中，柏拉图为情感留出了更多的空间，一些读者认为这是一种进步。[12] 但是我们也可以将情感视为对知识或信仰的反应。

恐惧就是一个很好的示例。苏格拉底有时教导我们，勇敢是一种知识，怯懦是无知的一种形式。起初这看起来很奇怪，因为勇敢和怯懦都包含恐惧，而恐惧似乎是一种感觉或情绪，而不是一种知识。但当人们害怕他们应该感到害怕的东西时，我们不会称他们为懦夫。怯懦，即人们对不值得恐惧的事物产生恐惧。对于怯懦的旁观者而言，他们深知这件事并无恐惧的必要，然而那些被怯懦所束缚的人却无法认识到这一点。显然，旁观者与怯懦者的感受存在差异。然而，这种差异源于他们对同一事物的理解不同，或理解的深度有差异。苏格拉底与普罗泰戈拉谈到了这一点：

《普罗泰戈拉篇》360bd

苏格拉底 | 一般来说，当勇者感到恐惧时，他们不会因恐惧而感到耻辱，更不会因自信而感到耻辱？

普罗泰戈拉 | 确实如此……

苏格拉底 | 懦夫，以及那些鲁莽和疯狂的人，他们感到的恐惧或怯懦是不光彩的。除无知以外，还有任何原因能够让他们表现出不光彩的恐惧或自信吗？

普罗泰戈拉 | 没有……

——

苏格拉底 | 不知道什么是可怕的，什么是不可怕的，那一定是怯懦。

（普罗泰戈拉点了点头。）

苏格拉底 | 而勇敢是怯懦的反义词。

（普罗泰戈拉表示同意。）

苏格拉底 | 而若了解什么是可怕的，什么是不可怕的，就表示并非对这些事情一无所知。

（普罗泰戈拉又点了点头。）

苏格拉底 | 所以对这些一无所知就是怯懦。

（普罗泰戈拉极不情愿地表示同意。）

苏格拉底 | 因此，知道什么是可怕的，什么是不可怕的，这就是勇敢。

因此，苏格拉底将所有显而易见的、有关生活和行为的伦理问题都转化成了知识和智力问题，或者将它们转化成了一个特定的知识问题，因为他似乎论证了“美德的统一性”，意思就是说，如果你能完全拥有任何一种美德，就会拥有所有美德。它们都是对善与恶同样深刻的理解，只是形式上不同而已。[13]

谈到实践，我们可以尝试用已经看到的方式来解释任何人所做的每一个错误或不道德的行为：将其解释为知识或理解的失败是一个很好的苏格拉底方法练习。有些情况是很难这样理解的，比如面对人们身体上的嗜好，或者根本没有经过任何思考就采取的行动，但通常至少可以从苏格拉底的角度来看待任何错误的决定。有时，找到一个全知全能的人，也就是一个对未来、他人及其经历等都了如指掌的人，问问他为什么不会这样做，想必会对你有所帮助。如果决定是情绪性的，你可以问他若引发情绪的理解和知识不同，情绪是否会一样。斯多葛学派对最后一个观点进行了更详细的阐述，下一章将对此进行说明。

苏格拉底认为，将美德视作一件与理解问题相关的事情将能鼓励人们，当他们以正确的方式学习哲学时，至少在他所处的时代，就可以成为更快乐的人。换句话说，哪怕苏格拉底方法不能让你保持好心情，但至少能让你更有资格拥有好心情。

美德可以传授吗

同时，苏格拉底也将美德的教与学视为一个难题。知识是可以传授的，所以如果美德和知识是密不可分的，这就意味着美德也可以由一个人传授给另一个人。但这真的可以做到吗？

关于这个问题，有人持否定观点。比如，苏格拉底就在《普罗泰戈拉篇》中提及，当人们想就如何建造某样东西征求意见时，他们会去问那些有相关资历的专家。但在道德问题上，似乎每个人都有发言权，没有人会问他们有什么证书。

这表明，没有人认为在这些问题上有专家；同时也表明，回答这些问题所需的知识是无法传授的。如果可以教的话，那些花了最多时间研究它的人就该得到尊重。而且人们在思考道德问题时也不会听从哲学教授的意见。他们可能会听从父母或其他权威人士的意见，但这也不能说明智慧是可教的。有很多例子表明，父母试图让他们的孩子变得聪明，或者教师试图让他们的学生变得聪明，但都没有成功。苏格拉底认为，这些事例都不禁让人怀疑美德是否可以从一个人传给另一个人。

——

《普罗泰戈拉篇》320b

苏格拉底 | 我还可以举出无数的示例来说明，有些人本身是善的，但从来没有成就过任何人，不管是朋友还是陌生人。现在我和普罗泰戈拉都看到这些例子了。所以，我倾向于认为美德不具有可教性。

普罗泰戈拉回复了很多。他指出，我们不会惩罚盲人或身体有残疾的人，但会惩罚那些行为不道德的人。显然我们认为那些人如果认真学习，他们会做得更好，这使得美德看似是一种可以学习的东西，因此也是一种可以传授的东西。我们的确花了很多时间来教育孩子和其他人如何做人，其中一些努力就蕴含在我们熟悉得几乎看不见的习俗中。

《普罗泰戈拉篇》328a

普罗泰戈拉 | 苏格拉底，你很不满，为什么？因为人人都是美德的老师，人人都各尽所能，你却偏要问老师在哪里？你还不如问，谁是教希腊语的老师？①

的确，有些人天生就比其他人更有美德，就像有些人天生更具有吹奏长笛的天赋一样。想象一下，如果吹奏长笛对每个人来说都很重要，而且每个人都接受了这方面的指导，结果仍然是有些人会吹得很好，有些人则在这方面不开窍。但是，我们不会因此说长笛吹奏不具有可教性。在普罗泰戈拉看来，苏格拉底所犯的错误是没有进行足够的比较，以偏概全了。如果有人完全没有受过美德教育，人们一眼就能发现他们的不同，而且相信他们会是很可怕的。

① 在说希腊语的雅典，自然是到处都有希腊语老师。——译者注

——

《普罗泰戈拉篇》327cd

普罗泰戈拉 | 想象一下，现在有一个受过法律和人文教育的最坏的人，如果你把他与那些没有受过教育且没有法庭、没有法律、没有任何约束迫使他们践行美德的人相比，例如，与诗人菲雷克拉特斯在去年列那亚节舞台上展示的野蛮人相比，他就会显得是一个公正的、正义的人。要是你真的与那些憎恨人类的人生活在一起，相信你也会非常期望能够回到那些从前你觉得很无赖的人身边去。

因此，美德也许是可教的。只是教化的过程是如此发散无际，学习者的能力又是如此各不相同，以至于我们无法轻易地用我们粗糙的感官来感知到学习的存在。对于这些论点，苏格拉底并没有直接反驳，而是转移了话题，所以也许他认为这些论点有一定的道理。但苏格拉底关于美德可教性的困惑就像他留下的大多数难题一样，从未得到完全解决。柏拉图自己可能也不知道该如何回答这个问题。这仍然是一个难题。苏格拉底的活动表明，他自己对这个问题的真正答案可能是：让我们希望它是可教的，然后试一试。

苏格拉底方法的拓展空间

苏格拉底提出了一种方法，以及在方法指导下产出的一些原则。不过这些还不足以构成完整的伦理哲学。有很多问题苏格拉底并没有试图去分析，至少没有直接去分析。而在其他一些问题上，他的分析似乎也没有完成。有一些读者会把他的某个论点当作单一的理论，然后说它不成立，因为它解释得不够充分。[14] 如果美德被视为一门知识，那么它所涉及的领域究竟是什么？如果我们将其解释为对“对你来说什么是有益的”或者“什么更有助于实现幸福”的衡量标准，那么我们可能并未在此问题上取得真正的进展，因为对你来说有益的事物本身就是美德的体现。因此，我们需要更好地了解这些知识是关于什么的，而不能仅仅认为知识就是一切。

或许，答案在于刚刚讨论过的成本与收益的明智权衡。[15]柏拉图晚期的著作以及斯多葛学派的著作均可被视为对其他可能答案的补充。同样，这些观点有时会遭受批评，因为它们的推理与论证过程同样存在循环之嫌。[16]正如苏格拉底所揭示的那样，在深层次的道德问题上，理性很难果断地终结这种循环。然而，这些例子也在一定程度上表明，苏格拉底伦理学的不完整性或许可以被视为一种优势。这使得其理论与一系列其他哲学观点和方法能够兼容。[17]苏格拉底哲学宛如一根树干，具有多样的拓展空间；同时又如同一幅草图，可以采用多种方法来完成。

第 15 章

THE SOCRATIC METHOD

如何像斯多葛学派一样生活

斯多葛主义使苏格拉底学说更具实用性，它着重探讨人们该如何处理生活中出现的各种问题，譬如虚荣、愤怒、恐惧、贪婪等。他们不像苏格拉底那样只是笼统地表示，这些问题的出现表明了知识的缺乏，而是向人们展示了如何相对应地解决这些问题。

苏格拉底离世后，他的思想仍在持续影响着后世的哲学家与哲学流派。[1]第 15 章与第 16 章将阐述苏格拉底的追随者如何将其方法与生活理念深化，进而构建更为严谨的哲学体系，并应用于更为复杂的实践场景。我们将从斯多葛学派开始，然后花些时间讨论怀疑论者，以说明苏格拉底式思维所带来的一系列影响。

斯多葛学派是在苏格拉底去世约 100 年后开始涌现的，在古希腊和罗马非常盛行，它提出的伦理思想至今仍吸引着许多人。为便于讨论，请忽略“斯多葛主义”（Stoicism）一词在现代英语中的含义，因为它和古代哲学几乎没有关系。斯多葛学派讨论了许多苏格拉底从未触及的主题。[2]例如，他们有一套详尽的自然法理论，这与柏拉图笔下的苏格拉底没有任何关系，尽管它可能源于色诺芬笔下的苏格拉底。[3]但在斯多葛学派思想的其他方面，包括关于如何思考和生活的一些最有趣的论点，苏格拉底的影响是巨大而明显的。正如 A. A. 隆（A. A. Long）所说：“苏格拉底是斯多葛学派哲学家的主要灵感来源和永远的学习榜样。”[4]

斯多葛主义被广大读者视为一套指导我们如何过上幸福生活的学说。

——

确实，它希望人们能够达成这样的结局。然而深入探究其本质，我们会发现它更关注的是采用一种特定的思维方式来解决哲学所探讨的问题。斯多葛学派的核心理念和建议正是这种思维方式下的产物，而这种思维方式深受苏格拉底的影响。爱比克泰德，这位斯多葛学派的杰出哲学家，尤其致力于传播苏格拉底的立场和分析方法。他巧妙地展示了如何将苏格拉底方法应用于解决实际生活中更复杂的问题，而不是仅仅涉及“对话录”中那些简单的问题。对于那些希望更深入理解斯多葛学派的学者来说，他们需要回溯其历史根源，从源头开始理解这一哲学体系。

在简述斯多葛哲学派的发展史之后，本章将展示苏格拉底的学说是如何在斯多葛学派的思想中延续或进一步发展的。

斯多葛学派的历史

斯多葛学派之所以得名，是因为该学派的创始人基提翁的芝诺（Zeno of Citium，以下简称“芝诺”）（公元前 334 年至公元前 262 年）。他在一个能俯瞰雅典的中心集会场所（Agora）的公共廊道或门廊（Stoa）处进行教学，斯多葛主义因此被称为门廊哲学，与学院派哲学（柏拉图的哲学）、学园派哲学（亚里士多德的哲学）或花园派哲学（伊壁鸠鲁的哲学）相对应。上述这些名称都是指各个学派传授教义的地方。

我们对芝诺的了解很少，据说他早年师从柏拉图之后的学院派领袖、“老学院派”三杰之一的帕勒蒙（Polemo），同时师从犬儒主义哲学家克拉特斯（Crates）。芝诺先后被克里安提斯（Cleanthes）和克利西波斯（Chrysippus）奉为斯多葛学派的领袖。这三个人都是多产的作家，但其

作品都没有流传下来，我们只能通过别人记录中的转述或引用来了解他们的论点。斯多葛主义“后期”的现存著作要丰富得多，可以满足我们在此处的需要。[5]以下是该时期的主要作者：

1. 爱比克泰德（Epictetus），生活在大约公元 55 年至 135 年。他出生在我们现在所知的土耳其地区，前半生大部分时间都在罗马度过。他一出生就是奴隶，成年后获得自由，但一生都在饱受腿伤的折磨。当哲学家们被图密善皇帝（Domitian）①驱逐出罗马时，爱比克泰德移居希腊，并在那里建立了一所学校。他没有留下自己的作品。但他的一个学生阿利安（Arrian）出版了大量的课堂笔记，这些笔记后被称为《哲学谈话录》（*Discourses*），以及《师门述闻》（*Enchiridion*）。《师门述闻》是一本手册，阿利安是用希腊语写下这些作品的。隆教授观察到“几乎每一页的论述中都有苏格拉底的影子”，它们是“继柏拉图和色诺芬的作品之后，对苏格拉底最具创造性的记载”。[6]

2. 小塞涅卡（Seneca the younger，全名 Lucius Annaeus Seneca），生活在公元前 4 年至公元 65 年。他出生在西班牙，父亲与他同名，因此被称为老塞涅卡，是一位修辞学老师。我们的小塞涅卡年轻时被带到罗马。他在埃及生活了一段时间，早年当过律师和政治家，后来被流放到科

---

① 图密善，罗马帝国第十一位皇帝，弗拉维王朝第三位也是最后一位皇帝。其统治表现出强大的威权主义和专制主义特征，在其治下，宗教、军事和文化的宣传均助长了对皇帝的崇拜。——编者注

西嘉岛，之后成为臭名昭著的皇帝尼禄（Nero）① 的导师和顾问。他变得非常富有。公元 65 年，小塞涅卡被控参与了“皮索党阴谋”（Pisonian Conspiracy），即科尔布罗将军策划的针对尼禄的刺杀行动，行动并未成功。皇帝命他自尽，他照做了。他选择坐在注满热水的浴缸中割开自己的血管。虽然有记载称他最终死于蒸汽中毒，但这一说法尚未得到证实。在电影《教父 2》中有一个情节正描述了这一历史事件。小塞涅卡的作品丰富多样，包括哲学书信、对话、散文以及部分戏剧。他的作品在斯多葛学派领域具有极高的成就和影响力，是现存文献中的瑰宝。

3. 马可·奥勒留（Marcus Aurelius），全名为马尔克·奥列里乌斯·安东尼·奥古斯都（Marcus Aurelius Antoninus Augustus），生活在公元 121 年至公元 180 年。他自公元 160 年开始担任罗马皇帝，在位近 20 年。他在生命的最后 10 年中，大部分时间都在指挥军事活动，他用希腊语给自己书写了哲学笔记，我们称之为《沉思录》。他在著作中从未自称是斯多葛学派，但他对斯多葛学派的理念深信不疑，因此被公认为该哲学流派的杰出代表之一。穆勒将马可·奥勒留的著作描述为“古代思想的最高道德产物”。[7]

苏格拉底的无知

苏格拉底方法首先要让你明白自己所知甚少（见第 11 章）。爱比克

---

① 尼禄是罗马帝国的第五任皇帝。他的统治被视为罗马帝国历史上最黑暗的时期之一，是暴虐和腐败的代表。——编者注

——

泰德认为这一点也是斯多葛学派的创立之本。

《哲学谈话录》2.11.1

哲学的开始，至少对那些以正确的方式掌握哲学的人来说，是在面对最重要的事情时意识到自己的软弱和无能。

《哲学谈话录》2.17.1

学习哲学的人的第一要务是什么？放弃自负。

在面对傲慢的人时，爱比克泰德常常表现得很谦逊。他认为此时应该首先询问自己，对方的问题是否也可能存在于自己身上。

《哲学谈话录》2.21.8–10

我们生活在这样一群人中间，他们非常困惑、茫然，不知道自己在说什么，不知道自己内心有什么样的邪恶，更不知道自己的邪恶从何而来，也不知道如何才能摆脱邪恶。我认为，我们应该不断地把注意力集中在以下的想法上："也许我也可能是这些人中的一员吗？我把自己想象成什么样的人？我该如何表现自己？我真的是一个有智慧的、能控制自我的人吗？就我而言，我能说自己受过教育，并能够面对可能到来的一切吗？如果我真的一无所知，那么我真的能意识到自己的一无所知吗？

马可·奥勒留也有类似的论点——抵制自负这件事本身不应成为自负的来源：

——

《沉思录》12.20　一个人如果骄傲自大地认为自己并非骄傲自大，他的这种表现其实表现出了一种最难以容忍的傲慢与自以为是。

但与苏格拉底不同，正如我们将看到的那样，斯多葛学派认为他们可以通过推理得出重要真理，而无须犹豫。

斯多葛学派中的交叉询问

辩证法从一开始就是斯多葛主义的一部分。

对芝诺而言，辩证法意味着问答。而对克利西波斯来说，辩证法意味着投入辩论，也可能是指一种更广泛的探索真理的方法。[8] 到了罗马人那里，证据就变得更加直接了。小塞涅卡认为："对话之所以非常有益，是因为它会一点一点地深入人心。"[9] 爱比克泰德则是苏格拉底问答法的忠实信徒，他称这种问答法可以消除人们错误的知识自负：

《哲学谈话录》2.14.8　人类有两样东西必须根除：自以为是和缺乏自信。假定一个人觉得自己再没有什么需要的东西，那就是自以为是……这种假设可以通过交叉询问来消除，苏格拉底是第一个这样做的人。

爱比克泰德对他所理解的苏格拉底方法做出了如下解释：

——

《哲学谈话录》2.12.5–7

那么，苏格拉底是如何表现的呢？他强迫他的同伴为其做证，而不需要任何其他证人。因此，他可以说："没有别人我也能行。对我来说，有我的对话同伴作为见证就足够了。我不要求其他人投我的票，只要我的同伴投我的票就够了。"因为他会把我们先入为主的一些观点的后果清楚地揭示出来，以至于每个人，不管是谁，都会对观点中的矛盾一目了然，进而放弃原本的观点。"嫉妒的人会以嫉妒为乐吗？""一点儿也不会，恰恰相反，他会为此感到痛苦。"通过这种矛盾，他动摇了同伴的认知。"那么在你看来，嫉妒是一种看到坏事时的痛苦吗？"随后，他会让同伴自己说出，嫉妒是看到美好事物时的痛苦。[10]

爱比克泰德在自己的课堂上也采用了问答式教学法，它源自苏格拉底方法，但有一些变化。斯多葛学派往往通过突破看似自然的表面印象进行实践。苏格拉底式的问答法是实现这一过程的一种方式。看看以下这段话，爱比克泰德的学生是一位父亲，他对女儿的身体状况感到非常担心，却无法陪在她身边。

《哲学谈话录》1.11.4–7

爱比克泰德 ｜ 那么，你觉得你当时那样做是对的吗？

女儿的父亲 ｜ 我下意识就那样做了。

爱比克泰德 ｜ 你需要让我相信你是下意识地这样做了，然后我会劝说你，任何自然而然的行为都是正确的。

——

女儿的父亲 | 所有的父亲都是这么想的，至少大多数父亲都是这样。

爱比克泰德 | 我不怀疑这一点，不过我们是在讨论这样的感觉是否正确。因为在这种情况下，我们就不得不说，肿瘤也在自然而然地生长，但当它长得太大，就会不利于身体的健康。总之，几乎所有人，或者至少大多数人，都可能会自然而然地陷入错误的认识。

再看看下面这个示例，爱比克泰德质疑他的学生对斯多葛学派的看法。他的同伴认为，我们可以真正自由地运用自己的思想，但在其他方面则不然。

《哲学谈话录》4.1.66–71

爱比克泰德 | 你想要你的身体保持健康且健全，这是你力所能及的吗？

学生 | 不，那不在我的能力范围内。

爱比克泰德 | 那在你希望身体健康的时候呢？

学生 | 不，那也不行。

爱比克泰德 | 或者说它应该很漂亮？

学生 | 也不行。

爱比克泰德 | 或者你能控制它的生死？

学生 | 还是不行。

爱比克泰德 | 因此，你的身体不是你自己的，而是受制于比你自己更强大的东西。

学生 | 的确如此。

爱比克泰德 | 那么，就没有什么东西是由你自己

———

支配的，或者完全是你力所能及的吗？你有这样的东西吗？

学生 | 我不知道。

爱比克泰德 | 好吧，让我们从这个角度来看问题。你仔细考虑一下，有人能让你赞同虚假的东西吗？

学生 | 没有人。

爱比克泰德 | 所以说，在赞同方面，你是不受任何阻碍和约束的？

学生 | 是的。

爱比克泰德 | 那么，有人能强迫你因冲动而获取你不想要的东西吗？

学生 | 当然能。因为当他用死亡或监禁来威胁我时，他可以强迫我这么做。

爱比克泰德 | 如果你蔑视死亡，蔑视镣铐，你还会听从于他吗？

学生 | 不会。

爱比克泰德 | 而蔑视死亡是你自己的决定吗？

学生 | 这是我自己的决定。

以上的对话颇有苏格拉底的风格。爱比克泰德同样也会将学生的讨论引向一个荒谬的结论，或者表明这个论点与学生自己的其他论点相冲突。但他和苏格拉底之间也存在差异。与苏格拉底相比，爱比克泰德不太可能要求学生定义论点，或将论点抽象化，再对其提出质疑。他更有可能直接追问学生的道德假设，或者利用问题来阐明他希望学生理解的论点。他不寻求让学生陷入困境。相反，他对看待问题的方式正确与否颇具主见，并会推动他的学生认同这些结论。他的问题通常更具体，不那么复杂，其结

——

论也比柏拉图向我们展示的苏格拉底更实际。[11] 在这些方面，他更像色诺芬记录的苏格拉底。尽管如此，斯多葛学派教师的方法也在精神上与苏格拉底方法相似。他们不会命令学生相信这个或那个，而是更侧重于总结学生的经验，并反问学生，"你不这么认为吗？"或者"看起来不是这样吗？"。

本书认为，苏格拉底之所以有这样的提问习惯，在很大程度上是为了将它内化。爱比克泰德也这样认为：[12]

《哲学谈话录》2.1.32	由于苏格拉底不可能总是让人在他身边检验他的判断，或者反过来接受他的诘问，所以他习惯于让自己接受检验，并且总是去尝试某种特定的先入之见的实际应用。
《哲学谈话录》1.30.1–3, 5–7	当你要与权威人士交流时，要明白，有一个人正在高处观察着这一切。你真正要说服的不是权威，而是那个高处的观察者。 观察者问你："你会如何描述流放、监禁、奴役、死亡、耻辱？" "我对它们漠不关心。" 他再问："那么现在你把它们称作什么？这些东西到底有没有改变？" "没有。" 他再问："那么，你呢？有改变吗？" "没有。" 请坚定地向前走，并记住这些对话。你会明白，作为一位学习过这些东西的年轻人，与那些未曾学过的人相比，你会拥有怎样的优势。

——

爱比克泰德有时会对他的学生采取严苛的态度。这种方法在现代课堂上并不受欢迎。然而就像苏格拉底式的反诘一样，当你质疑自己的愚蠢时，它也可以具有一定的价值。

《哲学谈话录》2.16.32

"那么我什么时候能再见到雅典和卫城呢？"可怜虫，你每天看的东西还不够吗？你还有比太阳、月亮、星星、整个世界、大海更好、更伟大的东西可以看吗？

《哲学谈话录》2.16.11–14

我们欣赏什么？外部环境。我们把精力放在什么地方？外部环境。那么，我们就会处于恐惧和痛苦之中，这有什么好奇怪的？如果我们认为即将发生的事件是邪恶的，那它除了是邪恶的，还会是什么样的呢？我们不可能不害怕，不可能不痛苦。然后我们就说："上帝啊，求你不要叫我痛苦。"蠢材，你没有手吗？难道这不是上帝为你造的吗？你还要坐下来，祈祷上帝不要让你老是流鼻涕吗？最好还是擦擦鼻涕，别再祈祷了。难道上帝没有给你任何帮助吗？他不是给了你耐力吗？他不是给了你伟大的精神吗？他不是给了你勇敢吗？

斯多葛学派追求的一致性

就像我们在第 7 章中看到的那样，苏格拉底将一致性视为真理和精神健康的考验。如果有人对一个话题发表不同或不一致的言论，这表明他们并不知道自己的想法。

——

《高尔吉亚篇》491b

苏格拉底 | 你对我的抱怨是，在你看来我总是在发表同样的看法，而我却在你身上发现了你的缺点，我认为你对同样的问题从来不发表同样的看法。

这样的论点支持了弗拉斯托斯的结论，即苏格拉底“在他自己寻求真理的过程中，把一致性提升为最高的要求。”[13] 斯多葛学派在方法和内容上都延续了这种趋势。爱比克泰德追随着苏格拉底，将内在批判或发现矛盾视为在交叉询问中取得成功的经典途径。

《哲学谈话录》2.26.4–7

一个擅长逻辑思考的人，不仅善于鼓舞人心，而且能够精准地指出他人的错误。如果你能够清晰地向每个人展示导致对方误入歧途的矛盾之处，让对方清楚地意识到自己并非在从事真正想做的事情，而是在做一些违背自己意愿的事情，那么对方就会主动放弃自己的错误做法。然而，如果你无法说服对方，对方仍然坚持自己的错误行为，你也不要感到惊讶。苏格拉底明白一个理性的心灵是如何被触动的。理性就像一架天平，无论自身是否愿意，它都会向对的那一方倾斜。当决策者意识到自己的矛盾时，他就不会再放任不理。但是，如果你未能清晰地表达出来，那么责任应归咎于你自己，而不是那个你无法说服的人。

小塞涅卡还在《使徒书信》(*Epistles*）中阐述了一致性作为真理标志的价值。

——

《使徒书信》20.5　智慧是什么？我希望能够摒弃对智慧的原有定义，使用一个能够涵盖人类生活全部范围的新定义。智慧是你总是想要一些不变的东西，并拒绝另一些不变的东西。而且，你不用为“你想要的”加上“只要它是对的”这一限定，因为如果某件事是错误的，人们不可能一直对它感到满意。

这种论点与第 6 章中所展示的苏格拉底的立场非常相似：你所相信的任何虚假的东西最终都会与你所知道的真理发生冲突。爱比克泰德似乎也有类似的论点。他谈到了一种与生俱来的道德感，人们可以据此做出判断。因为真理永远不会彼此冲突，经过长时间检验后，真理的一致性会表明它们是正确的。[14] 反过来说，矛盾是人们对真理把握不准的标志，正如上文《高尔吉亚篇》的段落所暗示的那样。这也是小塞涅卡对矛盾的看法：

《使徒书信》95.57–58　心灵的宁静源于对事物稳定且明确的判断。一些人于放弃与追求之间犹豫不决，进而陷入迷茫。究竟是什么导致了这种不确定性？原因在于，对于那些根据最不可靠的大众意见来回答问题的人来说，没有什么是能够确定的。

斯多葛学派如何看待美德与幸福

斯多葛学派大体上认同第 14 章中提到的苏格拉底的伦理观，并在某些情况下更进了一步。[15] 在第 14 章中，我们看到苏格拉底式的哲学家将获得幸福或美好生活视为终极目标。我们还看到苏格拉底称：“智慧是唯一的善，无知是唯一的恶，抑恶扬善从认识自我开始。”[16] 斯多葛学派的

——

学说也是一种幸福哲学。关于美好生活的意义，斯多葛学派的立场与苏格拉底的立场非常相似，甚至可能是相同的。[17]

《使徒书信》71.32　这一点可以用寥寥数语表达出来："美德是唯一的善；无论如何，没有美德就没有善；美德本身就是我们的高尚部分，也就是理性部分。"

苏格拉底曾深入探讨过，财富与健康并非天然具备善的属性。它们能否成为善，完全依赖于人们如何去使用和对待它们。关于这一观点，我们之前已经讨论过一些具体的实例。下面是另一个例子：

《美诺篇》87e–88a

苏格拉底 ｜ 假设我们考虑哪些事情对我们有益，并把它们列成表格。我们可能会说，健康，还有力量、美貌和财富以及其他我们认为有益的东西，你同意吗？

美诺 ｜ 同意。

苏格拉底 ｜ 不过，我们也认为这些事情有时确实会带来伤害。你会反对这种说法吗？

美诺 ｜ 不反对，确实会有这样的情况。

苏格拉底 ｜ 那么，决定这些因素是有利还是有害的变量是什么？正确的应用使它们有益，而错误的应用使它们有害，是这样吗？

美诺 ｜ 当然。

斯多葛学派对"美德即善"这一观点进行了深入且有力的研究，使得人们相较于苏格拉底，更倾向于将这一观点与斯多葛学派联系起来。爱比

——

克泰德曾说：

《哲学谈话录》3.20.4	"健康是善的，疾病是恶的吗？" 你还可以说得更好。 "什么？" 善用健康是善，滥用健康则是恶。

小塞涅卡曾说：

《使徒书信》82.14	因此，对于那些我们"漠不关心"或"中立"的事物亦是如此，譬如财富、力量、美貌、声誉、主权，或它们的对立面：死亡、流放、疾病、痛苦，以及所有其他我们或多或少感到可怕的事物。是邪恶或美德赋予它们善或恶的属性。一块金属本身既不冷也不热，扔进炉里就是热的，放进水里就是冷的。

正如这段话所暗示的那样，那些健康、财富和其他本身没有善恶之分的外在事物，斯多葛学派对它们"漠不关心"。其中的有些事物如果使用得当，会给人们带来帮助，斯多葛学派对其的态度则是"偏好的漠不关心"[①]。

斯多葛学派如何看待美德与知识

除了说幸福与美德密不可分，苏格拉底还认为美德与知识或理解有关，而邪恶就是无知。来看看斯多葛学派的论点是不是与之类似：

① 简单来说，就是指希望达到某种状态，但是不强求是否真能达到这样的状态。——译者注

——

《使徒书信》31.6　那么，什么是善？善是对事物的认知。什么是恶？恶是缺乏对事物的认知。

《使徒书信》88.28　只有一件事能使灵魂臻于完美，那就是对善与恶不可动摇的认知。

《哲学谈话录》1.11.11　不知道颜色、气味或味道的标准也许损失并不大。但是，如果有人不知道人的善与恶是否顺其自然，他遭受的损失可就大得多了。

斯多葛学派使苏格拉底学说更具实用性，它着重探讨了人们该如何处理生活中出现的各种问题，譬如虚荣、愤怒、恐惧、贪婪等。他们不像苏格拉底那样只是笼统地表示问题的出现代表了知识的缺乏，而是向人们展示了如何相应地解决这些问题。首先，他们会指出，你遇到的实际问题往往可以被解释为你的思维问题。苏格拉底解决自己问题的方法就是一个示例。

《师门述闻》115　困扰人们的不是发生的事情，而是他们对这些事情的看法。例如，死亡并不可怕，因为即使是苏格拉底也要面对它。相反，认为死亡是可怕的，这才是可怕的事情。因此，当我们受到阻碍、感到沮丧或委屈时永远不要责怪别人，而是要责怪我们自己，也就是我们的观点。

西塞罗（Cicero）[①] 也用类似的方式描述了斯多葛学派的论点：

《图斯库路姆论辩》4.7　悲哀源于对当前困境的认知，它让人情绪低落，心境沉重。欢乐则源于对当前美好事物的感知，它使人充满喜悦和振奋。恐惧源自对即将来临的恶果的预见，让人感到无法承受。欲望则是对未来美好事物的渴望，希望它能够早日实现。

比较一下《理想国》中的以下片段：

《理想国》429bc

苏格拉底｜勇敢是一种坚韧。

格劳孔｜是什么样的坚韧呢？

苏格拉底｜一种通过教育对法律的维护，使人们认识到什么样的行为、什么样的事物是糟糕的。

如果美德是知识的一种形式，而恶行是无知或错误观点的结果，那么恶行会产生什么后果呢？斯多葛学派的一个答案是宽容。当人们变得令人讨厌或做错事时，是因为他们不知道该怎么做。记住这一点会让我们更友善。马可·奥勒留首先引用了苏格拉底的言论：

《沉思录》7.63　“每一个灵魂都因违背了自己的意志而背离了真理”，同样，自己的正义、自我控制、善良和一切类似的意志也被剥夺了。时刻记住这一点很有必要，因为这会让你对其他人更加宽容。

---

① 马尔库斯·图利乌斯·西塞罗，古罗马著名政治家、哲学家、演说家和法学家。代表作为《记法律》。——编者注

——

《沉思录》2.1

早晨醒来时，对自己说：今天我将会遇到爱管闲事的人、忘恩负义的人和傲慢的人，还有撒谎的、嫉妒的、不合群的人。所有这一切都是因为他们不知道善恶。

在其他时候，斯多葛学派认为行为恶劣的人应该得到同情。因为他们要么是错了，要么是道德上有缺陷，不管怎样都是可悲的。

《哲学谈话录》1.28.9

那么，你为什么生她的气呢？难道是因为这个不幸的女人在关键之处受到了欺骗，变成了一条毒蛇，而不再是一个人？你们为什么不能像怜悯那些失明和跛足的人一样，也怜悯那些被蒙蔽的人呢？

爱比克泰德有时建议将犯错的人视为受害者。

我们之前看到过苏格拉底的论点，即那些伤害他人的人自己的境况更糟，这可能是因为他们也被欺骗了，甚至是被自己欺骗了。

《师门述闻》42

每当有人伤害你或说你坏话时，你要记住，他只是在做他认为正确的事情，他无法被你认为正确的事情所引导，而只能被他认为正确的事情所引导。所以如果他看错了事情，受伤害的人也会是他自己，因为他被欺骗了……从这个道理出发，无论谁侮辱你，你都要温和地对待他，并告诉自己“在他看来，事实的确是这样的”。

——

斯多葛学派的情感解释方式

如第 14 章所述，苏格拉底有时会因为对情感考虑太少而受到批评。[18] 他所构建的人类社会的运作机制似乎完全是理性的。但斯多葛学派的方法提供了一种更完整的方式来解释情感，同时仍然遵循苏格拉底式的幸福、美德和知识等式。

如果你对某件事情有情绪反应，那不是对这件事情本身的反应，而是针对你对这件事情的看法的反应，是你对这件事情的理解。这种理解源于你的知识或缺乏知识，是你能够改变的。

这些都可以看作对苏格拉底学说的阐述。第 14 章是将恐惧作为一种苏格拉底式的情感案例来研究，表明任何关于人性的论点都必须解释感觉或情绪的存在。我们看到苏格拉底将勇敢视为一种知识，斯多葛学派则更直接地表达了同样的论点：

《使徒书信》85.28	勇敢不是轻率鲁莽，不是热爱危险，也不是追求令人恐惧的目标。正是这种知识使我们能够区分什么是邪恶，什么不是。

无论是苏格拉底还是斯多葛学派，人们可能都会反对这种理解情绪的方式，因为他们无法解释婴儿或动物对情绪的表现。他们缺乏知识，尚未经历那种让他们形成正确或错误论点的精神生活。然而他们似乎却很容易产生愤怒等情绪。斯多葛学派应对这一异议的解释是将动物的愤怒视为一种不同于情感的现象，小塞涅卡在《谈愤怒》（*On Anger*）中如是说：

——

《谈愤怒》1.3.6 野兽会冲动、疯狂、凶猛、好斗，但它们没有愤怒，就像它们不会去享受奢华一样……愚蠢的动物缺乏人类的情感，但它们有某些类似于人类情感的冲动。

这一点在苏格拉底的“对话录”中也有先例：

《拉齐斯篇》197a **拉齐斯** | 你是在声称那些被公认为勇敢的动物比人类更聪明吗？还是你会反驳其他人，说那些动物根本没有勇气？

尼西亚斯 | 不，拉齐斯，如果一种动物或其他任何东西太愚蠢，以至于不害怕威胁，我就不会称它为勇敢；我称之为“不懂得害怕”和“毫无理性”。

尼西亚斯声称他阐述的观点来自苏格拉底。

同样，斯多葛学派认为人类的一些反应看起来像情绪，但实际上并非如此。

《使徒书信》57.4 勇敢的人也会因悲伤的事情不满，也会因突发之事而惊惶。如果他站在悬崖边上往下看，也会感到头晕目眩。这不是恐惧，而是一种无法被理性克服的自然感觉。

一些读者对此感到满意，而另一些读者则认为这些观点先是承认了最难的部分，进而回避了问题。但是，尽管苏格拉底或斯多葛学派对情感的

——

观点不能解释动物的行为，也并不意味着他们的观点是无效的，最多只是不够完整。将情绪视为对思想和知识的反应非常有用，这可以解释很多事情，即使不是所有事情。

正如第 14 章所述，苏格拉底和斯多葛学派以这种方式看待情感，即将“知识”视为比你所声称的思维更重要的东西。有些观点在头脑中尚未站稳脚跟，所以一旦有新的证据或者论点出现，这些原先的观点就会被放弃或修正；有些观点则根深蒂固，即使我们认为自己了解了更多，也很难改变。

比如，在某些情况下，你即使“知道”没有什么好害怕的却还是会感到恐惧；也可以说其实你并不知道，或并不相信这一论点，并且无法确定那些东西是否值得恐惧。有些论点需要时间才能根除，因为它们已在头脑中扎根太深。再比如，你“知道”你不想要某样东西，但仍然对它有着渴望，这是因为你的某些信念还没有跟上其他信念的步伐。哲学的一个主要目标就是使所有这些信念保持一致。[19] 这样做很有效。

善良的人无懈可击

苏格拉底称：“无论生前死后，任何事物都伤害不到善良的人。”[20] 斯多葛学派也持有同样的论点，并且对原观点进行了补充。他们认为，无懈可击即脱离外在事物，也就是说，脱离一切由他人决定的事物。你认同什么，你的选择、你的意志、你的理解如何，都取决于你自己，而不受任何外力干扰，小塞涅卡在《天命论》（*On Providence*）中曾说：

——

《天命论》6.1 我们不禁会问："为什么上帝有时会允许邪恶降临在善良之人身上呢？"他当然不会。他保护并解救善良之人，使善良之人远离一切邪恶，远离可耻的行为和罪行，远离贪婪、盲目的情欲和奸恶的计谋。有人问上帝：是否需要担心善良之人的精神负担？不，善良之人自己免除了上帝的这种忧虑，因为他们并不会受到外在的影响。

爱比克泰德也有类似的论点：

《哲学谈话录》1.1.22 我必须身着枷锁；我是否也因某些事情而感伤？我被迫流放；有谁能阻止我以愉快、开朗、平和的方式离去？

"说出你的秘密。"

我保持静默，说话的决定权在我。

"那么，我会将你囚禁。"

朋友，你在说谁？我的双腿可以用锁链束缚，但即便是宙斯也无法征服我的意志。

"我会将你投入牢狱。"

你是说我那脆弱的肉体？

"我会斩下你的头颅。"

我何时说过，我的脖颈是唯一无法被割断而低下来的地方？这些本是哲学家需深入思考的事情，他们应当每日抄录下来，作为自省。

爱比克泰德直接从苏格拉底那里获得了这些灵感，正如他回应一位提出这个话题的学生时所说的那样：

《哲学谈话录》1.29.16–18	“雅典人竟然如此对待苏格拉底，这是多么奇怪啊！”奴隶，你为什么说起苏格拉底？实事实说吧：苏格拉底可怜的躯体竟被那些强壮的人抬走拖进监狱，竟有人让这可怜的躯体饮下毒堇汁，这是多么奇怪啊！那种人应该立即结束自己的生命……对他来说，善的本性究竟是什么呢？我们该听谁的，你还是他？苏格拉底是怎么说的？ “苏格拉底说，莫勒图斯和阿尼图斯可以杀死我，但他们不能令我痛苦。”

最后提到的是《申辩篇》中的一段话。与苏格拉底持同样观点的另一个示例如下：

《高尔吉亚篇》527cd	**苏格拉底** ｜ 如果人们愿意，就让他们鄙视你，骂你是蠢瓜吧；是的，让他们甚至可耻地打你的脸。这有什么好担心的？只要你真的是一个善良、有道德的人，坚持在美德的操练中训练自己，就不会有可怕的事情发生。

我们现在看到的斯多葛学派的立场也是苏格拉底的立场。它有时显得有些不切实际，因为它认为圣人可以在绞刑架上被撕裂，但仍被描述为足够快乐。[21] 但斯多葛学派或多或少地承认，没有人达到过如此完美的心

———

态。[22] 他们只是认为，如果有人达到了这种理想状态，那么他这辈子在任何情况下都将会过得心安理得。因此，他们视苏格拉底为英雄，不仅因为他的教诲，还因为他的榜样。他带着他的美德，平静地走向了死亡。

第 16 章

THE SOCRATIC METHOD

如何在怀疑中继续寻找真理

一种哲学认为美德是唯一真正的善，是知识的问题。另一种哲学认为我们没有确定的知识，对任何确定的要求的最佳反应总是更多的争论。什么样的人能同时持有两种如此剑拔弩张的观点呢？或许只有苏格拉底本人了吧。

———

除斯多葛学派之外，也有其他学派声称自己是苏格拉底的继承者。其中最著名的主张者被称为怀疑论者。本章阐释了怀疑论者是什么样的人，他们的想法是什么，以及为什么他们认为自己是苏格拉底主义者。我们将看到，相比斯多葛学派的哲学，怀疑论者的哲学与苏格拉底方法具有更直接的联系。

怀疑论者的历史

柏拉图创立的学校被称为柏拉图学园。他去世后，在一系列其他领导人的领导下，柏拉图学园继续存在了大约300年。学园的哲学思想在不同领导人的领导下有时会发生变化，不过在学园历史的大部分时间里，相关的思想都被称为怀疑论。[1]学园的两位院长都是极为著名的怀疑论者：阿尔克西拉乌斯（Arcesilaus），他于公元前264年接任学园院长；而卡涅阿德斯（Carneades）是在公元前167年接任院长。

柏拉图学园在公元前88年的一场战争中被毁，当时学园的最后一任院长斐洛（Philo）逃到了罗马。他有一个学生名叫西塞罗，当时西塞罗大约 20 岁，后来他成为罗马最重要的政治家和演说家之一。西塞罗的著作现在是我们了解柏拉图学说的最佳文献。西塞罗自己的哲学兼收并蓄，因为他发现不同流派的思想都很有吸引力。但他始终对柏拉图学园怀有深深的眷恋，同时他也相信学园的怀疑论者是苏格拉底最忠实的追随者。[2]

“怀疑主义”（Skepticism）这个词语，就像“斯多葛学派”一样，在现代英语中，它的含义与最初的意思只有一点点重叠。“怀疑主义”来源于希腊语单词 skepsis，这是一个名词，意思是“质疑”。因此，怀疑论者是指在没有得出结论的情况下不停地进行质疑的人。在古老的传统中，怀疑论者不会对每一种论点都说“不”，甚至不会对任何一种论点说“不”。他们只是不停地提出问题。他们希望得到真相，并且总是试图接近真相，但从来没有到达终点。他们永远找不到肯定的答案。他们害怕“草率同意”，害怕在真正思考之前就认为自己已经完成了思考。怀疑论者将这种倾向视为人类的巨大失败，当然他们自己可能也无法确定。[3]

怀疑论者和斯多葛学派一样，都强烈地主张自己的理论与苏格拉底方法一脉相承。但是怀疑论者抓住了苏格拉底教导的其他特征，得到了不同的教训。

以问答觉察自身的无知

对于怀疑论者来说，苏格拉底的主要教导在于教他们知道真正的智慧源于对自身无知的觉察，而这种觉察的最佳方式是通过苏格拉底式的提问来引导和深化。西塞罗在《论学园派》一书中叙述了怀疑论者所理解的对话模式：

《论学园派》1.4.16

苏格拉底采用了一种独特的论证方式：他并非肯定自身，而是通过反驳他人的观点来确立自己的立场。他宣称自己一无所知，唯一确信的一点便是自己的无知。在这一方面，他自认为优于他人，因为后者总是自信满满地认为自己了解某些事物，但实际上却对其一无所知。而苏格拉底仅知道一件事情，那就是自己的无知。正因如此，他才会设想太阳神阿波罗宣布他为最聪明的人，因为只有不认为自己了解那些无知之事的人，才能具备真正的智慧。

柏拉图的学生之一，亚里士多德后来离开了柏拉图学园，创立了自己的学校：吕克昂学园（The Lyceum）。另一些人则留在了柏拉图学园，并在柏拉图离世之后的一个世纪里，从不同的方向继承了他的理论。但怀疑论者认为，其他人都偏离了苏格拉底最早的思想，即坚持质疑，不依赖于最终的结论。谈到吕克昂学园和早期的柏拉图学园，西塞罗写道：

《论学园派》1.4.17

这两个学派都深受柏拉图哲学思想的影响，形成了一套明确的学说体系，它极为丰富、绚丽多彩。不过，这套体系放弃了苏格拉底的计划，即对每一个问题都加以怀疑，对每一件事都加以讨论，却从来不敢大胆地提出一个肯定的意见。于是，学说中也出现了苏格拉底根本不会赞同的事情。

阿尔克西拉乌斯是继柏拉图之后柏拉图学园的第五位院长。他被认为是该学园的“第二”或“中期”创始人。他想让学园回归其苏格拉底式的

——

根源，希望在这所学校里，老师的工作就是反驳学生的任何言论。正如西塞罗在《论善恶的目的》一书中所说：[4]

《论善恶的目的》2.1.2　苏格拉底自己的方式是向他的同伴提问，并通过交叉询问的方式来引出同伴的论点，这样他就可以通过反驳对方的意见来表达自己的论点。他的继任者们放弃了这一做法，但阿尔克西拉乌斯后来又恢复了这一惯例。他规定那些想听他讲话的人不能向他提问，而应该首先陈述自己的论点，而当他们说出了论点，他就会反驳他们。

如果你认为阿尔克西拉乌斯是在驳斥其他人的论点，那就大错特错了。如果一种论点遭到反驳，每个人都会认为它是错误的。在这种情况下，阿尔克西拉乌斯可能会争辩说，这种论点也可能是正确的。他指出，在辩论中并不一定有一方是错的。有时，双方都能贡献出精彩出色的辩论，而这样的争论不能解决任何问题。

《论学园派》1.12.45　阿尔克西拉乌斯过去总是遵循这些原则，他把大部分时间都花在反驳每个人的论点上，这样当提出同一问题的正反双方都提出同样重要的理由时，他就可以更自然地中止判断，从而避免对任何一方的论点表示赞同。

鉴于你无法掌控思考的内容，因此这种状况妨碍了你的判断，此现象被称作“存疑”。阿尔克西拉乌斯的提问方式逐渐成为柏拉图学园的典范，尽管西塞罗担忧希腊人可能会因此变得柔弱。他曾在《论神性》一书中

——

表示：

《论神性》 1.5.11

我们所讨论的哲学方法是从苏格拉底开始的，即对每一种立场进行批评，而在任何时候都不发表直接的判断。这一方法由阿尔克西拉乌斯再次采用，并由卡涅阿德斯奠定了坚实的基础，一直兴盛到我们这个时代。然而我看到，目前在希腊，这种方法几乎是被孤立的。我认为这不是柏拉图学园的过错，而是人们反应迟钝的结果。

制造困境与制造怀疑

尽管有些人心存疑虑，不过仍有许多学者接受怀疑论者声称苏格拉底是他们伟大鼻祖的这一事实，并认为这合乎情理。[5]但也有人注意到了他们之间的差异，有些人认为阿尔克西拉乌斯的怀疑论并非真的源自苏格拉底或柏拉图，他声称自己是苏格拉底的追随者，只是为了让其学说有一个尊贵的血统。他的思想实际上来自其他怀疑主义哲学家，如皮罗（Pyrrho），我们稍后会详细介绍。[6]苏格拉底的学说和怀疑论之间的确切关系，就像本书中的许多话题一样，是一部庞大而微妙的文献的主题，在这里我们无法充分概括，但可以注意到一些矛盾又有趣的部分。

首先，所谓“存疑”并非苏格拉底所倡导或创立的。倘若以怀疑的态度来中止判断，那么将无法对某一论点的是非对错做出判定。相反，你只能宣称自己无从知晓。然而苏格拉底所实践的却是一种截然不同的方法。他通过质疑他人竭力证明自己已掌握的重要概念，使论点陷入僵局。在“存疑”的过程中，人们彷徨于不同论点之间，难以抉择，而这些论点可

——

能均属正确。当面对困境时，人们同样无法抉择，因为一个问题的所有可能答案，或人们所能想到的答案皆已被证明是错误的。

读者可根据自身需求赋予这种差异相应的权重。一方面，苏格拉底式或怀疑论式探究的实践者均具有类似的直接体验：你所陈述的一切尚不足以达到理想境地。无论是苏格拉底还是阿尔克西拉乌斯，常见的回应都是相似的："切勿气馁，持续努力，即便你无法确知是否能抵达真相，也要勇往直前。"然而在这一背景下，前一种哲学认为部分论点为正确，大部分论点为错误；后一种哲学则从未完全确认过任何观点的正确性与错误性，二者之间显然存在区别。苏格拉底及传统怀疑主义的忠实信徒认为，这两种方法所构建的思维框架截然不同。正如保罗·伍德拉夫所言："困惑导致认知上的挫败感。反之，'存疑'则表现为信仰的背离。"[7]

关于可知性的差异与关联

一些读者也发现，对于是否有任何东西存在可知性，怀疑论者和苏格拉底主义者的论点之间存在着差异性和相关性。

《论学园派》1.12.45

阿尔克西拉乌斯称，没有什么是可以知道的，甚至连苏格拉底留给他自己的那一点残余知识，即这句格言所传达的真理也是不可知的：他认为隐蔽在蒙昧之中的一切都是谎言，没有任何东西是可以被感知或理解的。因此，出于这些原因，他认为任何人都不应该对任何论点做出肯定的陈述，或对任何论点表示赞同。一个人必须始终克制自

——

> 己，避免鲁莽行事，防止每一次失误，因为无论是对一个谎言还是对一些不确定的东西表示赞同都是明显的鲁莽，没有什么比同意和赞同超越知识和感知的事情更有失身份的了。

在《论学园派》中，西塞罗或阿尔克西拉乌斯声称苏格拉底陷入了怀疑论者的悖论。如果你确定自己一无所知，这种论点本身似乎是自我反驳的。显然，你毕竟知道一些事情，也就是你一无所知的这个事实。如果一个人对自己是否了解任何事持怀疑态度，那他不也应该对这个论点感到怀疑吗？阿尔克西拉乌斯是这样认为的。但怀疑论者可能误读了苏格拉底：他从不声称他知道自己一无所知，只是说他一无所知。同样，读者可以考虑他的实际论点是多么谦虚，以及会导致什么后果。[8]然而，与此同时，阿尔克西拉乌斯自己也因陷入同样的陷阱而受到了批评：当他在最后一段中否认任何事情都可以为人所知时，他显然知道了一些事情，那就是人们什么都不可能知道。[9]怀疑是一件难以捉摸的事情。

在这些矛盾的观点面前，西塞罗明确了怀疑论者的论点，即不存在确定性，也明确了怀疑论者的论点就是苏格拉底的论点。[10]他在《论雄辩家》中写下了这句话：

《论雄辩家》3.18.67　阿尔克西拉乌斯从柏拉图的著作和苏格拉底的不同对话入手，特别抓住了以下几点：感官或思维都无法理解任何确定的东西。

这些都是阅读柏拉图和苏格拉底著作的惊人方式，因为“对话录”中没有出现此类语句。苏格拉底称自己一无所知，但他并没说什么都不可能知道。这样的结论必须是一个推断：如果苏格拉底从未设法去了解任何有意义的事情，那么对重大问题的确定性的探索一定是徒劳的，尽管可能仍然是值得的。无论苏格拉底发表了什么言论，他所表明的是任何关于道德真理的论点都可以被推翻。基于这一点，那些对话会让读者感觉自己是一个怀疑论者，这是很自然的，即使他们并不要求得出这样的结论。[11] 也许这才是培养怀疑论者的明智方式。如果苏格拉底直接为怀疑主义辩护，那么优秀的怀疑论者将不得不反对他。但如果他的论证方式能让读者举手同意，觉得自己也是个怀疑论者，那就没有问题了。怀疑论者可以这样想，也可以那样想。他们只是不能将自己的论点等同于知识，并说自己的论点是建立在确凿的论据上的。[12] 因为根本不存在确凿的论据。

尽管如此，最后也是最大的矛盾点仍然存在：苏格拉底有时确实会宣称什么是正确的。我们在第 14 章中看到了诸多示例。而一个怀疑论者怎么可能会说出这种话呢？[13] 正如我们已经考虑过的那样，一种可能性是苏格拉底不确定自己发表了什么言论。当他提出自己的论点时，例如美德是一种知识，他并没有声称这些论点已经得到证明。他只是发现到目前为止，没有人能反驳这些论点。他声称他已经证明了一些事情是错误的，他所依据的论据就是我们在第 10 章中看到的那种自相矛盾的论据：他表明了你所相信的两件事或你自认为相信的两件事之间存在明显的矛盾。请注意，对于怀疑论者来说，这是一种多么吸引人的论证风格。它不会让提问者做出任何承诺。[14]

这些论点有助于我们将苏格拉底和怀疑论者视为可以相容的。我们不可能像阿尔克西拉乌斯那样证明苏格拉底是怀疑论者。因为他们各自都发表了一些言论，而且这些言论在我们看来是绝不会从另一个人口中说出的。但苏格拉底对怀疑论者的影响是显而易见的，即使他们没有以简单直接的方式推进苏格拉底式的实践。可以说，怀疑论者是苏格拉底的传承人，而不是克隆人。

绝对怀疑主义

怀疑主义的实践者将何去何从？这看起来像是一种绝望的哲学，因为你永远无法确定自己是正确的。但希腊人并不是这样认为的。他们发展了两种怀疑主义。其中之一被称为皮罗的怀疑主义[①]。这些怀疑论者表示，中止判断的结果是心神安宁：宁静和免于痛苦，这是他们的目标。像阿尔克西拉乌斯这样的学院派怀疑主义者（Academic Skeptics）则不同。他们不是在寻求宁静，其目标是发现真相。他们最终会处于中止判断的状态，并认为这是理性使然。每一种论点都可能被其他论点削弱，人们曾经相信的大部分东西都被证明是错误的，所以那些声称什么都确定的人要么是懒惰，要么是在自欺欺人。

然而，学院派怀疑主义者并没有放弃对真理的探索，未达要求会激励他们更加勤奋。

《论学园派》2.3.7

> 即使我们所有的认知都被众多障碍所阻碍，即使事物本身是如此隐晦不明，我们的判断是如此无力，以至于最古老的和最博学的哲学家都理所当然地怀疑他们是否有能力发现自己所渴望的东西，但他们仍然没有屈服。所以，我们也不应该感觉精疲力竭，进而放弃探索事物的努力。

① Pyrrhonian Skepticism，以其创始人的名字皮罗命名。——译者注

——

这似乎是一个奇怪的立场。人们为什么要一直去寻找那些自己认为永远都无法找到的东西呢？答案是人们仍然可以更接近真相。

《论学园派》2.3.7 我们的讨论也从来没有任何其他目的，只是通过双方的争论引出，或者说挤出一些可能是真理本身的东西，至少是尽可能接近真理的东西。

希腊哲学对这些无法达到的目标很满意：斯多葛学派的目标是达到圣人的境界，但只有蠢材才会声称自己已经做到了。对真理的追求是高尚的，即使我们从未发现真理。苏格拉底也是这样认为的。[15] 但是应该注意到绝望的危险。苏格拉底方法实践者经常会看到论证失败，这可能会让人觉得争论是毫无价值的。这根本不是苏格拉底所想的，但他一直在思考这种可能性，并对此提出了警告。如斐多所述，苏格拉底首先发言：

《斐多篇》90b–91 **苏格拉底** | 假如一个不懂辩证法的普通人相信一个论点是正确的，而后来他又认为这个论点是错误的，不管它是不是真的错误，假设如此反复多次后，他就再也不会提出任何论点了。如你所知，伟大的辩论家最终会认为他们已经成长为世界上最聪明的人，因为只有他们才能看出所有的论点，或者说所有的事物，都完全是不健全和不稳定的，就像潮急水险的海峡激流一样，在永不停息的潮起潮落中起伏不定。

斐多 | 说得很对。

苏格拉底 | 如果真的存在有真理、确定性的东西或知识的可能性的话，那会是多么令人悲哀啊！一

——

个人会碰到这样那样的论点，起初看来是正确的，后来却证明是错误的，可他不但不责备自己，也不埋怨自己缺乏智慧，反而高兴地把责任从自己身上转移到一般的论点上。从此以后，他便永远憎恨和辱骂这些论点，并失去对真理和对现实的认识。

斐多 ｜ 是的，的确，这是非常令人沮丧的。

苏格拉底 ｜ 首先，让我们小心，不要允许或承认这样的观念，即任何论点都是不健康或不合理的。倒不如说不够健全的是我们自己，我们必须努力奋斗，尽最大的努力去获得心灵的健康。而你和所有人都要考虑到自己未来的整个生活，至于我自己也要考虑到面临死亡的前景。

简单地说，如果理性没有给我们带来满足，我们应该责怪的是自己，而不是责怪理性。因为理性是一件美好的事情，不能仅仅因为我们的头脑脆弱而轻视它。

怀疑论者的选择

如果在每件事情上，正反双方都具有貌似合理，却又似是而非的论点，那么怀疑论者该如何做出选择呢？在这里，我们得到了一位哲人的帮助，他就是卡涅阿德斯，他比阿尔克西拉乌斯晚一个世纪成为柏拉图学园院长，开创了学园的晚期时期。他是一位具有传奇力量的圣人，据说他留着长长的头发和指甲，因为忙于研究哲学而无暇修剪。[16] 卡涅阿德斯认为，即使我们不能确定，但仍然可以认为一些事情比其他事情更有可能是真实

——

的。西塞罗叙述了这一点：

《论学园派》2.31.99 无论发生什么事情，只要表面上是可能发生的，如果没有与这种可能性相反的事情出现，智者就会利用它。通过这种方式，整个人生历程将会得到规范。而且事实上，你所提到的那个智者往往是被可能的事情所引导，他并没有理解，也没有感知，也不赞同，而仅仅把这当作一种可能性。一个人只能在这种情况下采取行动，否则整个生命体系就会终结。

因此，卡涅阿德斯将可能性的概率这个概念与一切行动的基础联系在了一起，尽管他口中所说的“可能性”或这个词在希腊语中所对应的词义，是一个复杂的问题。他不像我们一样有数学概念。[17] 我们无法确定道德问题和其他问题，但可以得出一个结论，这个结论有足够的可能是真的，从而使理性行动成为可能。这种论点类似于今天所谓的易谬主义。

卡涅阿德斯的这个论点对苏格拉底方法实践者很有价值。因为无论苏格拉底是不是怀疑论者，正如我们所看到的那样，他的方法都很容易把他的学生变成怀疑论者。

成熟的怀疑论者喜欢在概率的基础上前进，有时很好，有时不好。当代科学又有多大的不同呢？这种方法可以在不具有攻击性的情况下采取有力的行动。怀疑论者并不固执，也不介意在争论中承认失败。正如西塞罗在《图斯库路姆论辩集》中所写的那样：

——

《图斯库路姆论辩集》2.2.5　让我们耐心地忍受别人的否认和反驳。尽管这些人可能不喜欢这样的待遇，但他们受限并致力于某些预先确定的论点，并且有义务维护这些论点，为了保持一致性，即使他们自己并不完全赞同，也只能被迫坚持这些论点；另外，我们只追求可能性，无法超越那些看起来确实可能会发生的事情，我们可以毫不固执地反驳别人，也准备好了毫无怨恨地接受别人的反驳。

尽管持怀疑态度，但卡涅阿德斯对可能性表现出了较强的依赖，所以他能在一些道德问题上自如地表达自己，西塞罗在《论共和国》中举了一个很好的示例：

《论共和国》3.26　卡涅阿德斯说："如果你知道有一条毒蛇隐藏在什么地方，而某个不知道它存在的人要坐在毒蛇身上，这个人的死对你是一种好处，那么如果你不向他发出警告，提醒他不要坐下来，实际上你就做出了邪恶的行为。"

当然也有人持反对意见。

怀疑论与斯多葛学派

怀疑论者和斯多葛学派是竞争对手。[18] 怀疑论者认为斯多葛学派对不应该确定的事情很确定。这一点引发了错综复杂的争论，人们很难借助留给我们的碎片拼凑起来，但隆教授很好地处理了这一点。[19] 他认为尽管存

——

在这种竞争关系，但怀疑论和斯多葛学派在很多方面是兼容的，许多人都将两者结合了起来。据我们所知，怀疑论者并没有直接反对斯多葛学派关于伦理道德的学说。他们只是反对斯多葛学派的知识理论以及由此产生的确定性。人们有可能被斯多葛学派关于如何生活的观念所吸引，但无法像怀疑论者那样对此深信不疑。西塞罗就是一个很好的示例，他认为自己是一个学术怀疑论者，但也赞扬了斯多葛学派的许多论点。斯多葛学派的领军人物塞内卡在《论生命之短暂》中有一段比较开放的谈话：我们可以从怀疑论者和其他人那里获得益处。

《论生命之短暂》14.2

通过别人的努力，我们看到了最美丽的事物，这些事物已经从黑暗中挣脱出来，进入了光明。没有任何一个时代把我们拒之门外，我们可以进入任何时代。如果我们希望凭借伟大的心灵超越人类软弱的狭隘限制，那么我们可以漫游很长一段时间。我们可以与苏格拉底争论，可以对卡涅阿德斯质疑，可以与伊壁鸠鲁和平相处，可以同斯多葛学派一起克服人性的弱点，可以和犬儒派一起超越人性。

与莎士比亚同时代的伟大法国散文家蒙田也是这两种传统的支持者。作为怀疑论者，他表达了对确定性的不信任，这使他声名鹊起。但他也认为斯多葛学派提供了明智的建议。他经常引用这些论点。在他的一生中，他常常被比作小塞涅卡。[20] 如果说，像蒙田这样的作家似乎也在回避怀疑主义和斯多葛学派立场之间的冲突，那么我们可以直接提出一个问题：其中一种哲学认为，美德是唯一真正的善，美德即知识；另一种哲学认为，我们无法获得确定的知识，对任何确定的知识，最好的回应就是继续争论。什么样的人能同时持有两种如此剑拔弩张的观点呢？或许只有苏格拉底本人了吧。

THE SOCRATIC METHOD

A Practitioner's Handbook

第四部分

创建你自己的苏格拉底方法

第17章

THE SOCRATIC METHOD

构建对话背后的有力前提

你需要一个能促使自己提出优质问题，并促使对方给出优质答案的论点。若面前的原则不适用于这些操作，便需要上升至更高层次。这就像一位音乐家试图找到一个适合歌手声域的调子一样。你可能会逐步提升音调，直到找到那个合适的音调。

——

本章与下一章的目标是提供实用建议，帮助你根据自身情境设计适用于你本人的苏格拉底式问题。假设你在课堂或其他场合对同伴施加苏格拉底式压力，或自我施压。你试图反驳某一论点或使其变得更为有力。在这样的情境下，你的目标在于揭示论点与其主张者所信奉的其他事项之间的矛盾，这意味着要在短时间内提出一系列高质量的问题。以下我将为大家介绍一些方法。

苏格拉底式提问的过程无法简化为固定公式，因为他主张灵活应变。但我们可以探讨一些有助于实践者的模式与技巧，并展示它们在日常情境中的实际应用。

在接下来的两章中，我们将以灵活的方式探索苏格拉底方法的广泛适用性。虽然我们提出的问题可能与苏格拉底的原始提问方式有所不同，但这种变化是有意为之。苏格拉底的高尚目标虽然重要，但它的应用范围是有限的：他主要针对那些自认为拥有复杂和一般概念知识的人，其通过提问揭示他们实际上缺乏专业知识。然而，如果我们将其视为苏格拉底方法的唯一用途，那么它的趣味性将在长期的坚持中逐渐消磨。实际上，这种

——

方法可以应用于各种主题，无论主次。随着我们将其应用于不同类型的问题，就会发现最有效的问题类型也会随之变化。

深入了解苏格拉底方法在一般情境下的运作方式将有助于我们将其应用于要求更高的场合。苏格拉底喜欢用谈论补鞋匠和烹饪的方式来谈论哲学，他的这一观点是正确的。我们应首先用简单而熟悉的话题阐述论点，然后将其推广到其他不太熟悉的话题。不过，我更倾向于讨论政治、电影和法律，因为这些话题的争论场景众人皆知。观察苏格拉底方法在这些情境下的应用将有助于我们了解该方法在其他场合的应用方式。

创建反驳话题

苏格拉底式的提问通常会导向一个结果，即创建反驳话题。既然我们在探讨这样的提问，不如让我们先回顾一下反驳法通常是如何运作的。当你提出一个主张，苏格拉底会引导你同意第二个主张。之后，他会指出第二个主张与你的第一个主张不一致。更具体地说，他会引导你同意一些更深层的想法或反例，然后说："……但这不是给你之前的说法带来了麻烦吗？"他让你自己说出了自相矛盾的话。

人们常常认为苏格拉底是在挑剔同伴的话，但这种运作方式表明，苏格拉底其实是让他的同伴自己意识到，他们说的话与自己相信的其他事情并不一致。

在构思苏格拉底式问题时，需要注意两个关键方面。首先，要明确需要检验的论点。其次，要从对方的角度出发，提出一系列问题，促使他们

——

意识到自己立场的缺陷。这是该方法的核心所在。然而，还有一个不容忽视的环节出现在构思的前半程中，那就是确定反驳话题，这同样涉及提问。

从表面上看，建立第一个论点并非苏格拉底的主要工作。不难想象，无论对方提出什么问题，苏格拉底都会予以回应。但苏格拉底方法并非如此简单。在《拉齐斯篇》中，苏格拉底展开了一场关于勇敢的对话，但这并非他的同伴最初提出的问题。他们向苏格拉底请教，是否需要教他们的儿子如何穿着盔甲参加战斗。在回答这一问题之前，苏格拉底首先询问了他们一些关于勇敢的初步问题：何为勇敢？这是后续对话的主题，也是一种典型问题。苏格拉底通过初步问题阐明对方的观点，然后回答了大家更为熟悉的其他问题。

合适的初步问题为双方后续探讨的论点奠定了基础。这也是苏格拉底式对话的秘密之一：公开提出一个论点，有助于提出富有成效的问题。这样的论点通常不会立即出现，也不会自发产生。有时需要经过一段时间的倾听和提问才能逐渐形成。这些问题并非用于测试，而是引出对方的论点，引导他们进入一个支持良好对话的状态。

在前面的章节中，我们详细探讨了如何协助同伴构建反驳论点的基础过程，即验证论点的方法。接下来，我们将进一步深入这个主题。“战略”一词有时被广泛定义为决定何时何地开展斗争的策略。在此背景下，本章将重点关注苏格拉底方法的战略层面，这并非因为该方法涉及斗争，实际上也并不涉及，而是因为它关乎寻找或设定一个善的提问主题，即方法的具体内容。在下一章中，我们将探讨提问的战术层面，即如何进行提问。选择合适的战略作为起点，将使后续的战术执行更为顺畅。

——

将问题提升至原则层面

为了更好地理解这一原理，让我们通过一个实例来展开思考。假设你与某人就某部电影的精彩程度展开争论，在争论的过程中，双方在一段时间内可能会陷入对各种细节的争执中。此时，你可以提出问题："你认为一部好电影应该具备哪些特点？"或者"是什么因素使得一部电影优于另一部电影？"通过这样的提问，你可能会意识到，双方实际上一直在争论的是关于电影背景的问题，因为你们对于电影背后的深层问题存在分歧。在这种情况下，背景问题成了真正值得探讨的核心议题。将"电影"一词替换为"行为"或"生活"，便可以运用苏格拉底方法进行更深入的思考和讨论。

进一步设想，将背景问题转化为法律议题而非电影议题，于是我们便得到了美国最高法院霍姆斯大法官关于法官做出判决依据的著名论述：

> 在逻辑形式的背后，是对相互竞争的立法依据的相对价值和重要性的判断。诚然，这往往是一种不清晰和无意识的判断，却是整个诉讼的根本和底气。[1]

在面对争议时，苏格拉底往往不会陷入争论，而是将其提升至原则层面，进而展开辩论。关于这一观点，我们可做出更为正式的阐述。一个经典的演绎论证至少包含一个大前提与一个小前提。例如，在"所有人都会死"和"苏格拉底是人"这两个前提中，前者是大前提，后者是小前提。其中，大前提表现为一种普遍原则，而小前提则是对特定情况的陈述。理解这一点具有重要意义，因为论证中涉及的一般原则往往未经陈述或检验，有时被称为"不明确的大前提"。苏格拉底的第一步便是将其揭示出来。

——

此外，一个论点背后通常有不止一个大前提。它们是分层的，涉及多个层次的问题。第一层可能是前面提到的事情的背景，而这个背景背后还存在一个更普遍的原则。在进行苏格拉底式的提问时，你必须判断出何时去追问更普遍的原则，能判断出这一点已足够。例如，关于法律的对话可能这样展开："我认为第一修正案不适用于色情作品。"（这是前景中的主张。）为什么不适用呢？"因为第一修正案只保护政治言论。"这里的大前提是一个在背景中讨论的普遍原则。由此带来了一个分岔路口，存在三种可能的方式。

1. 用新的原则检验原论点。新提出的原则可作为反驳话题的后半部分，它可能与原论点不一致。你可以通过询问来确定色情作品是否永远不能与政治有关来解决问题。

2. 测试新原则。新提出的原则本身可成为"反驳话题"的前半部分，你可以将其作为检验的对象。例如，他们说第一修正案只保护政治言论，而你可以提出一些保护非政治言论的示例。

3. 探寻另一项原则。你也可以进一步追问，以挖掘已提出原则背后的原则。例如，他们说只有政治言论受保护，但为什么是政治言论？什么是政治言论？

在任何时候都可以选择接受或拒绝已提出的原则，并用其挑战之前的论点；或将新提出的原则本身作为挑战和检验的对象；或探寻更普遍的原则。最佳方法因情况而异。

——

首先，作为苏格拉底式的技巧，典型的目标是不断攀升，直至找到一个可反驳或利用已有内容反驳的论点。当一个论点无法通过表面审查时，深入研究也无意义，这代表它需要改进。实际上，你需要一个能促使自己提出优质问题，并促使对方给出优质答案的论点。若面前的原则不适用于这些操作，便需要上升至更高层次。这就像一位音乐家试图找到一个适合歌手声域的调子一样。你可能会逐步提升音调，直到找到那个合适的音调。

其次，要找到一个能公正反映对方观点的角度。我们的目标并非将对方带到他们不愿前往的地方，从而使他们在不舒适的领域遭到质疑，而是要找出他们论点的真正原因，即使（尤其是）他们自己可能也不清楚这些原因。我们是在探究问题的“根本与底气”，而非回避问题。如果做一个医学领域的类比，你可以想象一位医生试图抽血，他想要寻找一条血液丰富的静脉。

最后，在某些情况下，可能还需要上升至更高层次以找到一个可认同的论点，而不仅仅是为了讨论而讨论。当你达到足够高的普遍性水平时，会发现大多数人确实关心着相同的事情。尽早确定出发点对后续的说服工作具有很大价值。这有助于双方在共同理解的基础上进行推理。

总之，无论以上述哪种标准为指导，苏格拉底式的讨论都始于寻找恰当的普遍性。

论述的两种表现形式

在深入探讨一个论述时，我们需要更加明确地挖掘隐藏在论述背后的核心前提。大前提通常表现为两种形式：一种是需要明确定义的概念；另一种是需要予以论证的命题。

以概念为例，关于善、不公正或政治言论等意义的论述，大前提可能是在特定背景下的论点。为抵达更高层次的原则，你可以通过询问这些词的定义来实现：我发现你在使用某种标签，那你所说的标签究竟意味着什么？然而，提出苏格拉底式问题具有一定的挑战性，原因有以下两个。

第一个原因是，哪些概念需要明确定义并不总是显而易见。当人们争论一个标签是否适用于描述电影、人物或法律时，我们很容易提出这个标签的含义问题，但有时并无明确的标签可供讨论。一些人出于各种原因反对论点X，却并未将原因与任何原则联系起来。此时，你应从以下问题入手：你为何反感论点X？或者，你为何支持论点X？你的反对意见是什么？随着答案的展开，一个概念最终会浮出水面。某事会被描述为善、恶、不公正或荒谬，或者用一个以“主义”二字为结尾的词来修饰。很好，现在你可以询问这个概念的含义了。

然而，这又引出了第二个问题（也即第二个原因）。探讨一个概念的含义似乎过于拘泥于细节，同时又显得有些无关紧要。人们似乎更关心真实事物，而非词语本身。在做出回应时，重点应强调你不仅仅是在讨论一个词语，而是在探讨判断，而讨论中的词语只是判断的替代品。如果这个词语看起来不够分量，无妨，我们可以更换其他词语。有时将有争议的词语替换为不同的词语或短语是有益的，这可以使双方明确讨论的焦点并非语义，而是关于一个判断。

假设有人评价一部电影很优秀，另一部则一般。你可以询问“优秀”

这个词的含义。对方随即回应："好吧，谁在乎呢？'优秀'只是一个词语。"实际上，正确的回答是：你只是想要划分界限，并用这个词语来进行解释。如果你不想讨论"优秀"这个词，我们也可以谈论："你认为将这部电影与其他电影区分开来的品质是什么？"如果你认为这种属性不存在，那么你最初的论点是什么？如果你认为存在这样的属性，那就设法将讨论进行下去吧。一切全凭你自己的意愿。

如此表述论点，或许没人愿意与你探讨电影，但这正是问题的实质。困难在于人们自认为他们不在乎概念，可实际上却在为之奋斗，甚至以命相搏。[2] 他们并未花时间去深入了解这些概念。他们之所以反感某种事物是因为属性 X，却未曾思考为何属性 X 会让事物令人反感。苏格拉底式问题迫使人们将这些论点公之于众，有时甚至会将它们拼凑在一起。如果这些论点经受住了质疑，它们最终将得到更好的理解。如果它们未能经受住质疑，那么无论人们之前支持何种论点，信心都将出现一定的崩溃。

论点背后的命题

论点背后的大前提有时并非一个需要定义的概念，而是一个需要论证的命题。例如，大前提"所有人都会死"就是一个命题。你会对这个命题的真实性进行探讨，而非对其所涉及的概念进行诠释。然而，在探讨此类问题时，我们首先需要明确立场，即使持有该立场的人可能对其一知半解。争论可能持久不息，因为各方的主要前提均被视为是理所当然的，以至于人们对其视而不见。

如何在论点的背景中找到这个命题呢？一个有效的方法是持续提出"为什么"。你可以像孩子一样以一种简单的方式重复提出，或者以更复杂的形式提出：我们正在讨论的事物的目的是什么？原因是什么？你如何得知？你的依据何在？为何如此确信？背后还有其他原因吗？这些问题将提升原则的层次，且每一步都更具普遍性。它们之所以有效，是因为在对话中，争论的大前提通常被视为结论成立的原因。因此，询问结论的原因将引领你回到结论背后的前提。

设想在一场有争议的案件中，法庭对一名刑事被告做出了监禁判决，比如一名被指控的恐怖分子、一名在约会中犯下强奸罪的学生，或一名警察暴力执法案中的警员。当你与一个对判决结果持有异议的人交谈，或者你自己有异议时，苏格拉底式的冲动并非从表面上测试这种论点，而是首先探寻论点背后的原则。最重要的论点是判决过于严酷还是过于宽缓。你无法简单地说“不”。为了推进这个原则，你可以提问：刑事处罚的目的是什么？无论答案是什么，都可能是所提供论点背后的大前提，或者至少是前提的线索。如果答案是“报应”，那么你就站在了一个关键的转折点。你可以接受这个前提，并询问它与所提供的论点是否一致。假设报应是双关语的意思，那为什么这种惩罚有意义或没有意义？你可以审视这个前提，或者可以重新提出这个问题，继续施加压力。你还可以问：惩罚就没有其他原因了吗？为什么要有报应？

另一个论点的例子是：大学是否应让学生自行决定选修课程，还是应设有必修课程？将这个问题提给学生、家长或教授，你会听到各种矛盾的意见。为了将讨论引向具有建设性的、苏格拉底式的道路，你可以提出与刑事案件中相同的问题：大学教育的目的是什么？这一问题的答案将构成所提供论点背后的大前提。假设目的是X，那么你现在有三个选择。你可以问：如果目的是X，为什么你提出让学生自己决定学习什么课程？你也可以问：你确定目的是X吗？那其他可能的目的呢？再或者你可以问：X

——

是什么意思？为什么 X 很重要？然后，你可以用后续讨论的其他问题来检验答案。

如果你愿意，上述问题通常可以转化为定义问题。在第一种情况下，你可能会要求给出公正惩罚的定义，或“惩罚”的含义；在第二种情况下，你可能会问良好教育的定义。这也是苏格拉底的通常做法。然而，将这些问题归结为询问原因或目的的问题，往往能更直观地切入关键原则。这些问题所要求的论断可能比给出定义更复杂，并可以用不同的方式证伪，从而回答更广泛的问题。命题会产生暗示，而这些暗示正是我们需要审视的东西。

第18章

THE SOCRATIC METHOD

检验前提的有效性

如果你想说服别人，反驳他们通常百无一用。他们会更加死硬。可以这么说，你最好对他们表示支持，而不是站在他们的对立面。你将自己定位为一个合作搭档，寻求与他们相同的答案。

上一章展示了如何用某些类型的问题引出争论中所涉及的关键原则。这一章将展示一旦发现了这一原则，该如何用其他类型的问题去测试它。实际上，我们将讨论如何完成一次辩驳话题。现在请回顾一下顺序：你的同伴提出了一个论点。你的目标是对其进行审视。但你不想以一种对抗性的方式来做这件事。你想让你的同伴同意其他一些论点，这些论点可能会与第一个论点产生紧张关系。这就是我们现在的主题：如何设计能够达成一致意见的问题，然后对已经提出的任何论点施加压力。在这一章中，我们将研究一些不同于苏格拉底所用的问题，因为他探讨的是不同的问题。

有时候为了这个目的思考问题是很容易的。摆在桌面上的原则是一个有力而简单的论点，你要考虑它是否总是正确的，并能立即想出反例来为其制造麻烦。好吧，你也可以对这些问题提出质疑。但在许多情况下，第一条原则会是一个关于事物应该如何发展的更为复杂的论点。在这种情况下，它可能很难被彻底证伪，因为它可能根本不是虚假的！这时你的目标就会变得有些不同。你要去证明这个论点是不充分的，这就简单多了，但是这个问题需要更多的分析。

——

因此，你想提出具有这些作用的问题。可如何当场想出这些问题呢？下面是为达到这种目的提出的一些经典对策。它们都是通用的，尽管有些对策可能对某一种问题比另一种问题更有用。这些问题并不能反驳任何事情。它们只是开启了提问的线索，但这正是问题的关键所在。苏格拉底式的问题并不是为了解决问题，尽管它们可能会在适当的时候使问题得到解决，但问题本身往往会暴露出复杂性。

我怀着歉意为大家提供了下面的示例，因为其中只展示了少量的提问技巧。无论是在原对话中还是在原对话之外，另一个世界的诸多可能性都向人们敞开了大门。每种方法在这里都只以简单的方式介绍了几次，但这应该足以说明对话该如何开始。那么，话不多说，以下是测试一些论点的策略。

从字面上理解原则

首先，你可以从字面上对一个原则施加压力。想一想这个原则的措辞可能涵盖了哪些情况，这些情况是否超出了原则的本意，或者与原则不符。有时，一个原则是建立在一个核心案例的心理图景基础上的，但其措辞涵盖了广泛的案例。明确措辞范围的必要性是显而易见的，但要讲出一些更具体的东西可能会很困难。这才是真正的行动所在。

例如，拉齐斯称勇敢就是坚韧不拔。所以你会想：从字面上看，这句话总是正确的吗？你可以假设事实并非如此。也许有人始终坚持不懈地试图擒获一个毒贩。在此，苏格拉底用了更适合他那个时代的示例。每个人都知道这不是拉齐斯所说的那种坚韧，所以这个示例看起来很愚钝。

——

但是愚钝并非毫无用途，因为它对事情的阐述更加明确："我们当然知道你不是那个意思，但你究竟是什么意思？""我的意思是，勇敢是一种坚韧。""太好了。是哪一种？"

这种模式在法律争论中很容易出现。是否应该允许政府发行代金券，让人们可以用它来支付教会学校的教育费用？有人可能会说不行，并用一个隐喻来解释原因。你可以从字面上理解这个隐喻：

"向教会学校支付政府的代金券是违宪的。"
为什么？
"因为宪法在政教之间筑起了一道隔离墙。"
我知道你在说什么。但是政府帮教堂灭火至少没问题吧？
"当然，没问题。我不是这个意思。"
政府在教堂清理垃圾可以吗？
"那也没关系。"
那么，教堂和政府之间的墙似乎不太像一堵墙。
"嗯，这并不是字面意义上的一堵墙。这是一个原则。"
太好了。是什么原则？

这类交流在法律环境中十分常见，因为法官和律师经常使用隐喻来谈论棘手的问题。法律中还有许多其他著名的隐喻，例如"思想市场"，或者带有"半影"的权利。"半影"是阴影的边缘，在阴影中可以找到其他权利，暗示宪法中的基本权利条款有溢出效应，或者就像散热器，在其周围一定范围内也覆盖了热量。请注意，如果放弃"隔离墙"的概念，而仅仅依赖于政教"分离"，那么上述问题将大致相同，因为"分离"也可以被视为一种隐喻。它将法律概念视为物理概念，这类话语中常常含有微妙的隐喻。隐喻往往具有吸引力，因为它能使抽象的概念更容易描绘和理解。但隐喻也是隐藏或避免分析的常见方法，从字面上理解一个隐喻往往会使其丧失效果。然后，对话就可以转向需要进行工作的细节部分。

原则可能涵盖的极端的情况

考虑一下极端的情况，也就是原则可能涵盖的外部限制。为了达到这个目的，一个极端案例的模式是除原则所涵盖的标准外，其他标准都最可能遭到反对。有时此类案例可以从历史和文学资料中提取：

"那个司法判决太糟糕了。"

为什么？

"因为决策应该基于对宪法的最初理解，而不是基于良好政策的模糊概念。"

我明白这个论点的魅力所在。你们担心的是那些因自己的政策偏好影响决策的法官。

"没错。"

但我想知道的是，假设有一个政府开始用热熨斗给罪犯烙印来打击罪犯。你愿意让法院阻止他们吗？

"在那种极端的情况下也许会阻止吧。但我不认为在宪法获得批准时，打烙印的行为还会很普遍。"

嗯，人们惩罚奴隶是很平常的事。但如果你认为这不是一个公平的示例，没关系。那么，鞭笞怎么样？这在1789年仍然很常见。

"我可以想象这些事情现在是违宪的。但这些都是非常极端的情况，并不会发生。"

——

你的原则只适用于非极端的情况吗?

“我认为它一直都适用。只是希望例外情况越少越好。”

但你也会承认一些例外,对吗?

“很少。”

好吧。什么时候?

如果想不出历史或其他现实生活中的示例,那么使用假设性的示例可能会更容易一些。苏格拉底喜欢这种方法。在《高尔吉亚篇》中,他想象着自己手持尖刀出现在集市上,吹嘘自己能威胁到那里每个人的生命。他只是在说明一个论点,但幻想比历史案例更能生动地体现这一点。的确,一个原则即使不能很好地处理假设的情况,有时在实践中也能很好地发挥作用。也许这些情况从未真正发生过。但是,如果一个原则经不起这种检验,那么这个原则就需要改进了。更正式的说法是“归谬法”。这种策略暴露了它的软弱。回到前面的示例:

“我认为第一修正案不适用于色情作品。”

为什么呢?

“因为第一修正案只保护政治言论。”

毫无疑问,政治言论很重要。但想象一下,政府任命了一个审查委员会,当有人写的小说被大多数委员认为是低级趣味的时候,他们就会被关进监狱。

“这太荒谬了。这种情况永远不会发生。”

当然不会。但我要澄清一下,这会违反第一修正案吗?

“可能会。”

但你可以很容易地想象到,在某些情况下,对低级趣味的判断并不涉及政治,对吧?

——

“当然。”

因此，在这种情况下，第一修正案保护的似乎不仅仅是政治言论。

“在某些情况下，也许是这样。”

那是什么？

政治因素的影响

人们经常宣布一些听起来不错的原则，但在他们展示如何运用原则的例子中，却不知不觉地得到了政治上的支持。这种支持可以被公平地描述为无意识的，因为其持有者不认为政治与这个原则是相关的，但当政治风向发生逆转时，他们的反应就不同了。或者当一个示例中的人受到同情的或不被同情的，或者是他们自己的群体成员或不同群体的成员时，他们的反应也会有所不同，等等。这是一个很好的苏格拉底式规律，当你思考你的朋友做了什么时，想象一下你的敌人会怎么做，并把他做的事想象成是你的朋友做的。提问也会让人产生同样的想法：

“那部电影的问题在于政治立场。电影不应该涉及政治。”

我理解你的感受。但你还记得我们去年看的那部西部电影，我们都很喜欢的那部吗？

“当然记得。”

还记得在公共马车出发时，男主角发表了一篇经久不衰的演讲吗？

“那是电影的高潮时刻。”

我不知道你怎么想，但我认为那次演讲很好，部分原因是这是世人需要听到的。你明白我的意思吗？

———

“确实如此。”

但我猜肯定有人认为这是政治问题。

“可能吧。”

你可以理解他们的感受，因为演讲表达了他们可能出于政治原因而讨厌的论点。

“毫无疑问，真是一群蠢材！”

我同意。但是在某种意义上，这可能算是一部典型的政治电影，可无论如何这都是部好电影，是这样吧？

“是的，这个没问题。”

所以，说政治在一部好电影中不能占有一席之地可能有点儿过分了。肯定还有别的原因。

“我想是的。”

或者假设这是一场关于无效陪审团的法律争论，当陪审员认为刑事被告有罪，但因为法律不公正而拒绝投票时，就会出现这种情况：

“我赞成陪审团的裁决无效。”

你这话是什么意思？

“我的意思是，陪审员有责任拒绝与不公正的法律合作，并根据这些法律宣判被告人无罪。”

赞同。但是一个世纪以前，南方的陪审团有时会利用这一原则来为那些私刑处死黑人的被告脱罪。这看起来合适吗？

“不，这显然太残忍了。”

但那些陪审员不是和你现在支持的权利和义务一样吗？

“我显然不是这个意思。”

好的，对不起。那你是什么意思？

——

当然，这个过程也可以逆转：

“我完全反对无效陪审团。”

你这话是什么意思?

“我的意思是陪审员应该执行法律，不管他们怎么想。他们不能因为不同意用来起诉罪犯的法律，就宣告被告无罪。”

赞同。但两个世纪前，北方的陪审员曾利用无效判决来为帮助奴隶逃离南方的人脱罪。这看起来合适吗?

“我不能谴责这种行为。回想起来，没有人会谴责。但这显然不是我现在谈论的那种事情。”

好吧，对不起。那你在谈论什么样的事情，我们怎么知道它是不同的?

挑战原则

我们可以通过询问处于不同位置的人对某个原则的看法来挑战那个原则。这在关于道德的对话中尤其有用。在谈论该做什么和如何生活时，人们很容易采取自私或短视的立场。这些倾向有时可以通过他人的视角或从不同的时间点看待案例来克服。

例如，一位律师在纠纷中代表客户。客户的对手想要聘请这位律师来帮助他解决一个与本案无关的问题。如果律师同意，他会赚很多钱，所以必须决定是否受理此案：

“我认为我没有利益冲突。”

——

为什么没有呢？
"我的客户相信我是忠诚的。我很忠诚。这两个案子毫无关联。没什么问题。"
理解。但是要设身处地为客户着想。如果你发现你的律师也在为你的对手卖命，你会感到惊讶吗？
"嗯，我可能会。"
你希望至少有人会告诉你吗？
"是的，我想我会的。"
那你确定你没有利益冲突吗？

或者回到苏格拉底的主题，这里有一个来自普鲁塔克的问题，他认为自己是柏拉图和苏格拉底的追随者：[1]

"我认为最美好的生活是最幸福的生活。"
如果你知道自己只剩下一两个小时的生命，你可以选择是把它花在娱乐上，还是做一些对你在乎的人真正有价值的事情？
"为别人做有价值的事，我可能会觉得更满足。"
那为什么这不是你的答案？

在审视自己时，这类问题会很有用。实际上，他们要求的是通常的苏格拉底式的一致性。但这不是你所相信的两种不同事物之间的一致性。当你从不同的角度面对同一个问题时，你的答案是一致的。你在比较一个问题在你当下的自我眼中是什么样子，在你未来的自我眼中是什么样子，在你钦佩的人眼中是什么样子，在你想象中的旁观者眼中是什么样子，在你持怀疑态度的敌人眼中是什么样子，或者在公开宣布的时候是什么样子，等等。如果答案不一致，可能就需要调整。

——

如果这是真的，我们还会得出什么

想要对一个论点提出良好的问题，可以从假设这个论点是正确的开始，考虑其所有价值，然后问它会导致什么结果。前一节展示了一种可行的方法：将该原则应用到极端领域。但你也可以朝不同的方向去提问：如果这个说法是真的，我们还会看到什么？在实践或概念上，还会有什么变化？

从对话中得到的一个示例：普罗泰戈拉说美德具有可教性。但如果这是真的，那些花费最多时间研究和学习美德的人应该拥有最多的美德，不是吗？“他们可能是。”那么我们是否应该期望这些人成为美德方面的专家，并就此接受这方面的咨询吗？“我们可能会。”但我们没有看到这一点，不是吗？就像本章中所有的问题一样，这个问题自然也会被反驳对吗？重点是看清问题的结构。一个更现代的示例如下：

> “应该禁止暴力视频游戏，或者至少应该将其监管。我们必须对其予以控制。”
> 为什么？
> “因为暴力视频游戏是引发现实世界常见暴力的一个重要原因。”
> 也许是这样。但弄清楚其中原因对我来说似乎很难。你认为这是如何运作的？
> “这是显而易见的。如果孩子们把所有时间都花在假装杀人上，他们就会变得麻木。最终，你必然会从他们的行为中意识到这一点。”
> 我想这不是美国孩子特有的问题，那么，你认为这在任何地方都是个问题吗？

——

"任何地方的孩子都会花大量时间玩这些游戏。这是人性使然。"
那么这些游戏在一个国家玩得越多，现实世界的暴力就会越多吗？
"在某种程度上，如果其他因素保持不变的话，是这样的。"
观察玩这种游戏最多的国家是否有更多的暴力问题，是一项有趣的研究。
"是的。"
嘿，这里有一个问题，似乎在这些游戏上花费最多的国家，其暴力犯罪率的增长并没有比在游戏上花费较少的国家更多，不是吗？
"有意思。嗯，但那是在其他地方。在这个国家的运作方式上肯定有所不同。"
那会是什么？

在考虑这个问题时，我们必须正视一个经验主义的要素，即关于全球犯罪率的观点，我们希望它是正确的。苏格拉底式的辩证法通常会避免对外部事实的争议，而是尝试利用持该观点的人自己的论点来反驳这一观点。这是一个明智的做法，因为通过现实去改变人们的看法实际上是无效的，尽管这可能令人感到惊讶。然而，在苏格拉底式的情境中，引入一般常识对推动讨论具有重要意义，只要双方能就这些事实达成一致。关键在于每个步骤都要在同伴的同意下建立案例。当你独自思考一个问题时，使用苏格拉底方法就是给自己设定一个具有挑战性的假设。你要给自己制造困难，而不是简单地迎合事实的便利。

与此同时，同样类型的质疑也可以不依赖于世间的事实。如果一个原则是正确的，那么由此产生的影响可能是概念上的，而不是经验上的：

——

“我认为我们应该努力创造一个幸福指数最高的社会。”

我完全赞成幸福。但对我来说，你所描述的幸福似乎比看起来的要复杂得多。

“这有什么复杂的？执行起来可能很难，但概念并不难理解。”

好吧，我来问你一个问题。你认为穷人是活着好还是死了更好？

“当然是活着，这算是个什么问题！”

所以如果你在世界上增加一两个穷人，社会会变得更好吗？

“我认为是这样的。但如果他们不穷，情况会更好。”

理解。然而即使他们很穷，社会也会因此变得更好吗？

“是的。”

在这种情况下，看起来我们有义务尽可能快地增加人口，甚至包括贫困人口。人口增加的越多，幸福就越多。

“那我倒不这么认为。”

好吧。为什么不呢？

询问接下来会发生什么

这个问题超出了传统的苏格拉底式的条条框框，但如今在讨论许多类型的话题时都十分适用。这是经济学家的最爱。如果你所谈论的话题与世界应该如何运行有关，那么询问不同的答案可能会对如何改变人们的行为方式有所帮助。一个常见的错误是假设一个情况是静态的，换句话说，不管你怎么说，它都会保持同样的运行方式。有时候，在现实世界中有意义的规则会导致世界变得不同。判断这些后果本身就是一项任务。只有这个后果对对话者产生了影响，它才会对苏格拉底式的目的产生影响。而这个后果确实会产生相应影响。如果一个方法可能为后来者创造激励机制，那么通过思考这个方法，你通常能发现这样的问题：

——

“我认为应该强迫被告的心理医生出庭做证。”

如果被告作为心理医生的客户，心理医生向被告承诺保密，情况会如何？

“那真是不幸。现在只有心理医生知道被告是否犯了谋杀罪。看来这个人是指望不上了，但弄清真相应该是我们的首要任务。”

我明白了。但是，想象一下如果你将来成为一名患者：如果你听说心理医生可以在法庭上指证你，你就不太可能告诉心理医生真相，不是吗？

“没错，可能是这样。”

如果你不告诉心理医生真相，那么我想他在法庭上也没什么用处。因为他什么都不知道。

“在那种情况下，显然是的。”

但病人也无法得到治疗，对吧？

“在某种程度上，如果患者不告诉心理医生发生了什么，他就得不到治疗。”

如果这是通常的结果，你还会喜欢让心理医生做证的规则吗？

“也许不会，但我不确定这种事情多久会发生一次。”

所以也许答案正取决于此？

“可能吧。”

这个示例的最后一部分展示了一个具有普遍价值的步骤，实际上是在问别人愿意接受什么作为证实他们犯错的证据，或者什么（如果有的话）可能会让他们改变主意。这里有一个类似的示例，至少在开头是显而易见的，但最终也揭示了我们主题的一些变化：

“我认为政府应该向劫机者支付赎金。”

——

为什么？

“因为生命比金钱更有价值，这就是原因。”

我明白了。但想象一下如果你以后成为一名海盗或劫机者。当你知道一定会有人支付赎金，那你劫持人质的可能性就更大了，不是吗？

“是的，这是合理的担忧。理论上讲，这可能是个问题。”

你为什么说“理论上”？

因为如果这是真的，我们还会看到其他事情，不是吗？恐怖分子会从愿意支付赎金的国家劫持更多的人质，而不是从不支付赎金的国家劫持人质，不是吗？

“是的，就是这个意思。”

好吧，西班牙通常会支付赎金，但西班牙并没有比不支付赎金的国家发生更多的劫持事件，不是吗？

“我不确定。”

这个示例说明了一类问题如何导致另一类问题。它首先考虑规则在我们当前的模式下可能会产生什么样的激励机制。但这句话遭到了上述问题的反驳：如果关于激励机制的建议是正确的，我们还能期望看到什么，我们会看到了什么？这一示例还展示了如何有效地逆转对话的流程。被质疑的一方用苏格拉底式的问题反问提问者。苏格拉底式的功能在对话的双方都是活跃的。

在刚才展示的两个示例中，提问可能为实证质疑奠定了基础。苏格拉底方法把重要并需要加以确定的事实孤立起来，成为一个有价值的结果。这两个示例还展示了质疑如何将两个值之间的矛盾关系转变为一个价值观内部的矛盾关系，它阐明了权衡。争端一开始似乎涉及生命与金钱，但事实证明，这两方面都涉及生命的价值，只是看待的角度不同；或者争端开始时似乎涉及真相与保密之间的矛盾关系，但事实是这两种立场都涉及真相的价值，只是论点不同而已。这是苏格拉底式问答的常见模式。它权衡轻重，澄清了事实。

运用反诘法进行合作推理

本章所示的论证类型可以用多种修辞方式呈现，而不一定非要出现在反诘中。但这些论证很适合这种方式，而且与更直接的辩论形式相比，反诘法具有强大的优势。你可以简单地说："这里有一个反例 X，说明你错了。"但你也可以说："我们能同意 X 曾经发生过吗？""是的。""嗯，X 有某些特征，不是吗？""好吧，但我担心 X 是你前面所说的一个例外，不是吗？"我想是的。你通过更迂回的途径得到了同样的结果，但这条路线很有价值，因为它体现了合作而不是对抗。

这就是苏格拉底方法。他避免反驳你，直接说"你错了"。而是让你自己反驳自己，让你自相矛盾。现在，这也是一种有益的辩论和对话方式。如果你想说服别人，反驳他们通常百无一用。他们会更加倔强。可以这么说，你最好对他们表示支持，而不是站在他们的对立面。你将自己定位为一个同伴，想要寻求与他们相同的答案。你在进行过程中要寻求他们的赞同，并试图以一种让他们很容易回答"是"的方式提出问题。然后你和他们一样，对其中的含义感到困惑。实际上，你应该总是先说："我们能就此达成一致吗？"如果答案是"不"，你就继续追问"为什么"或不断提出其他问题，直到找到一个明确的分歧点，也就是说，你的同伴会欣然同意这个论点。这是一个你可能也会同意的论点，至少是这次讨论的目的。然后，当这个原则出现问题时，就成了你们双方都存在的问题。也许你可以慢慢地把有争议的论点推向你已经同意的共同立场。

许多看起来不像辩论的论点都可以变成辩论。你把一个例外或者其他你想表达的论点作为请求赞同的开始。如果想让辩论变得更有趣而不那么具有威胁性，你可以拉长请求赞同和得到回报之间的距离。开始和结束之间的步骤提供了机会，可以加强同伴对你的认同和你对他们的理解。最后一点非常重要。真正的说服，无论是在苏格拉底式的情境中，还是在其他任何情境中，都不是把别人打得服服帖帖的，也不是让他们面对令人尴尬的事实，而是让他们从你的角度看待问题。要做到这一点，你必须从倾听和从他们的角度看待问题开始。当你了解他们的想法时，你就可以开始寻找能与其达成一致的路径。

为了测试你是否理解同伴的论点，不妨试着用一种让他们完全满意的方式去解释他们的立场。苏格拉底经常这样做。他用自己的话讲述对方的想法，并询问对方是否喜欢他的表达方式。[2] 你要让他们对对话的内容和语气感到满意。然后，你就可以在一个有希望的基础上建立你的案例了。一旦你的同伴知道你已经倾听并“了解”了他们的论点，当你要求他们同意更多的事情时，他们也不会充满怀疑或害怕丢脸。辩驳话题就是这样开始的。

在对话的表面上，反诘法的这些美好特征并不总是显而易见的。苏格拉底有一些像卡利克勒斯这样的同伴，他们显然是他的对手。无论他怎么变着法地提出问题都无法说服他们。这是许多读者印象最深刻的尖锐交锋。但在其他情况下，反诘法确实让苏格拉底在保持友好交流的同时，对别人的论点进行了剖析。在我们这个时代，这是反诘法的一个特大优势。

因为它是一种挑战他人思维而不持敌对态度的方式。可以肯定的是，如第 4 章所述，对自己的偏见采取对抗性的方法是非常有用的。然而，当你想要改变别人的论点时，这招就不管用了。所以，说服是一项合作的事业，这就是反诘法能如此有用的原因。如果做得好，这就是一种合作推理式的探究。

苏格拉底方法的应用方式

本书深入探讨了苏格拉底方法，这是一种独特且实用的工具，旨在助力人们增进理解、提升智慧。本书还进一步讨论了苏格拉底式的伦理观念，将这种方法视为实现更高价值的有效途径。本书的后记部分阐述了苏格拉底方法在辩论以及非传统对话中的运用。例如，灵活运用这些方法将有助于形成更为健康的政治讨论。这一主题在序言中略有提及，并在全书中不时涉及。在大多数情况下，我倾向于将这一讨论独立出来，因为苏格拉底的论点涵盖范围远不止政治。然而他的教诲与我们如何思考和探讨这一主题紧密相关，正如它们与我们如何思考和讨论其他重要议题一样。以下论点可应用于各种有争议的对话场景。

苏格拉底方法的应用规则

如何在不适宜苏格拉底式对话的情境中应用苏格拉底方法，是一个值得探讨的问题。事实上，我们认为苏格拉底不仅为我们提供了对话技巧，

——

而且还为更广泛的参与方式提供了指导。将这些理念转化为实践中的“可为与不可为”，有助于我们更好地理解苏格拉底的学说。虽然按照主题对它们进行分类不免有些武断，但为了方便阅读，我仍将列举以下 12 个主题的方法：

1. 坦诚公开。所有事物均保持开放，以便接受质疑。鉴于任何观点皆可能受到质疑，这一原则尤为重要。
2. 质疑目标。提问的根本目的在于探寻真理，而非证实或宣扬某一观点，使参与者感到愉悦，或在争论中获胜。
3. 寻求挑战。质疑是人类对各种观点的自然反应，试图反驳的行为应被视为友好之举。在提出和接受反驳时，尤其应对有力观点保持谨慎。承认自己的观点可能存在错误，或者挑战者的观点至少部分正确。让他人了解自己的失误或不够严谨，实为一种善举。承认错误是成熟稳重的表现。
4. 交锋不断。苏格拉底的辩证法并不会因为某些争议具有低劣性质而选择一开始就拒绝应对。当有人认为某事理应如此，但其实存在错误时，我们应当做出适当的回应，以便解释为何事实并非如此。
5. 理性至上。辩论的胜负取决于其论点的合理性，也就是说，取决于支撑其论点的证据或推理的质量，而非提出者的身份。对任何人的观点都应予以尊重或怀疑态度，这一观点本身就是基于证据和推理来评判的。例如，我们有理由相信某人可能获取了其他人不具备的证据或经验，并因此坚信某一问题的答案取决于这些因素。

——

6. 反驳与推理。质疑的过程应尽可能始于寻找共识。随后，各方努力协助对方认识到他们的共识，以及在探讨其他问题时立场的不一致性。一致性被视为论点可靠性的关键检验。

7. 自我质疑。个人所持有的党派偏见是不被信任的。在此背景下，“党派偏见”指的是对某一观点的深厚信仰，这种信仰使得持有者倾向于期待并乐于观察到质疑以特定方式展开，并对质疑这些观点的人产生敌意。当推理过程带来预期结果时，人们容易对其产生扭曲认知，认为其具有说服力。然而，身处推理过程中的人们往往难以察觉这种倾向。因此，每个人都应意识到这种潜在风险，这也是矛盾观点受到欢迎的原因之一。

8. 群体质疑。普遍观点和轻易达成的共识同样不值得信任。当一个房间内的所有人都对房间外有争议的问题表示同意，尤其是当一群人因达成一致而欢呼时，这会让人感到不安。这犹如逼迫苏格拉底饮下毒堇汁的雅典陪审团。一个团体需要一个敢于提出质疑的成员。

9. 礼待异见。质疑应该是严格的、激烈的，也可能是无情的，但总是彬彬有礼的。讽刺和其他形式的嘲讽主要是针对自己的，而不是留给那些声称无所不知的人。没有谩骂和谴责，也没有人会大吼大叫。如果有人坚持认为你错了，那么对他们的惩罚就是他们错了，也许别人也能理解到这一点。各方在解读他人言论时，都应遵循宽容的原则，更倾向于反驳最强烈的反对意见，而不是最弱的反对意见。

10. 坦率直言。在质疑的过程中，参与者能够坦诚地表达他们的真实观点，而不会因此受到惩罚。相反，敢于表达不受欢迎的观点被视为值得尊敬的行为，即使这些观点是错误的，但它们的出现有助于我们接近真理。如果有人愿意承担自身成本来提出一个论点，那么这个论点可能会被其他不愿承担成本的人所接受。正是这种勇于发声的精神，使得观点得以经受检验，并辨别其真实性。

11. 避免冒犯。每个人都应尽量以不冒犯同伴的方式提出论点或接受论点。施加冒犯或受到冒犯被认为是对质疑过程中取得任何进展的严重威胁。

12. 保持谦卑。结论是暂时的。它们似乎很有可能实现，让人们觉得非常值得为之奋斗。但应该一直保留一种怀疑的态度，去意识到自己的无知和盲点，让自己回想起别人一次又一次同样确信，又同样出现错误。所有这一切的结果是，在任何时候都要对自己知道多少以及自己应该对此有多确信持谦虚态度。

这些方法都源自本书的前几个章节。如果你认为那些章节没有说服力，那么这本书也没有说服力了，我只能在此表达歉意。或者恰恰相反，在你看来这些方法可能非常合理，根本不需要“背书”，甚至不需要命名。

不幸的是，它们既需要背书也需要命名。我并不主张规避挑战，这样的规避与其本质相左，而且无论何时，只要挑战合情合理，它们都能经受住考验。然而，这些方法也可能遭受诸如煽动、愤怒和诽谤等力量的冲击。其他更为恶劣的力量如正统、排斥和冷漠等也不容忽视。这些现象古已有之，苏格拉底便是明证。苏格拉底方法并不适宜怀旧，苏格拉底式的

——

伦理观念也从未在世界或学术界占据主导地位，因为它并未成为人们心灵的主导力量。面对困境，一切皆充满阻力。因此，这些方法往往难以遵循，但对于倾向于苏格拉底方法的人来说，它们仍具有值得追求的价值。

在面对不遵守参与方法的人时，我们需要深入思考如何应对。一个可能的策略是，使用苏格拉底方法来评估是否应采用这种方法。具体来说，我们需要反复询问对方的目的，并判断苏格拉底方法是否适合这一情境。我坚信这些方法的有效性，例如在涉及法律问题的对话中，无论对方是否遵循这些方法，我们都可以应用它们。然而在某些情况下，这些方法可能并不适用。例如，当两位律师在法庭上进行辩论时，苏格拉底方法并不适用。原因是律师们的主要目标是为自己辩护的案件寻求真理，而不是直接探寻真相。苏格拉底方法旨在为自己寻求真理，并采用特定的方法来实现这一目标。然而，诉讼的目标和方法与苏格拉底方法存在一定的差异。因此，我们需要根据具体情况灵活应对，以实现最佳效果。

以上那个示例是法律上的特例，但方法是普遍的。苏格拉底方法适用于某些目的，但不适用于其他目的。如果你试图让充满敌意的观众冷静下来，或者和一个孩子争吵，或者被人用烟斗殴打，这些方法可能就不正确了。让我们举一个折中的示例：在一个家庭聚会上，你坐在一个叔叔旁边，他的政治观点似乎有些激进。他不遵循苏格拉底方法，那么，你只能以友好姿态提出建议，因为他是你的叔叔。然而在那种场合，苏格拉底方法或许正是适用之道。在第 18 章中，我们描述了温和反诘法的运用，它涉及寻找与对方的一些共同点，并从中提出善意的问题，探讨共同点与分歧点之间的关系。这可能有助于你说服对方，或更好地理解潜在的问题，但也不一定。关键是，广义上的苏格拉底方法是否比其他方法更有可能产生良好效果？如果你的叔叔不遵循这些方法，你打破它们又有何益？

——

你需要明确自己期望从对话中获得什么，目的何在？或许你最好更换话题，或推迟到叔叔不在场时再讨论，或者等他酒醒，或者等到其他更容易讲道理的时候。同样的道理也适用于朋友、同事或在网络上遇到的人。你只能控制自己的行为，无法左右他人。因此，你需要决定目标和行动方式。苏格拉底对这两方面都有建议。当人们普遍接受时，这些建议才是最有效的。即使他人并不认同，这些方法在很多情况下仍能发挥积极作用，但并非绝对必要。你需要明确目标，并思考如何实现。

苏格拉底式教育

我们关注的焦点是：苏格拉底式辩证法是否适用于苏格拉底式的检验。苏格拉底的经典言论并不总是适用于现实情境。在上述内容中，我们提到了一些苏格拉底式参与方法的竞争对手：煽动、愤怒、排斥等。在某些条件下，这些竞争对手发展得比其他方法更好。科技进步使得苏格拉底式方法的实施变得尤为严峻，而其竞争对手则受益于此。先进技术使竞争力量得以广泛传播，任何拥有电脑或智能手机的人都可以轻易释放这些力量。苏格拉底式的习惯需要耐心培养和使用，它们无法从鼓励即时反应的技术中受益。

因此，我们见证了文化观念的转变，它偏离了本文所探讨的价值观。如今，在线讨论的参与方式在许多方面都与苏格拉底的方式相悖。网络言论常常受到质疑，甚至攻击。但这并非苏格拉底方法的本质，恶行总是驱逐良行。社交媒体尤其如此，它像是一个校园，无处不在地传授着不良观点和习惯。这给我们的政治和文化生活带来了严重的后果，有时甚至是灾难性的。无人否认这一点，只是对具体案例存在分歧。人们通常在受到影

——

响的政治立场发生变化时，才会勉强认同这一观点。因此，有些人认为这是灾难的一个例子。我的观点是，他们都是正确的。

这些问题无法解决，它们根植于人性之中。社交媒体只是一个助推器，且是一种强大的助推器。如前所述，我们所能期待的最好结果是坚定的抵抗。而抵抗最自然、最有价值的环境就是课堂。正如我们所看到的，不同场合有不同的规则，适合不同的游戏。但是，如果说有一个地方应该践行苏格拉底式的目标和参与方式，那就是大学。大学的存在首先是为了增进对真理的认识，并培养学生寻求真理的能力。尤其是大学或其他教育机构的课堂，那是一个小型的、暂时的、受控制的社区，可以刻意地设定论点和标准。如果学生在课堂中未能养成苏格拉底式的习惯，当他们步入社会参与公共生活时，就难以在更恶劣的条件下养成这些习惯。因此，当你看到一场政治讨论遭到破坏，因为某个人认为苏格拉底式的参与方法无关紧要、已经过时或只是笑话时，你有理由认为：这是我们教育体制失败的地方。

在所有这些教育机构中，无论一门课程是否严格遵循苏格拉底式的教学方法，无论课程声称要传授何种知识，它们都在教授关于论点或标准、谦逊或傲慢等课题。在苏格拉底伦理观陷入文化困境时，我们需要精心地、好好地传授这些教训。这不仅是一项技术问题，更是一项塑造心灵的工程。回顾穆勒在第 3 章中的评论，他深受《高尔吉亚篇》的影响，并非因为其精确的论点，而是因为其中所传达的情感。穆勒在关于这段对话的笔记中写道：“对美德的热爱，以及其他所有高尚的情感，并非通过推理来传达，而是通过那些已经拥有这种情感的人的感召或共鸣来捕捉的。”[1] 换句话说，对穆勒影响最大的，也是对学生最有影响力的，那就是：与一个足够关心某个想法的人相处，会让这种情感具有感染力。

——

苏格拉底学派的教师不仅需要培养知识和技能，更要饱含苏格拉底式的深沉情感。如果你想激起学生对你事业的热情，就必须全身心地投入其中。这已成为每一节课的内在要求，无论主题是什么，都值得深入探讨。我们应同样重视苏格拉底式的管理原则。我们要让学生们看到在我们这个时代，“毒堇”会在哪里，并对它抱有鄙视和厌恶的态度；要让学生们勇敢地发表观点，同时也能接受他人的反驳；要让他们无畏地倾听，也能尊重事实；最重要的是，我们要让学生们明白，苏格拉底的价值观不仅需要理解，更需要热爱。

针对苏格拉底的思想主张，即便不从事教学工作，你仍可将其贯穿于日常生活。因为在社会交往中，每个人皆具有教授与学生的双重身份，犹如我们内心都住着一个秉持“让信仰成为思维准则”的苏格拉底、一个卡利克勒斯和一个雅典陪审团。这些内在形象最终的价值尤为显著。与我们对自己的教育相比，有偿教师所提供的教育仅占一小部分。对于自我，就如同在课堂环境中一样，最健康的伦理观念是苏格拉底的伦理观念。

THE
SOCRATIC
METHOD

注释与
参考文献

考虑到环保的因素，也为了节省纸张、降低图书定价，本书编辑制作了电子版的注释与参考文献。请扫描下方二维码，直达图书详情页，点击“阅读资料包”获取。

未来，属于终身学习者

我们正在亲历前所未有的变革——互联网改变了信息传递的方式，指数级技术快速发展并颠覆商业世界，人工智能正在侵占越来越多的人类领地。

面对这些变化，我们需要问自己：未来需要什么样的人才？

答案是，成为终身学习者。终身学习意味着永不停歇地追求全面的知识结构、强大的逻辑思考能力和敏锐的感知力。这是一种能够在不断变化中随时重建、更新认知体系的能力。阅读，无疑是帮助我们提高这种能力的最佳途径。

在充满不确定性的时代，答案并不总是简单地出现在书本之中。“读万卷书”不仅要亲自阅读、广泛阅读，也需要我们深入探索好书的内部世界，让知识不再局限于书本之中。

湛庐阅读 App：与最聪明的人共同进化

我们现在推出全新的湛庐阅读 App，它将成为您在书本之外，践行终身学习的场所。

- 不用考虑“读什么”。这里汇集了湛庐所有纸质书、电子书、有声书和各种阅读服务。
- 可以学习“怎么读”。我们提供包括课程、精读班和讲书在内的全方位阅读解决方案。
- 谁来领读？您能最先了解到作者、译者、专家等大咖的前沿洞见，他们是高质量思想的源泉。
- 与谁共读？您将加入优秀的读者和终身学习者的行列，他们对阅读和学习具有持久的热情和源源不断的动力。

在湛庐阅读 App 首页，编辑为您精选了经典书目和优质音视频内容，每天早、中、晚更新，满足您不间断的阅读需求。

【特别专题】【主题书单】【人物特写】等原创专栏，提供专业、深度的解读和选书参考，回应社会议题，是您了解湛庐近千位重要作者思想的独家渠道。

在每本图书的详情页，您将通过深度导读栏目【专家视点】【深度访谈】和【书评】读懂、读透一本好书。

通过这个不设限的学习平台，您在任何时间、任何地点都能获得有价值的思想，并通过阅读实现终身学习。我们邀您共建一个与最聪明的人共同进化的社区，使其成为先进思想交汇的聚集地，这正是我们的使命和价值所在。

浙江省版权局图字：11-2024-418

图书在版编目（CIP）数据

苏格拉底的方法 /（美）沃德·法恩斯沃斯著；周允东，牛雨谣译 . — 杭州：浙江科学技术出版社，2025. 3（2025.7 重印）. —ISBN 978-7-5739-1670-9

Ⅰ. B502.231

中国国家版本馆 CIP 数据核字第 2025C89Z43 号

书　名	**苏格拉底的方法**
著　者	[美] 沃德·法恩斯沃斯
译　者	周允东　牛雨谣

出版发行	**浙江科学技术出版社**
	地址：杭州市环城北路 177 号　邮政编码：310006
	办公室电话：0571－85176593
	销售部电话：0571－85062597
	E-mail:zkpress@zkpress.com
印　刷	唐山富达印务有限公司

开　本	710mm×965mm　1/16	**印　张**	23
字　数	307 千字		
版　次	2025 年 3 月第 1 版	**印　次**	2025 年 7 月第 2 次印刷
书　号	ISBN 978-7-5739-1670-9	**定　价**	109.90 元

责任编辑	余春亚	**责任美编**	金　晖
责任校对	张　宁	**责任印务**	吕　琰